FEEDBACK
PARA TODOS

THERESE HUSTON

FEEDBACK
PARA TODOS

Transforme conversas
difíceis em oportunidades de crescimento

TRADUÇÃO
CRISTINA YAMAGAMI

Benvirá

Copyright © 2024 by Therese Huston

All rights reserved including the right of reproduction in whole or in part in any form.

This edition published by arrangement with Portfolio, an imprint of Penguin Publishing Group, a division of Penguin Random House LLC.

Copyright da edição brasileira © Saraiva Educação, 2024

Todos os direitos reservados, incluindo o direito de reprodução integral ou em parte, em qualquer forma. Esta edição é publicada conforme acordo com a Portfolio, um selo da Penguin Publishing Group, uma divisão da Penguin Random House LLC.

Título original: *Let's Talk: Make Effective Feedback Your Superpower*

Direção executiva Flávia Alves Bravin

Direção editorial Ana Paula Santos Matos

Gerência editorial e de produção Fernando Penteado

Gerenciamento de catálogo Isabela Ferreira de Sá Borrelli

Edição Estela Janiski Zumbano

Design e produção Jeferson Costa da Silva (coord.)
Camilla Félix Cianelli Chaves
Rosana Peroni Fazolari

Tradução Cristina Yamagami

Preparação Leila Rodrigues

Revisão Willians Calazans

Diagramação HiDesign Estúdio

Capa Lais Soriano

Impressão e acabamento A.R. Fernandez

Dados Internacionais de Catalogação na Publicação (CIP)
Odilio Hilario Moreira Junior – CRB-8/9949

H972f   Huston, Therese

Feedback para todos: transforme conversas difíceis em oportunidades de crescimento / Therese Huston ; traduzido por Cristina Yamagami. – São Paulo : Benvirá, 2024.

296 p.

Tradução de: *Let's Talk: Make Effective Feedback Your Superpower*

ISBN: 978-65-5810-121-5 (Impresso)

1. Comunicação. 2. Carreira. 3. Liderança. 4. Feedback. 5. Gestão. I. Yamagami, Cristina. II. Título.

	CDD 658.401
2023-1847	CDU 658.011.2

Índices para catálogo sistemático:

1. Administração : gestão	658.401
2. Administração : gestão	658.011.2

1ª edição, janeiro de 2024

Nenhuma parte desta publicação poderá ser reproduzida por qualquer meio ou forma sem a prévia autorização da Saraiva Educação. A violação dos direitos autorais é crime estabelecido na Lei n. 9.610/98 e punido pelo art. 184 do Código Penal.

Todos os direitos reservados à Benvirá, um selo da Saraiva Educação.

Av. Paulista, 901, Edifício CYK, 4º andar

Bela Vista – São Paulo – SP – CEP: 01311-100

SAC: sac.sets@saraivaeducacao.com.br

CÓD. OBRA 719160   CL 671103   CAE 840550

*À minha mãe, a primeira pessoa a me dar um feedback,
ao Jonathan, que sempre sabe o que dizer e quando dizer.*

Para eventuais atualizações e outros materiais, visite a página do livro no Saraiva Conecta: https://somos.in/FPTTCD1

Sumário

Introdução 1

Como aproveitar ao máximo este livro 27

PARTE I: Saindo de um roteiro fechado para uma conversa de verdade

CAPÍTULO 1

Os três tipos de feedback: reconhecimento,
orientação e avaliação 31

CAPÍTULO 2

Fique do lado da pessoa, não do problema 45

CAPÍTULO 3

Comunique abertamente suas boas intenções 69

CAPÍTULO 4

Ouça como se o seu emprego dependesse disso 85

PARTE II: Práticas

Reconhecimento
PRÁTICA 1

Reconheça os pontos fortes de cada pessoa 105

Orientação
PRÁTICA 2

Pergunte mais, fale menos... 131

PRÁTICA 3

Minimize a ameaça.. 157

PRÁTICA 4

Aceite que é tendencioso e fique atento 177

Avaliação
PRÁTICA 5

Faça de tudo para evitar surpresas.. 209

PRÁTICA 6

Separe as observações da narrativa que criou na sua cabeça 223

Você está pronto, vamos lá!

Agradecimentos 251

Recomendações adicionais de leitura 254

Notas 259

Introdução

> Dar feedback é difícil porque crescemos ouvindo que,
> se não tivermos nada positivo a dizer, é melhor não
> dizermos nada. Até que, de repente, o seu trabalho
> passa a ser justamente dizer as coisas negativas.
>
> KIM SCOTT, *EMPATIA ASSERTIVA*[1]

Feedback não é um bicho de sete cabeças. É muito pior.

Compare a tarefa de dar feedback com a de levar um foguete à Lua. Se você for um cientista aeroespacial, terá anos de treinamento formal, simulações focadas, sessões de brainstorming e uma equipe composta dos melhores talentos antes de poder colocar os pés no mesmo prédio que um foguete.

Mas e quanto à tarefa de dar feedback? São grandes as chances de você estar por conta própria, com pouco ou nenhum treinamento e nenhuma equipe para orientá-lo. As únicas simulações que você fez, se é que fez, foram todas na sua cabeça e equivaleram a "Será que tem algum jeito de dizer isso sem magoar ou enfurecer a pessoa?".

Porque todo mundo sabe que os foguetes não são as únicas coisas que podem explodir.

Como dar um feedback eficaz? Pesquisadores descobriram que podemos cair em muitas armadilhas quando realizamos essa tarefa. Neste livro, exploraremos as descobertas dos estudos científicos, mas suspeito que você já saiba, por experiência própria, como é difícil acertar.

Conheci chefes que tinham as melhores intenções, mas se enrolavam por completo ao dar feedback. Quando eu tinha uns trinta e poucos anos, tive uma chefe espetacular, mas que vivia correndo para cumprir prazos ridiculamente apertados. Eu estava para completar um ano no emprego e perguntei o que estava fazendo certo e o que poderia melhorar, mas minha chefe tinha acabado de ser promovida e estava com novas responsabilidades até o pescoço. Um dia, fomos juntas ao banheiro depois do almoço e, enquanto fazíamos xixi, ela, do nada, começou a falar sobre como eu tinha me saído naquele ano. As intenções dela eram as melhores, ela estava tentando me encaixar em sua agenda lotada, mas tudo o que eu conseguia pensar era "Agora? Sério? Nem tenho como anotar nada disso".

Você pode achar que estou inventando essa história, mas ela era apenas uma boa chefe passando por um período difícil. Ter uma conversa comigo para falar sobre o meu desempenho era só mais um estresse que ela não queria encarar.

Você acha que nunca aprendeu a dar feedback? Bem-vindo ao clube

Chefes têm dificuldade de dar feedback. Um estudo de âmbito nacional descobriu que mais de um terço (37%) deles se sente desconfortável em dar um feedback crítico aos funcionários, e os chefes que entrevistei acham que esse número, na verdade, é muito mais alto.[2] Mas muita gente se engana achando que o feedback só é estressante para quem o recebe. Quando conduzo workshops sobre esse tema, gosto de perguntar: "Verdadeiro ou falso: a pessoa que está sendo avaliada normalmente considera a experiência mais estressante do que a pessoa que faz a avaliação?". Quase todos os participantes exclamam: "Verdade!". Todo mundo conhece a sensação de receber feedback: você se sente esquadrinhado, acha que seus erros passados serão esfregados na sua cara e sente-se pressionado a defender suas decisões. Mas, quando os pesquisadores pedem aos funcionários que avaliem o quão estressante é o processo de avaliação de sua organização, os funcionários seniores que *dão* feedback relatam níveis de estresse significativamente mais altos do que os funcionários juniores que o *recebem*.[3] Dar um feedback crítico presencialmente é tão difícil que, na verdade, algumas pessoas evitam completamente esse martírio. Um em cada cinco chefes (21%) admite que evita dar feedbacks negativos a seus funcionários.[4]

Em muitos aspectos, parece que deveria ser mais fácil dar feedback hoje do que dez anos atrás. Hoje em dia, nos acostumamos a sair por aí dando nossa opinião a torto e a direito. Deixamos comentários sobre restaurantes que adoramos e lojas que odiamos. Em um pronto-socorro, você pode avaliar seu médico e, na penitenciária, pode avaliar o diretor.[5] O aeroporto Heathrow, de Londres, chega a pedir que os passageiros avaliem as checagens de segurança simplesmente apertando um botão: em um dia bom, você pode recompensar os seguranças com uma carinha feliz e, em um dia ruim, com uma carranca.

Mas, mesmo com toda essa prática em dar feedback em público, quando chega a hora de fazer isso em particular, cara a cara com outro ser humano, ficamos totalmente perdidos. Não temos um botão para apertar.

Tenho pesquisado por que os chefes evitam dar feedbacks críticos e por que eles consideram essas conversas tão estressantes. Uma parte óbvia do problema é que dar feedback às pessoas da sua equipe é algo profundamente pessoal. Você não sabe nada sobre quem cozinhou sua refeição nem sobre o agente penitenciário alocado para receber os visitantes naquele dia, mas conhece a Emily. Você a contratou. Você sabe que ela tem uma filha e está terminando o mestrado. Também sabe que ela desanima com facilidade. Você não consegue encontrar coragem para dizer que ela está tendo um péssimo desempenho.

Os chefes também enfrentam obstáculos menos óbvios, mas igualmente importunos. Para começar, a maioria não recebeu qualquer treinamento formal para dar um feedback eficaz. Você não sabe direito por onde começar nem o que fazer se a pessoa ficar triste, chateada ou furiosa. Pode ter medo de seu feedback sair pela culatra. Pode não ser amado pelos seus funcionários, mas pelo menos não é odiado, e se disser a John que ele poderia ser mais estratégico ou a Megan que ela poderia ser mais concisa correrá o risco de se indispor com duas pessoas da sua equipe. Nenhum chefe quer fazer feio, de modo que a maioria de nós prefere cometer o erro de não dizer nada a dizer a coisa errada.

Os chefes também relutam em dar feedback porque dá muito trabalho. Como explicou um gerente de nível médio de uma empresa de tecnologia: "Li vários livros sobre como dar feedback. Para fazê-lo da forma correta, preciso identificar algo que possa medir. Depois, preciso definir metas mensuráveis com o funcionário. Então preciso de um tempo para avaliar se ele melhorou ou não, depois preciso fechar o ciclo e ter outra conversa com ele. Para que me dar todo esse trabalho? É muito mais fácil ter uma conversa informal, como sempre fizemos". Então cruzamos os dedos e torcemos para que os problemas se resolvam sozinhos.

Também está ficando mais difícil dar feedback porque somos pressionados a fazer isso com mais frequência. Segundo um estudo de 2016 publicado na *Harvard Business Review*, 70% das multinacionais, desde a Microsoft até a JP Morgan Chase, estão abandonando as anuais avaliações formais de desempenho. A nova moda agora é ter conversas frequentes e informais sobre os pontos fortes e fracos dos funcionários.[6] Michael Bungay Stanier, autor de *Faça do coaching um hábito*, observa que as conversas informais de feedback estão se popularizando também nas empresas menores.[7]

Mesmo se você não estiver sendo pressionado pelo RH a dar feedback com mais frequência, seus subordinados diretos não demorarão a fazer isso. Os millennials – pessoas nascidas entre 1980 e 1995 – querem receber feedback com mais frequência do que os trabalhadores que eles estão substituindo. Enquanto a maioria dos baby boomers e da geração X se contenta em ser avaliada uma vez por trimestre, a maioria dos millennials prefere receber feedback uma vez por mês e alguns uma vez por semana.[8] É possível que você ainda não tenha muitos millennials trabalhando para você, mas o Departamento do Trabalho norte-americano prevê que isso acontecerá em breve. Havia a estimativa de que, até o fim de 2021, os millennials representassem mais de 50% dos trabalhadores nos Estados Unidos.[9]

Depois, temos a geração Z, nascida a partir de 1996. No momento em que escrevo estas palavras, eles estão começando a entrar no mercado de trabalho e, embora ainda não se saiba qual será o seu apetite por feedbacks, pesquisas iniciais indicam que essas pessoas que estão acabando de se formar priorizam o próprio desenvolvimento profissional acima de tudo. Sua empresa oferece um excelente salário e um bom equilíbrio entre vida pessoal e profissional? Ótimo, mas o que a geração Z mais quer é um plano personalizado para desenvolver seu próprio conjunto de habilidades. Se você não os orientar, eles procurarão um chefe que o faça.[10]

Tendo isso em mente, se quisermos revolucionar o feedback e atender às demandas vindas de todos os lados, precisamos repensar seriamente nossos conceitos. O antigo sistema do "não diga nada a menos que tenha algo positivo a dizer" já não funciona há muito tempo e, para o desespero de todos que odeiam conflitos, não podemos ter essas conversas difíceis só na nossa cabeça. Precisamos tê-las com as pessoas. Para fazer valer o seu tempo e o dos outros, precisamos que elas sejam eficazes. Se os chefes acreditassem mesmo que as conversas de feedback fazem mais bem do que mal, todo mundo estaria avaliando e sendo avaliado.

O feedback pode ser o seu próximo superpoder

Pode acreditar: dar feedback pode se tornar seu superpoder. É uma das raras habilidades que você pode desenvolver em que cada progresso se traduz em melhores resultados para a sua equipe inteira. Se você melhorar um pouco as suas habilidades de feedback, seus funcionários trabalharão mais motivados. Se melhorar muito, as pessoas dirão que você é o melhor chefe que já tiveram e que esse é um dos melhores empregos da vida delas. (No que diz respeito aos superpoderes, pode não ser tão bom quanto a invisibilidade, mas eu garanto que você evitará muitos problemas.)

Para os chefes que têm medo de dizer qualquer coisa que possa soar remotamente como uma crítica, o simples fato de passarem a ter as conversas de feedback que eles vinham evitando já seria um grande avanço. Mas você pode ir mais longe.

O feedback pode ser a alavanca que transformará seus funcionários medianos nos seus trabalhadores mais empenhados e fará as estrelas de sua equipe brilharem ainda mais. Pesquisadores descobriram que pessoas com um desempenho mediano podem ser muito motivadas por evidências de que estão progredindo. Pequenas vitórias fazem uma grande diferença. Sim, o Justin fez uma apresentação hoje e agora tem uma tarefa a menos para realizar, mas como essa apresentação foi melhor que a anterior? Você pode dizer a ele. Não apenas ele ficará mais feliz como também mais motivado a se empenhar mais.[11] Os próximos capítulos sobre como ouvir e reconhecer seus funcionários lhe darão as ferramentas necessárias para transformar as pequenas vitórias em momentos cruciais. Com apenas algumas mudanças significativas, você se tornará uma versão melhor de si mesmo e sua equipe crescerá com você.

Seus funcionários com melhor desempenho têm necessidades diferentes – pelo menos diferentes do que você pode imaginar. Os chefes costumam presumir que seus melhores funcionários sabem como estão contribuindo para a equipe e não precisam de incentivo. Eles acham que seus maiores talentos estão acima disso tudo. Na verdade, os pesquisadores descobriram que esses funcionários querem receber mais feedback e esperam uma conversa séria desse tipo pelo menos uma vez por mês. Mas só a metade (53%) dos maiores talentos consegue isso.[12] E eles também precisam de orientação. Alguém da sua equipe tem três soluções para cada problema, não importa qual seja? Ele pode muito bem precisar da sua ajuda para melhorar suas habilidades interpessoais. Isso não quer dizer que você precisa ser o terapeuta dos funcionários. Você também não precisa ser tão talentoso quanto os

6

seus maiores talentos para ajudá-los. Como verá neste livro, faça as perguntas certas e todo mundo vai se sentir melhor.

Se você ainda não está convencido, vou lhe dar mais uma razão pela qual vale muito a pena dominar a arte do feedback: você vai deixar de penalizar seus melhores funcionários dando um feedback que na verdade deveria ser destinado apenas a um único membro de sua equipe. Ouvi incontáveis histórias de chefes que mandaram e-mails para a equipe inteira, deixaram um aviso na parede da sala de descanso ou, pior ainda, implementaram uma nova política que todos deveriam seguir quando todo mundo sabia que só o Jack havia pisado na bola. O lema "um por todos e todos por um" não se aplica ao feedback. Se é somente o Jack que está com algum problema, então é somente o Jack que precisa de orientação. Este livro o ajudará a vencer seu medo de dar feedback, para que todos os membros de sua equipe que não sejam o Jack possam gostar mais do trabalho. (Se fizer da forma correta, o Jack também vai gostar mais de você.)

Entendendo o papel do RH

Escrevi este livro para qualquer pessoa que lidere uma equipe de um ou mais integrantes, mas espero também ajudar os gerentes de recursos humanos. Se você trabalha no RH, líderes de outras partes da organização recorrerão a você em busca de orientação sobre como dar más notícias aos funcionários. Ou pode ser que você tenha que dar más notícias aos líderes. Como um gerente de RH observou, o setor precisa de "coragem para enfrentar os chefes preguiçosos ou que não dão a devida importância ao feedback".[13] Você pode ter recebido um treinamento formal para atuar como profissional de RH e já pode estar pronto para esse desafio, mas, se for como muitos gerentes da área, nunca fez um curso para dar feedback e deve se sentir muito longe de estar "pronto". Você se destaca em seu trabalho porque sabe lidar com as pessoas ou porque sua empresa, em rápido crescimento, precisava de você nessa função, não por ter alguma formação em recursos humanos. Este livro o ajudará a suprir as lacunas de conhecimento que você pode ter sobre feedback, embasará suas ideias propostas com pesquisas científicas e aumentará sua confiança para momentos em que um líder lhe pedir ajuda nesse sentido.

Dito isso, conversei com líderes de várias empresas da Fortune 500 que afirmam que orientar conversas de feedback não é função do RH. Em um mundo ideal, o setor forneceria todo o treinamento que os líderes precisam para dar feedbacks fabulosos e frequentes. Mas, na sua organização, o foco do departamento pode ser outro. Daniel, um gerente de RH que entrevistei, me explicou o seguinte: "A maioria dos departamentos de RH de grandes empresas está tão ocupada com os aspectos legais das avaliações de desempenho que não tem tempo de tentar melhorar conversas individuais de feedback. Um gerente pode receber do RH uma lista interminável de coisas que ele *nunca* deve dizer, uma lista genérica de coisas que ele *pode* dizer, mas pouca orientação infelizmente sobre o que ele *deveria* dizer para inspirar um excelente trabalho". O trabalho do RH costuma ser criar sistemas robustos e confiáveis para documentar um feedback justo, não ensinar aos líderes como dar um excelente feedback individual para seus funcionários.

Conheço profissionais de RH absolutamente brilhantes que estudam todas as pesquisas sobre como dar um feedback eficaz e são cheios de boas intenções. Também sei que muitas vezes eles estão de mãos atadas. Por exemplo, não muito tempo atrás, uma empresa da Fortune 500 me convidou para fazer uma palestra sobre como dar melhores feedbacks. Conversei com a organizadora do evento, combinamos os tópicos que eu abordaria e, com base nisso, propus que chamássemos minha palestra de "Como dar um feedback justo". Ela adorou a ênfase. Mas, quando ela levou o título a seus colegas do RH e do jurídico, ele foi firmemente rejeitado. Eles o mudaram de "Como *dar* um feedback justo" para "Como *continuar dando* um feedback justo".

A mensagem que quiseram passar com isso era de que *a empresa não tinha problema algum*. De que eles até podiam ter tido alguma questão no passado, mas ela já havia sido resolvida, e agora as pessoas só precisavam ser lembradas de continuar fazendo o que já estavam fazendo.

Então, se você lidera uma equipe e acha que precisa descobrir sozinho como dar um bom feedback, provavelmente tem razão. Você não quer fazer parte dos 21% que fazem de tudo para nunca dar feedbacks e também não quer ficar só copiando e colando os problemas apontados na avaliação de desempenho de um funcionário do ano passado. Você quer boas ferramentas para poder dar um feedback que funcione. Este livro será sua caixa de ferramentas.

Um ano depois, ela me abraçou

Maura era gerente de uma academia de Los Angeles. Ela decidia quais aulas seriam oferecidas, a que horas e com quais instrutores. Não era uma academia descontraída de Los Angeles, com um público mais descolado. A maioria dos clientes era composta de executivos, pessoas que chegavam usando ternos de grife caríssimos, não calças de ioga vendidas na liquidação de lojas populares de departamento. Uma das instrutoras de Maura, a Samantha, dava aulas de ioga com ênfase nas "sequências da deusa". Maura notou que ela estava atraindo poucos alunos e compareceu a uma aula para ver o que estava acontecendo. Samantha fez tudo certo, mas a ioga da deusa não tinha nada a ver com o público corporativo. Os executivos tinham mais interesse em exercícios de alto impacto do que uma sessão meditativa com movimentos de ioga. Como Samantha era a instrutora com os números mais baixos da equipe, Maura não tinha outra opção a não ser dispensá-la.

Ela chamou Samantha para seu escritório e disse: "Gostei muito da sua aula. Deu para ver seu empenho e dedicação. Infelizmente, a ioga não se encaixa bem no perfil do público desta academia. Eles querem aulas de alta intensidade com exercícios explosivos e não dão muito valor ao que você está tentando compartilhar com eles". Samantha disse que estava desanimada porque suas aulas só tinham três alunos, mas que ainda acreditava no que estava fazendo. Maura então disse gentilmente: "Sabe, Samantha, está bem claro que você está dando pérolas aos porcos aqui. O seu público – e sei que você tem um público – não está aqui. Eles não frequentam esta academia. O que você acha?". Depois de conversar um pouco mais, Maura disse: "Dá para ver a sua paixão pela ioga, e acho que o melhor que você tem a fazer é ir seguir a sua paixão. Só que você não vai encontrá-la aqui. Vá encontrar seu público em alguma outra academia. Tenho certeza de que você vai ser muito mais valorizada em outro lugar".

Você acha que Samantha saiu contente dessa conversa? Longe disso. Ela levou para o lado pessoal. Ficou chateada com a demissão e protestou, pedindo mais tempo, dizendo que os números melhorariam. Elas continuaram conversando, e Maura seguiu falando que o público da academia não apreciava o que Samantha tinha a oferecer. Quando saiu do escritório de Maura, Samantha admitiu, como que para se convencer, que, sim, talvez fosse melhor procurar outra academia. Um ano depois, ela encontrou Maura por acaso e lhe deu um abraço. A conversa delas havia sido um momento catalisador, e Samantha havia criado sua própria sequência de ioga da deusa. Ela explicou: "Se não fosse por você, eu jamais teria a motivação nem a confiança para criar meu próprio estilo e marca. Construí todo um negócio ao redor disso. Só queria agradecer por ter me ajudado a atingir meu potencial".

Essa é a promessa de um bom feedback. Uma avaliação crítica, fornecida com habilidade, tem o poder de mudar tudo. Um feedback significativo nos ajuda a enxergar nosso potencial e aponta um caminho a seguir.

Este livro não é um guia para demitir pessoas, e não tenho como prometer que seus funcionários de pior desempenho vão lhe dar um abraço porque você os ajudou a atingir todo o potencial. Seria ótimo, mas os resultados nem sempre serão tão dramáticos. Contei a história de Maura porque, como chefes, não damos feedback só para o RH sair do nosso pé ou para que Ashley e Josh, os dois millennials da equipe, parem de nos incomodar para que digamos como estão indo. Queremos dar um melhor feedback porque queremos fazer parte da solução.

Daqui a algumas páginas, descreverei uma nova abordagem que provavelmente põe em xeque tudo o que você achava que sabia sobre o que as pessoas mais desejam em conversas de feedback.

Visões radicais e conflitantes sobre como dar um melhor feedback

Além de todo o trabalho e estresse que o feedback envolve, os chefes podem querer postergar a tarefa por outra razão: ele nem sempre funciona. Uma equipe de pesquisadores analisou mais de 12 mil ocasiões de feedback e descobriu que, em média, as pessoas que o receberam melhoraram um pouco o seu desempenho, mas não todas. Em impressionantes 38% dos casos, o desempenho delas na verdade *piorou* depois do feedback.[14]

Você pode não ter se surpreendido com essa estatística. Talvez tenha visto alguém cometer um pequeno erro, tenha orientado a pessoa e depois assistido, incrédulo, ela cometer um erro ainda maior. Mas isso ainda levanta a questão: por que o feedback às vezes sai pela culatra? Será que nossa motivação vai pelo ralo quando alguém nos diz: "O trabalho que você entregou estava terrível" e simplesmente desistimos de tentar? Ou será que aquele adolescente que vive dentro de cada um de nós aparece quando ouvimos "Não faça desse jeito" e acabamos fazendo de tudo para provar que o nosso jeito é o melhor?

Então como dar um feedback eficaz? Atualmente, há duas linhas de pensamento – e elas não poderiam ser mais diferentes uma da outra. (Se você não gosta do estilo do seu chefe de dar feedbacks, ele pode pertencer à escola de pensamento que não é a sua.) De um lado, temos visionários que argumentam que o feedback precisa ser radicalmente direto, pois o que importa é desafiar as pessoas. Ray Dalio, fundador da empresa de investimentos Bridgewater e autor do best-seller *Princípios*, defende essa postura, assim como Kim Scott, autora do best-seller *Empatia assertiva*. Dalio argumenta que, se as organizações quiserem tomar melhores decisões, elas precisam fazer da "transparência radical" uma prioridade máxima, o que significa que necessitam levar em conta coisas que normalmente esconderiam, principalmente erros, problemas e fraquezas, e colocá-las em destaque para todo mundo ver. Enquanto Dalio se concentra na organização como um todo, Kim Scott se detém no nível individual e diz que, como chefes, devemos buscar a "franqueza radical". Scott acredita que precisamos usar o feedback para ao mesmo tempo "desafiar diretamente" e "cuidar pessoalmente".[15] Scott argumenta que, se você fizer uma coisa sem a outra, só estará sendo desnecessariamente agressivo e agindo como um babaca.

A outra linha de pensamento tem uma visão oposta no que diz respeito a dar feedbacks. Seus defensores insistem que desafiar diretamente as pessoas não leva à excelência, mas a funcionários insatisfeitos. Marcus Buckingham e Ashley Goodall, autores de *Nove mitos sobre o trabalho*, argumentam que, se concentrarmos a maior parte de nossos esforços em remediar os pontos fracos de um funcionário, na melhor das hipóteses o levaremos de -10 a 0, mas, se focarmos nossa atenção nos seus pontos fortes, podemos levar alguém de 5 até 10. Eles argumentam que, se você quiser que o feedback funcione, é melhor focar menos nos erros frustrantes do funcionário e mais em seus sucessos promissores.[16]

Esses visionários estão transformando a maneira como damos feedback, injetando uma nova energia em um velho problema e oferecendo interessantes estratégias pelo caminho. Destacarei algumas dessas ideias neste livro.

Mas tem algo faltando em cada uma dessas abordagens. A transparência radical de Ray Dalio não funciona para todos – aproximadamente 30% dos funcionários da Bridgewater saem da empresa nos primeiros 18 meses.[17] As taxas de desligamento no setor de serviços financeiros são em média de 10,8% ao ano, de modo que cerca de 15% a 16% dos funcionários deveriam sair da Bridgewater no primeiro ano e meio, não 30%. Nem todo mundo gosta de ter seus erros expostos para todo mundo ver. No extremo oposto do espectro, temos o feedback baseado em pontos fortes proposto por Buckingham e Goodall, que tem tudo para ser fantástico – afinal, todos nós preferimos celebrar nossos pontos fortes a chafurdar em nossas fraquezas –, mas também parece um pouco radical demais. Como chefes, há momentos em que precisamos discutir comportamentos problemáticos e necessitamos de ferramentas para isso. Se um funcionário tiver a tendência de perder prazos importantes ou compartilhar informações confidenciais, você não pode se limitar a apontar seus pontos fortes.

Das três abordagens, a filosofia de Kim Scott de "cuidar pessoalmente" e "desafiar diretamente" é a mais equilibrada, e acho que seria a ideal se aplicada com habilidade. Mas suspeito que um líder precisa ter uma altíssima inteligência emocional para acertar, para realmente se importar e para cuidar do funcionário. Nem todos os líderes têm essa competência. Pesquisas revelam que os gerentes de nível médio tendem a ter uma inteligência emocional mais alta, enquanto os diretores executivos costumam ter a mais baixa.[18] Para piorar ainda mais as coisas, a maioria de nós acha que tem uma inteligência emocional mais elevada do que realmente tem. Por exemplo, cerca de 95% de nós achamos que temos uma alta autoconsciência, quando pesquisas demonstram que, na verdade, esse é o caso de apenas 10% a 15% de nós.[19] Se você tiver pouca autoconsciência ou empatia, pode usar a franqueza radical para justificar um comportamento terrível. Em uma de minhas entrevistas, um funcionário da indústria de tecnologia descreveu como um gerente sênior o abordou sozinho no corredor, o encostou na parede e disse em voz baixa: "Se você disser isso de novo em uma reunião, vai estar fora da minha equipe. E vou fazer de tudo para garantir que você nunca mais vai ser aceito em nenhuma outra. Deu para entender?". Aquele chefe foi claramente abusivo, mas, se o RH o abordasse, ele poderia insistir que *estava* demonstrando se importar pessoalmente, pois optou por falar sozinho com o funcionário, não na frente da equipe. Na cabeça dele, havia sido um grande progresso.

Outro problema que vejo na abordagem da franqueza radical é que ela se baseia na intenção de quem dá o feedback, não no impacto do que é dito. Se me importo pessoalmente com meus funcionários, já é o suficiente. Isso me dá uma liberdade enorme para fazer o que quiser. Como veremos neste livro, um chefe pode ter as melhores intenções e mesmo assim se indispor com seus subordinados, especialmente quando se trata de um homem branco dando feedback a uma mulher ou a uma pessoa pertencente a um grupo desfavorecido.

Precisamos de uma abordagem que seja infalível, que não leve milhares de pessoas a sair da equipe ou da empresa, que dê aos líderes estratégias para lidar com os problemas, não apenas os pontos fortes, e que não exija uma alta inteligência emocional. Precisamos de uma abordagem que ofereça ações que você possa testar, que lhe dê a possibilidade saber, pelos seus comportamentos e pela reação da pessoa, se você fez certo, em vez de basear-se apenas em suas boas intenções. Para que o feedback seja eficaz, ele precisa ser mais que meramente bem-intencionado. Ele também precisa ser bem recebido.

O que acontece se você pisa na bola ao dar um feedback? Será que as pessoas só ficam desanimadas por uns dias, talvez uma semana, e depois voltam ao normal? Algumas sim, mas, em minha pesquisa sobre as experiências de feedback mais desmotivadoras, mais de 38% dos funcionários se sentem descomprometidos e desmotivados no trabalho por mais de um mês, sendo que para alguns isso dura por mais de um ano. Segundo a Gallup, quando o feedback deixa os funcionários desmotivados, decepcionados ou deprimidos, 4 em cada 5 deles procuram ativa ou passivamente por outro emprego.[20] Perdemos muito quando damos feedback sem qualquer cuidado.

Se você quer que o feedback funcione, transforme-o em um diálogo

A maioria de nós pensa no feedback como um monólogo. Se eu tiver que dar um feedback, eu falo e você escuta. Até o *Dicionário de negócios* o define como uma comunicação unilateral: "Feedback: informação enviada a um destinatário [...] sobre seu comportamento anterior para que o destinatário possa ajustar seu comportamento atual e futuro para alcançar o resultado desejado".[21] Você pode dizer a alguém para continuar fazendo algo – "Aqueles gráficos ficaram espetaculares" – ou parar de fazer algo – "Você precisa parar de queimar pipoca no micro-ondas" –, mas a coisa toda ainda se resume a um simples *Eu falo, você ouve.*

É gloriosamente simples e em geral ineficaz.

Como sei que monólogos são problemáticos? Sou cientista social e estudo feedbacks – os bons, os ruins e os que machucam. Conduzo pesquisas para identificar as reações das pessoas a feedbacks. Também analiso o feedback em si para entender os tipos de comentários que os funcionários recebem e se a identidade de um funcionário – seja homem ou mulher, negro ou branco – afeta os elogios ou críticas que ele recebe. Para este livro, entrevistei 60 funcionários, de estagiários a CEOs, para conversar sobre feedbacks que receberam, tanto aqueles que adoram relembrar, bem como os que eles preferiram esquecer.

Em um de meus estudos, perguntei aos funcionários sobre suas piores experiências de feedback no trabalho. Pedi que eles descrevessem uma de suas experiências mais desmotivadoras, incluindo todos os detalhes sobre quem havia dado o feedback, o assunto que havia sido abordado, como ele os afetou negativamente e por quanto tempo. De todas as perguntas que fiz, a mais reveladora foi: "O que teria feito com que você, o destinatário do feedback, se sentisse melhor?". Antes de conduzir essa pesquisa, eu esperava que a resposta mais comum fosse: "Eu teria me sentido muito melhor se confiasse na pessoa que deu o feedback". Praticamente todos os livros de administração incluem uma discussão sobre a importância da confiança, ressaltando que precisamos conquistar a confiança se quisermos que colegas aceitem as más notícias. Faz todo o sentido – se eu confiar em você e você me disser que não estou atingindo meu potencial, vou levar isso a sério.

Algumas pessoas (19%) de fato disseram que a confiança teria melhorado uma péssima experiência de feedback, mas a maioria apontou para outros fatores. Os resultados estão resumidos na tabela a seguir.[22] A confiança em quem deu o feedback ficou em décimo lugar.

Eu teria me sentido muito melhor se...	Porcentagem de entrevistados
Meu empenho no trabalho tivesse sido reconhecido.	53%
O feedback tivesse sido preciso.	51%
Eu tivesse tido a chance de discutir mais detalhadamente o feedback recebido.	40%
A pessoa que deu o feedback tivesse me ouvido.	29%
A pessoa que deu o feedback e eu tivéssemos trabalhado juntos nos próximos passos a serem tomados.	25%
Eu tivesse ficado sabendo que em breve receberia um feedback.	24%
O feedback tivesse sido mais específico.	24%
A pessoa que deu o feedback tivesse me perguntado o que eu achei dele.	22%
Tivesse compreendido o que deveria fazer diferente no futuro.	20%
Eu confiasse na pessoa que me deu o feedback.	19%
O feedback tivesse vindo de outra pessoa.	13%

Ao analisar as cinco respostas mais citadas, dois temas se revelam. Primeiro, vemos que as pessoas querem que sua dedicação ao trabalho seja reconhecida. Mais para frente vamos nos aprofundar em como fazer elogios, mas imagino que você não deve ter se surpreendido com isso. A maioria de nós deseja que nosso empenho seja reconhecido, especialmente pelos nossos chefes. O segundo tema diz respeito a como as pessoas querem ter uma chance de apresentar o seu lado da história. Ao analisar a segunda até a quinta resposta, vemos que aqueles que receberam o feedback teriam se sentido melhor se tivessem tido a chance de corrigir algum erro no que foi dito, discutir o feedback ou trabalhar com a outra pessoa para chegar a uma solução. Pelo jeito, na hora de dar feedback é mais importante saber ouvir do que falar. Pesquisadores descobriram que, se os funcionários acham que você é um bom ouvinte, eles também acreditam que você sabe dar um feedback melhor.[23]

E a percepção dos funcionários sobre a experiência de receber um feedback importa. Quando os funcionários acreditam que estão recebendo um bom feedback dos seus gestores, quando os veem tentando promover seu crescimento, muitas coisas boas acontecem. Os funcionários que acreditam que seus chefes dão bons feedbacks são mais criativos no trabalho.[24] Eles expressam menos desejo de sair da empresa, sentem-se mais leais a seus chefes e consideram seu trabalho mais complexo e envolvente.[25]

O fascinante é que a percepção dos funcionários faz toda a diferença. Nesses estudos em que descobriram que um bom feedback leva a funcionários mais criativos no trabalho e a uma taxa de desligamento mais baixa, ninguém documentou o que os chefes disseram. Ninguém comparou o feedback em si a algum modelo positivo. Ninguém sequer perguntou aos responsáveis sobre suas intenções. A única coisa importante foi que os funcionários acreditaram que seus chefes se importavam com eles e estavam investindo neles. Não estou dizendo que você deva fingir que se importa com o crescimento de seus funcionários quando, na verdade, não dá a mínima. O que *estou* dizendo é que, se quisermos que o feedback seja eficaz, precisamos priorizar a maneira como os funcionários querem ser tratados ao longo do processo. E o que sabemos é que os funcionários querem ser ouvidos.

Pode ser estranho pensar que o feedback precisa ser um diálogo e não um monólogo. Afinal, como o chefe, cabe a você dizer o que acha que está funcionando ou não. Você precisa garantir que a equipe atinja as metas, e isso lhe dá uma perspectiva única e necessária. Tudo isso é verdade.

Mas, quando você se aprofundar nos exemplos de feedback incrivelmente eficazes fornecidos por Scott, Dalio, Buckingham e Goodall, verá que esses exemplos memoráveis têm uma coisa em comum – duas pessoas se envolvendo em uma conversa. Não se trata de uma pessoa dizendo à outra o que está ou não dando certo, mas duas pessoas tendo um diálogo. Também vemos isso na história de Maura. Ela e a instrutora de ioga tiveram uma conversa, um diálogo. Maura também fez outras coisas de forma correta: ela mostrou que estava zelando pelos interesses de Samantha, reconheceu o potencial dela e, em uma manobra Jedi, ficou do seu lado apesar de a estar demitindo – falaremos mais adiante sobre essas habilidades e como você pode desenvolvê-las. Mas o que vejo repetidas vezes em conversas de feedback bem-sucedidas é que elas foram conversas de verdade, nas quais duas pessoas falaram e essas mesmas duas pessoas ouviram.

Essa é a grande diferença deste livro. Você sairá com soluções concretas, baseadas em pesquisas, para dar feedbacks de uma maneira na qual você não estará apenas dizendo coisas, mas será realmente ouvido. Livros sobre o tema geralmente incluem modelos ou matrizes complicadas que você deve preencher antes de entrar na reunião para definir o que espera da pessoa. É importante ter uma mensagem clara na sua cabeça, mas esses livros podem levá-lo a acreditar que o trabalho duro é feito antes da conversa.

Na verdade, o trabalho duro está na própria conversa. A parte mais difícil está em ouvir e fazer a outra pessoa ouvir. Em vez de criar um roteiro de uma mensagem perfeita antes da conversa, você precisa descobrir o que seus subordinados diretos precisam ouvir para atingir seu potencial e efetivamente dar atenção ao que você tem a dizer. Como veremos, é mais fácil para uma pessoa ouvir e entender o que você está dizendo quando ela sente que foi ouvida e compreendida por você.

Continue fazendo o que está fazendo

Há mais uma questão crucial que nenhum livro sobre feedback deve deixar de mencionar. Precisamos falar sobre discriminação inconsciente. Pesquisas repetidamente constataram que chefes de todos os gêneros tendem a dar uma orientação menos eficaz às mulheres do que aos homens. Se você respeita suas colegas mulheres, ou se você é uma mulher, a ideia de dar um feedback melhor aos homens é no mínimo ofensiva. Não estou dizendo que todos os homens recebem um feedback brilhante e profundo que os enche de satisfação no trabalho e impulsiona suas carreiras. Já entrevistei muitos homens que receberam feedbacks vagos, hostis, desanimadores ou simplesmente imprecisos. Mas, quando um feedback prático e de qualidade é dado, a pessoa que o recebe tem mais chances de ser um homem.

Para começar, as mulheres recebem mais feedbacks sobre sua personalidade e seu estilo de comunicação. Uma equipe de pesquisadores analisou as avaliações de desempenho feitas por escrito em busca da palavra "agressivo". Eles descobriram que 76% das vezes em que essa palavra aparecia, ela estava na avaliação dada a uma mulher e apenas 24% na de um homem.[26] Para os homens, "agressivo" às vezes era usado como um elogio, mas nunca para as mulheres.

Pesquisas também mostram que os chefes evitam dar feedback às mulheres por medo de elas ficarem chateadas ou com raiva. Veja o exemplo de Eric, gerente de uma equipe de software. Eric ocupava o cargo há dois anos, seus subordinados diretos o adoravam e ele tinha a reputação de ser um dos melhores coaches da divisão. No entanto, 90% de sua equipe direta até então era composta de homens. Melanie acabara de entrar nela, vinda de outra parte da empresa, e era uma engenheira de software altamente recomendada. Para seu constrangimento, Eric estava tendo dificuldade de dizer a ela que ela precisava aumentar sua produção. Nos dois meses que ela trabalhou na equipe, ela não havia produzido nada. "Se fosse um homem, eu já teria dito alguma coisa. Teria dito que o desempenho dela estava abaixo do esperado; teria perguntado o que estava faltando para ela produzir mais." Em vez disso, ele marcou uma reunião com o chefe anterior de Melanie para entender o estilo de trabalho dela. "Sei que deveria falar direto com ela, sei que não está certo ficar dando voltas, mas tem alguma coisa que está fazendo com que seja muito mais difícil."

Quando as mulheres recebem feedback, muitas vezes ele é vago ou inconsistente. Vejamos o exemplo de Rita, que finalmente foi promovida à vice-presidente de uma empresa do mercado imobiliário. Ela passou mais de dois anos pedindo feedbacks sobre como poderia alcançar essa posição. Sempre que perguntava, seu chefe dava um conselho genérico, do tipo: "Continue fazendo o que está fazendo", apesar de ela querer ser promovida e não "continuar fazendo o que estava fazendo". Depois de um ano provando sua capacidade de todas as maneiras que ela podia imaginar, o feedback mais específico que seu chefe deu foi: "Aumente a sua equipe; você precisa provar que é capaz de liderar uma equipe grande para se tornar vice-presidente". À primeira vista, pode até parecer um conselho focado e simples de colocar em prática – contrate mais pessoas. O problema é que Rita não podia contratar ninguém sem a permissão de seu chefe e, quando apontou isso, ele disse que estava de mãos atadas.

Também há evidências crescentes de discriminação racial nos feedbacks. No momento da escrita deste livro, ele não é tão documentado quanto a discriminação de gênero, mas, como veremos na "Prática 4: Aceite que é tendencioso e fique atento", tendemos a focar em características diferentes daquelas avaliadas em funcionários brancos quando avaliamos funcionários negros, latinos e asiáticos. Não temos a intenção de priorizar critérios diferentes, mas, se não ficarmos atentos, é o que acabamos fazendo.

Identificar a discriminação inconsciente em seu feedback pode ser a medida mais importante que você tomará para crescer como líder este ano. Você tem o poder de mudar o sistema no pedacinho do mundo que está ao seu alcance: não apenas mudar as crenças de seus subordinados diretos sobre o potencial deles e o impacto que podem ter, como também garantir que eles sejam recompensados e recebam o apoio do qual precisam.

Não é fácil dar feedbacks, mesmo quando esse é o seu trabalho

Dar feedbacks críticos é parte crucial do meu ofício. Sou uma desenvolvedora de docentes, o que significa que ajudo bons professores universitários a se tornarem os professores favoritos dos alunos. Parte do meu trabalho é identificar o que um professor está fazendo corretamente e o que ainda não está executando tão bem. Uma outra parte – muito mais difícil – é descobrir como comunicar o que observei para que os professores me ouçam. Mesmo que um docente bata à minha porta pedindo "Por favor, me ajude", ele é um ser humano e não vai ficar feliz se eu começar a cutucar seus pontos fracos.

Lembro-me da primeira vez que alguém se enfureceu com minhas sugestões bem-intencionadas. Eu tinha acabado de terminar meu doutorado pela Universidade Carnegie Mellon e estava trabalhando em um departamento que dava suporte aos instrutores. Um aluno de pós-graduação em engenharia não estava conseguindo fazer com que os alunos falassem em sala de aula e pediu minha ajuda. Ele sabia que os alunos aprenderiam mais se discutissem os conceitos, mas a maioria só queria copiar o que ele escrevia no quadro, diligente e silenciosamente. Assisti a uma de suas aulas, observei-o ensinar e saí cheia de grandes ideias. Enchi uma página com atividades que ele poderia tentar. Quando nos encontramos alguns dias depois, disparei: "Você já tentou fazer isso? E aquilo? Notei que você fez X. É um erro comum, mas nunca dá certo. Seria melhor se você tentasse Y".

Lá pela minha terceira sugestão, ele parou de escrever, mas eu continuei falando. Toda animada, fui apresentando as ideias, uma após a outra, acreditando que tudo o que eu precisava fazer era vender as estratégias com mais empenho. Lá pela minha sexta ou sétima sugestão, ele praticamente explodiu, com o rosto vermelho. "Você tem ideia do tempo que isso tudo levaria? Já estou até o pescoço de coisas para fazer. Você sabia que eu fico acordado até 1h da manhã quase todas as noites só para poder ficar um capítulo à frente dos alunos e não parecer um idiota na frente da turma? Ainda tenho uma dissertação para escrever, que está ficando para trás. Você conseguiu me deixar ainda mais estressado do que antes."

Ele ficou furioso, e eu, perplexa. Mas não tinha sido ele a pedir a minha ajuda? Como é que eu poderia ajudar se não fosse dando dicas de estratégias?

Acho que você deve ter percebido onde foi que errei. Eu só falei e não ouvi. Em vez de resolver os problemas com ele, eu estava lhe dando mais problemas para resolver sozinho, apresentando uma longa lista de questões que ele nem tinha mencionado até então. Minhas sugestões não eram ruins, mas foram unilaterais, e ele precisava desesperadamente ter alguém ao seu lado.

Aquela experiência ocorreu quase 25 anos atrás. Depois daquilo, me propus a aprender a ter conversas de feedback que realmente ajudassem, em vez de ficar apenas jogando incontáveis sugestões na cara da pessoa, toda satisfeita comigo mesma. Comecei a ler e a fazer pesquisas. Trabalhei com centenas de profissionais em busca de maneiras de ajudá-los a não ficarem presos no ressentimento que surge naturalmente quando ouvimos: "Você deveria fazer X".

Quando você aprender a dar um feedback melhor, verá que pode usar esse conhecimento em uma variedade de cenários. Eu, por exemplo, incorporo o feedback no processo de contratação. Quando um candidato a emprego vai à universidade para uma entrevista, procuro uma oportunidade de lhe dar um feedback direto sobre algo que observei. Posso comentar algo como: "Notei que você parecia nervoso quando as pessoas começaram a lhe fazer perguntas. Quer conversar a respeito?". Então espero pela reação da pessoa. Algumas pessoas se colocam na defensiva, outras ficam vermelhas de vergonha e outras ainda dão risada e se perguntam o que poderiam ter feito diferente. O melhor é quando a pessoa quer conversar sobre uma abordagem melhor e pensamos juntos em estratégias, descobrindo como é o processo de resolver problemas em parceria. Faço isso com todos os meus entrevistados, seja para um cargo de assistente administrativo de meio período ou de diretor em período integral. Quero trabalhar com pessoas que aceitam feedbacks bem ou que, pelo menos, se esforçam para aceitar. Também parece uma boa maneira de mostrar aos candidatos como seria trabalhar comigo. Se você não quer receber um feedback direto, é melhor trabalhar com outra pessoa.

Pessoas de qualquer temperamento podem dar um excelente feedback

Você deve achar que sou uma máquina de dar feedback. Pode imaginar que sou o tipo de pessoa que entra tranquilamente em conversas desse tipo, olha a outra pessoa nos olhos e diz com ousadia tudo o que precisa ser dito, inabalável, porque sei que ajudar as pessoas a melhorar é a coisa certa a fazer.

A parte sobre o contato visual é verdade. O resto não sou eu. Se não tomar cuidado, tendo a fazer de tudo para evitar conflitos. Odeio informar as pessoas que elas cometeram um erro, me decepcionaram ou causaram um problema. Eu não apenas fico apreensiva antes da conversa, como acontece muito de eu me acovardar na hora. Outro dia desses, chamei a líder de uma organização para tomar um café porque tinha uma coisa específica a comunicar – ela tinha compartilhado publicamente algumas informações enganosas e prejudiciais para a empresa –, mas só toquei no assunto depois de 75 minutos conversando com ela no café. Eu tinha ensaiado na minha cabeça o que diria e sabia que ela preferiria ter um pequeno momento de constrangimento em particular do que um grande momento de constrangimento em público. Mas, na hora, confesso que vacilei. Durante a conversa, me peguei pensando: "Mas a Gina é tão legal. Não lembrava que gosto tanto assim dela. Ela parece tão feliz. Será que preciso mesmo acabar com o dia dela?".

Talvez, como eu, você possa ser incrivelmente criativo inventando desculpas para poder pular a parte difícil da conversa. "Não tenho como trazer isso à tona sem ser desagradável", "A pessoa vai me achar um chato", "Foi só uma vez e ele provavelmente não vai repetir o erro". Ou, se quiser forçar a barra: "De repente ninguém vai abrir o e-mail que a pessoa mandou com o salário de todos os funcionários do departamento".

Se até eu consegui aprender a dar feedback, garanto que você também consegue.

Neste livro, compartilharei pesquisas de uma maneira fácil de digerir. Mais importante ainda, vou contar o que aprendi com líderes que sabem como falar e ouvir para dar um bom feedback e com funcionários que tiveram as piores experiências recebendo feedbacks. Vale muito a pena aprender essas habilidades cruciais (e saber quais erros evitar), pois você se tornará uma versão melhorada de si mesmo. E a sua equipe? Eles melhorarão com você.

Vamos ser sinceros, todos nós já tivemos experiências de feedback que nos deixaram revoltados ou nos deram vontade de enfiar a cabeça em um buraco no chão. Mas a maioria de nós também teve pelo menos uma conversa de feedback que nos inspirou e nos fez enxergar um possível caminho a seguir que não tínhamos visto até aquele momento. Quero ajudá-lo a ter mais conversas como essas. Não do tipo que faz a pessoa querer enfiar a cabeça em um buraco. Mas do tipo inspirador, do tipo que mostra caminhos. Vamos lá!

Resumo do Capítulo
Introdução

- 37% dos líderes consideram estressante ou difícil dar feedbacks críticos aos funcionários, e 21% apenas evitam totalmente esse tipo de conversa.

- Os líderes estão sendo pressionados a dar mais feedbacks, mas não são necessariamente treinados para fazer isso da forma correta.

- Pesquisadores descobriram que, em 38% das vezes, o feedback piora o desempenho do funcionário em vez de melhorá-lo.

- Precisamos de ferramentas de feedback que funcionem. Ferramentas que não levem as pessoas a desistir, que ofereçam estratégias para lidar com os problemas e os pontos fortes, bem como que descrevam comportamentos concretos, não apenas boas intenções.

- Os funcionários querem que o feedback seja uma conversa de mão dupla – um diálogo, não um monólogo.

- O objetivo é ativar a capacidade de a pessoa realmente escutá-lo quando estiver dando um feedback a ela. Para isso, você precisa saber ouvir. Este livro lhe mostrará como fazê-lo.

- A discriminação inconsciente durante o feedback é um problema generalizado e muitas vezes não reconhecido. Não queremos dar um feedback melhor aos homens brancos, mas é incrivelmente fácil cair nessa armadilha.

- Este livro o ajudará a dar feedbacks que tragam à tona o melhor de todos.

Como aproveitar ao máximo este livro

A Parte I apresenta quatro princípios que o ajudarão a dar um feedback mais eficaz. O objetivo desses princípios é mudar a maneira como você enxerga o tema para que você, o chefe, tenha uma abordagem diferente e crie um ambiente mais produtivo para o diálogo. Desse modo, a pessoa do outro lado da mesa tem mais chances de ouvir seu feedback da maneira como você gostaria e valorizar sua perspectiva sobre o trabalho dela. Ela pode não gostar de seus comentários durante a conversa ou dar demonstrações efusivas de gratidão ali na hora, mas será capaz de ouvi-lo, e isso já é meio caminho andado. Acontece muito, muito mais do que gostaríamos de acreditar, de as pessoas simplesmente não ouvirem nada durante uma conversa.

A Parte II é a sua caixa de ferramentas, na qual apresento seis práticas principais, táticas detalhadas passo a passo. Esses capítulos lhe darão exemplos de como essas conversas podem ser feitas, quais tipos de resistência esperar e como lidar com elas, e o que dizer se você for pego de surpresa. Explicarei as pesquisas por trás dessas práticas, quando usá-las e por que você pode nunca ter pensado sobre elas até agora.

Você pode ir direto para a Parte II? Talvez as avaliações anuais de desempenho sejam na semana que vem, e a Parte II pareça ser um bom lugar para começar. Ou você tem uma conversa marcada para amanhã com uma pessoa difícil e quer que essa conversa seja melhor do que a anterior.

Entendo totalmente a pressão de uma conversa difícil iminente. Fique à vontade para pular para onde preferir. Mas, se tiver pelo menos uma hora, recomendo ao menos passar os olhos pela Parte I antes de pular para a Parte II, pois ela apresenta conceitos importantes que usarei ao longo do livro. Isso também deve reduzir sua ansiedade e, se estiver mais tranquilo, será mais capaz de ouvir. Dica número 1 para ter o superpoder do feedback: você pode estar nervoso, mas o foco não é você. É a outra pessoa.

PARTE I

Saindo de um roteiro fechado para uma conversa de verdade

1

Os três tipos de feedback: reconhecimento, orientação e avaliação

Boas conversas nos estimulam tanto quanto uma
caneca de café puro. Nos dois casos pode ser difícil
dormir depois.

ANNE MORROW LINDBERGH[1]

Quando funcionários falam sobre feedback, eles costumam mencionar dois tipos: o feedback positivo e o negativo. Quando chefes falam sobre feedback, eles diplomaticamente evitam a palavra "negativo" e preferem usar a palavra "construtivo". Esses rótulos não ajudam muito porque, se for você quem estiver recebendo o feedback, eles são desnecessários – você sabe de cara se o que está ouvindo é positivo ou negativo.

Mas há uma maneira melhor de categorizar os feedbacks. Como líder, é interessante dividi-los em três tipos: reconhecimento, orientação (ou coaching) e avaliação. Aprendi a pensar sobre feedbacks dessa maneira com os professores da Escola de Direito da Universidade Harvard, Douglas Stone e Sheila Heen, em seu excelente livro *Obrigado pelo feedback*.[2]

Reconhecimento é o que a maioria de nós chama de feedback positivo, elogio ou apreciação. À primeira vista, ele diz respeito ao trabalho. Ao expressar reconhecimento, você está demonstrando que percebe a maneira como os comportamentos, esforços e qualidades pessoais de um funcionário beneficiam o trabalho e a equipe. Em um nível superficial, um líder age dessa forma para reforçar um comportamento. Você diz à Julia: "Você foi espetacular na reunião de hoje", e ela tentará repetir seu desempenho na próxima reunião. Em um nível mais profundo, o reconhecimento é sobre relacionamento. Como observam Stone e Heen, quando você diz: "Você foi espetacular na reunião de hoje", também está sinalizando: "Julia, você não está passando despercebida. Você é importante para mim e faz uma grande diferença para a equipe".[3]

Já a orientação é um feedback destinado a ajudar a pessoa a se adaptar, aprender e crescer. Em sua forma mais simples, ela é um conselho. A orientação é quando você diz a Scott: "Nessa parte da apresentação, deu para ver que as pessoas estavam instigadas, mas então você se apressou para entrar no próximo ponto e elas perderam o interesse". Em sua forma mais complexa, ela diz respeito a uma transformação. No nosso exemplo, é quando você trabalha com Scott para identificar como ele se destaca agora para que ele possa se destacar mais vezes.

Alguns chefes evitam feedbacks de orientação porque imaginam que vai dar muito trabalho, mas não é preciso complicar muito as coisas. Uma orientação pode ser apenas falar com a pessoa depois de uma reunião, uma contribuição ou um marco importante e fazer duas ou três perguntas que possam ajudá-la. Na seção sobre o tema, falaremos a respeito de quais perguntas fazer. O que importa é notar que a orientação não deve ser reservada apenas a seus funcionários favoritos ou àquele novo funcionário promissor que o faz lembrar de como você era dez anos atrás; é algo que precisa ser feito com todos os seus colaboradores.

Já a avaliação é o feedback que possibilita que a pessoa saiba como ela está indo, em que pé ela está. Pode ser um ranking, uma pontuação ou uma comparação com os colegas. Quando Nicole pergunta: "O que posso fazer para melhorar?", e você responde: "Você conquista um novo cliente a cada três dias, o que é ótimo, mas alguns colegas seus conseguem três clientes por dia", você está oferecendo uma avaliação. Ela pode ser bastante concreta – talvez seja necessário avaliar cada funcionário em uma escala de 1 a 5 – e às vezes um tanto subjetiva. Lily, uma vendedora do setor de alimentos gourmet que entrevistei, contou que, em sua última avaliação de desempenho, seu chefe a descreveu como "uma das funcionárias menos problemáticas". Não foi exatamente um grande elogio, mas indicou como ela estava indo e o que seu chefe valorizava.

Muitas grandes organizações estão abandonando as pontuações numéricas, mas isso não significa que estejam deixando de lado as avaliações. Mesmo se não estiver mais usando pontuações, você provavelmente ainda está avaliando o trabalho de seus funcionários em relação a alguma métrica. Se Ryan tem uma função na qual se espera que "trabalhe de forma independente", mas seus colegas reclamam que ele vive mandando e-mails pedindo ajuda, você dirá que "trabalhar de forma independente" é uma área na qual Ryan precisa melhorar. Você pode não avaliar os funcionários como fazia cinco anos atrás, mas ainda os avalia.

Quando você está atolado de trabalho, parece mais fácil se concentrar em apenas um ou dois tipos de feedback para cada pessoa da equipe e pular o resto. Uma conversa até pode se concentrar apenas no reconhecimento ou na orientação, mas Stone e Heen enfatizam que todo funcionário precisa dos três tipos de feedback.

Você pode estar pensando: "Mas se uma pessoa está fazendo um trabalho excelente, ela precisa mesmo dos três?". Sim. Reconhecimento, orientação e avaliação abordam necessidades muito diferentes dos funcionários. O reconhecimento indica que o trabalho da pessoa é notado e valorizado, mas também mostra que *a pessoa* é notada e valorizada. A orientação ajuda a identificar possíveis medidas que ela pode tomar ou adaptar. Até seus funcionários de melhor desempenho (muitas vezes, especialmente eles) buscam aperfeiçoar suas habilidades já existentes ou adquirir novas habilidades para poder avançar na carreira. E a avaliação permite que a pessoa saiba em que pé está e o que esperar no futuro. O funcionário está atendendo às expectativas de sua função? Está contribuindo na mesma proporção ou com a mesma qualidade que os colegas? Tem chances de ganhar aquele aumento, promoção ou projeto dos sonhos em breve?

É um pouco complicado porque, no dia a dia, essas palavras têm significados subjetivos e sobrepostos. Alguns líderes usam a palavra "orientação" de forma mais ampla, abrangendo elogios e sugestões de melhoria. Para os fins deste livro, usarei "reconhecimento" para falar sobre comportamentos que você espera ver com mais frequência e "orientação" para aqueles que gostaria que o funcionário mudasse.

Descubra qual tipo de feedback cada pessoa deseja

Como usamos uma única palavra, "feedback", para descrever três comunicações muito diferentes, acontece muito de chefes e funcionários falarem sobre coisas diferentes enquanto acreditam que estão falando sobre a mesma coisa. Você diz: "Tenho um feedback para lhe dar" e dá um tipo de feedback quando o funcionário esperava receber outro. Abby pergunta se você tem algum feedback para dar sobre seus seis primeiros meses na equipe, e você diz que ela está superando as expectativas – gostaria que, no mínimo, mais pessoas se empenhassem tanto quanto ela –, mas, em vez de parecer grata, que é o que você esperaria, ela parece frustrada. Você lhe deu não só uma avaliação como também uma dose generosa de reconhecimento, mas o que ela realmente queria era uma orientação. Você fica confuso e começa a se perguntar se Abby não é uma daquelas millennials complicadas.

Pode até ser o caso, mas, antes de chegar a essa conclusão, descubra que tipo de feedback ela está buscando. Quando Abby diz: "Gostaria de um feedback seu", você pode dizer: "Ótimo! Que tipo de feedback a ajudaria mais agora?". Se ela encolher os ombros e disser: "Sei lá, eu esperava que pudesse me dizer o que está achando do meu trabalho", você precisará definir as três opções. Você pode dizer: "Normalmente, as pessoas querem receber um dos três tipos de feedback. Você quer (A) falar sobre o que mais valorizo no seu trabalho, (B) receber alguma orientação ou (C) descobrir como está sendo o seu desempenho? Todos os três tipos são importantes, mas qual deles seria mais útil para você agora?". (Pode parecer estranho, mas eu chego a dizer as letras – A, B e C – para que a pessoa veja que há três opções distintas e para incentivá-la a escolher uma delas.)

Se Abby não souber que tipo de feedback deseja – e ela provavelmente não vai saber se essa for a primeira vez que alguém lhe pergunta –, tudo bem. Comece pelo reconhecimento. Até Kim Scott, autora de *Empatia assertiva* e uma grande defensora da ideia de desafiar os funcionários diretamente e com frequência, aconselha que, ao começar a trabalhar com alguém, você deve passar os primeiros trinta dias focado principalmente em fazer elogios e adiar outros tipos de feedback.[4] Ao concentrar-se no que valoriza e reconhecer os pontos fortes do funcionário, você constrói um relacionamento com ele. Com essa base, será mais fácil para Abby ouvir sua orientação e avaliação no futuro.

É claro que o tipo de feedback que você acha que um funcionário precisa ouvir pode não ser aquele que ele está buscando. Ryan, que também manda e-mails a você pelo menos uma vez por dia perguntando como fazer alguma coisa, pode dizer que precisa de algum reconhecimento, mas, enquanto você tenta ignorar o último e-mail dele, reconhecimento e apreciação são as últimas coisas que passam pela sua cabeça. Você deseja lhe dar uma avaliação – para alguém do nível dele, espera-se que descubra mais soluções por conta própria – e talvez alguma orientação para ele poder ser mais estratégico quando pedir ajuda. Você também pode dar feedback mesmo quando a pessoa não pede, mas precisa garantir que está dando o tipo de feedback que a pessoa quer receber. Quando Ryan sentir que você o ouviu e o entendeu, será mais fácil para ele ouvir e entender você.

Quando dar cada tipo de feedback

De modo geral, o reconhecimento e a orientação são mais eficazes se forem feitos de forma imediata. Se você der o feedback no mesmo dia em que alguém fizer uma sugestão brilhante ou for grosseiro em uma reunião, ele terá mais impacto do que se esperar uma semana. As pessoas se sentirão mais notadas e, se tiver algo que você deseja que elas repitam ou mudem, isso ainda estará fresco na memória delas. Mas, se o feedback imediato significar que seus comentários serão desorganizados ou afetados por suas emoções, é melhor esperar um ou dois dias.

Mas o que fazer quando você quer dar um feedback sobre um produto, não um evento – digamos, um relatório que um funcionário lhe enviou? Até certo ponto, o tipo de feedback que você dá depende do funcionário. Quando ele está fazendo uma tarefa pela primeira ou segunda vez, precisa de reconhecimento acima de qualquer outra coisa. O reconhecimento mantém os funcionários motivados e mais dispostos a superar seus medos, frustrações e erros, que são muitos quando ainda não estão familiarizados com uma tarefa.[5] (Você pode estar pensando: "Mas a pessoa fez um péssimo trabalho". Falaremos sobre isso mais adiante.) Mas, quando um funcionário está fazendo uma tarefa pela décima vez, ele provavelmente quer ser orientado e está pronto para otimizar e descobrir maneiras de ser mais eficiente. Além disso, ele deseja saber que você tem a mesma visão crítica que ele, então identifique o que está impedindo o avanço do funcionário na tarefa e encontre formas de superar esses obstáculos.

Lembrando que o fator mais importante aqui é o nível de experiência do funcionário com uma tarefa específica, não sua experiência geral.

Imagine que James é seu principal cientista de pesquisa. Ele tem quarenta e poucos anos e é um profundo conhecedor da biomedicina. É a pessoa mais inteligente da sua equipe, conhece a fundo os protocolos e mantém o grupo dentro dos prazos. Mas você precisa que ele faça algo que nunca fez antes. Você lhe pediu para escrever um documento de uma página para convencer um doador privado a financiar um novo projeto. James sabe como persuadir outros cientistas, não leigos. Ele é o que chamo de um "novato na tarefa" neste caso.[6] Quando ele entrega seu primeiro rascunho, um documento de seis páginas repleto de gráficos, jargões e citações, você pode ter vontade de apontar os erros. Pode ser assim que você orienta James em seus projetos de pesquisa, mas, se fizer isso com a nova tarefa, ele pode ficar desmotivado. É melhor começar apontando os acertos. Não que você não possa dizer o que está errado (como o documento ter seis páginas em vez de uma, como pediu), mas tente redirecionar sua atenção primeiro ao que está certo e orientar James a repetir os acertos. Descobri que ajuda muito falar nos seguintes termos:

- "Este trecho ficou ótimo. É exatamente disso que precisamos. Chegue antes a este ponto."
- "Faça mais disso."
- "Você obteve o impacto que estava buscando quando escreveu essa parte. Qual foi a lógica que seguiu quando redigiu isso? Dá para ver que você é mais do que capaz de realizar esta tarefa, só precisa pensar assim mais vezes."

Você pode precisar ser mais esperto que seus funcionários. Não importa o tipo de feedback que um funcionário pedir, quando ele é um novato na tarefa, precisa de mais incentivo do que quando é um especialista na tarefa. Trabalhei com pessoas na faixa dos 50 e 60 anos que são especialistas em suas áreas e insistem: "Me dê um feedback implacável. Não preciso de um tapinha nas costas". Isso faz sentido quando eles estão trabalhando em sua área de especialização, o que deve ser o caso em cerca de 90% do tempo. Mas, se estão fazendo algo pela primeira vez e eu começo com o feedback crítico que pediram, eles desmoronam. Eles ficam na defensiva, magoados e desanimados. Eles dizem: "Acho que não nasci para isso". Seus funcionários não sabem que precisam de encorajamento quando não estão familiarizados com a tarefa. Mas você sabe. Eu chego a dizer: "Sei que não precisa ouvir isso, mas, antes de chegarmos às minhas sugestões, quero tirar um tempo para apontar todas as coisas que você fez aqui que me impressionaram muito". Eles podem revirar os olhos, mas acredite quando eu digo: eles estão ouvindo.

Diferencie orientação de avaliação

Os maiores problemas surgem quando os líderes tratam orientação e avaliação como se fossem a mesma coisa, ou dão um tipo de feedback quando na verdade o funcionário precisa do outro. É muito comum as pessoas reclamarem disso nas minhas entrevistas. Vejamos o exemplo de Wayne, um atleta de futebol americano profissional aposentado. Ele trabalhava há vários meses em uma empresa de consultoria, e um dia seu chefe o chamou e disse que ele não estava tendo iniciativa suficiente. O desempenho de Wayne estava abaixo dos colegas e ele não estava conquistando um número suficiente de novos clientes. Wayne ficou chateado. Não porque discordava – era verdade que precisava conquistar mais clientes –, mas porque estava recebendo uma avaliação quando na verdade precisava de alguma orientação. Ele ainda não estava familiarizado com o mercado e não se sentia confiante para buscar novos clientes por conta própria. "Se tiver confiança no que estou fazendo, sou capaz de vender gelo para um esquimó. Sou capaz de convencer um gato a não gostar de peixe. Mas, se não tiver confiança, não vou querer me expor, não vou querer arriscar." O chefe fez a avaliação sem dar nenhuma orientação a Wayne, que não se sentiu no direito de pedir. Afinal, pedir orientação seria mais um exemplo de "não mostrar iniciativa". Ele ficou totalmente desanimado e, em suas palavras, saiu da reunião achando que jamais teria sucesso na empresa. Wayne pediu demissão seis meses depois.

Não estou dizendo que aquele chefe deveria ter sido capaz de adivinhar o que Wayne estava sentindo e intuir que ele precisava de orientação, mas imagine como essa história poderia ter sido diferente se tivesse perguntado a Wayne: "Você está na equipe há vários meses, mas ainda tem muito a aprender. Queria fazer uma pergunta: o que poderia ser útil para você agora?". Wayne sabia que precisava conhecer melhor o mercado e, se o chefe tivesse dado uma abertura, se sentiria seguro em perguntar. As pessoas precisam se sentir livres para admitir que precisam de ajuda sem que isso as prejudique.

Quando a orientação vem misturada com a avaliação, não é só o funcionário que sai perdendo. Você, o líder, também pode ter mais dificuldade de comunicar sua mensagem. Vejamos o caso de Joel, um líder experiente de uma empresa de tecnologia. Um de seus engenheiros, Carson, estava tendo um desempenho abaixo das expectativas, levando de três a quatro vezes mais tempo que qualquer um de seus colegas para entregar o trabalho. Carson era um engenheiro experiente, não um novato no setor. Ao longo de um ano, Joel teve várias conversas com Carson sobre como ele precisava aumentar sua produtividade e saía de cada uma delas esgotado, mas com esperança de que as coisas mudariam. No entanto, nada mudou. Depois de um ano inteiro tentando, Joel marcou uma conversa com Carson e disse: "Estamos no fim de janeiro e você está entregando um trabalho que deveria ter sido entregue em novembro. Acho que seria uma boa ideia começar a procurar outras empresas para trabalhar". Joel sabia que, a qualquer momento, seu próprio chefe insistiria para que ele demitisse Carson. A resposta de Carson foi: "Entendo o que quer dizer. Obrigado pelo conselho, mas não quero trabalhar em outro lugar. Já dei uma pesquisada e quero ficar aqui. Nenhuma empresa está fazendo um trabalho tão interessante para resolver esse problema". Ele não disse o que faria para mudar a situação, mas basicamente comunicou: "Obrigado, mas não quero fazer o que está sugerindo". Joel saiu da conversa perplexo, mas os três tipos de feedback deixam claro o que aconteceu: ele estava dando uma avaliação e Carson achou que estivesse recebendo uma orientação.

Será que isso poderia explicar, pelo menos em parte, por que Carson não melhorou seu desempenho ao longo do ano? Sem dúvida. Algumas pessoas diriam que ele estava apenas em negação ou se fazendo de desentendido, mas, quando Joel pensou que estava comunicando "Eis em que pé você está", Carson pode ter ouvido algo como "Eis o que você pode tentar". Se Joel tivesse conseguido separar a orientação da avaliação, ele e Carson poderiam ter chegado a um resultado diferente. Joel poderia ter começado com algo como: "Estou começando a me perguntar se tem alguma coisa que não deixei claro. Queria iniciar fazendo uma avaliação do seu desempenho e dizer em que pé eu acho que você está agora. Vamos tirar um tempo para esclarecer exatamente o que é esperado de você e como você está ficando aquém dessas expectativas. Depois, se quiser, também posso lhe dar algumas orientações sobre o que pode tentar fazer". Não teria sido uma conversa fácil, mas essa clareza poderia ter aberto o caminho para uma mudança positiva. Em vez disso, Carson perdeu o emprego e Joel perdeu um pouco de autoconfiança em sua capacidade de liderar equipes.

Nem todas as lacunas de feedback levam um funcionário a pedir a demissão ou ser demitido, mas esses exemplos destacam as consequências complexas de um simples erro de comunicação. Se você não sabe que tipo de feedback o funcionário deseja receber ou não deixa claro que tipo de feedback está dando, na melhor das hipóteses o que disser vai entrar por um ouvido e sair pelo outro e, na pior delas, você sairá se sentindo frustrado e incompetente como líder e o funcionário sairá achando que está prestes a perder o emprego.

Orientador ou avaliador?

Em um mundo ideal, cada funcionário seria orientado por uma pessoa e avaliado por uma pessoa diferente. Quando você precisasse de algum conselho, procuraria o orientador e teria uma conversa franca sobre seus pontos fracos ou por que está se sentindo sobrecarregado. Como Brené Brown observa em seu livro *A coragem de ser imperfeito*, todos nós poderíamos nos tornar líderes melhores se pudéssemos ser vulneráveis com alguém no trabalho. Você teria coragem de dizer: "Eu não sei", "Pisei na bola" ou até "Não teríamos esse problema se não fosse por mim" sempre que fosse o caso.[7] Com o seu orientador, você poderia deixar cair sua armadura.

Então, quando precisasse saber em que pé está, você procuraria seu avaliador. Em vez de falar sobre suas dificuldades, você faria uma lista de tudo o que aprendeu e realizou, e poderia passar a conversa individual falando sobre uma ideia brilhante que gostaria de implantar. Com seu avaliador, você pode voltar a vestir sua armadura para ouvir em que pé está. Com ela, não vai doer tanto ouvir que não está atingindo as expectativas.

Se nosso orientador e nosso avaliador fossem duas pessoas diferentes, também poderíamos sonhar alto com o primeiro e ser realistas com o segundo. Em seu maravilhoso relato *The truth and lies of performance management*, Michael Bungay Stanier e seus colegas David Creelman e Anna Tavis usam o exemplo de um lenhador para ilustrar como nossos objetivos conflitantes se confundem quando um único líder desempenha as duas funções.

Chefe: Gabe, você é o melhor. Quantas árvores consegue cortar esta semana? Vamos tentar bater o recorde![8]
Lenhador: Acho que consigo cortar umas cem, talvez até mais!

Chefe: Cem árvores seria fantástico. Bata essa meta e receberá um aumento. Mas, se não conseguir chegar lá, vou considerar seu desempenho insatisfatório.

Lenhador: Não, não. Eu não quis dizer cem. Quis dizer vinte... É isso aí. Vinte árvores é uma meta boa e ambiciosa.

A maioria de nós será mais aberta em uma conversa de feedback se a pessoa do outro lado da mesa fizer apenas o papel de orientador, nunca de avaliador. Se eu puder falar abertamente sobre as razões que me impedem de melhorar, sem medo de isso prejudicar minha reputação, não vou tentar esconder nada. Admitirei que passo tempo demais na internet ou que às vezes acho as teleconferências intimidantes. E, quando receber conselhos, me sentirei seguro o suficiente para ouvir.

Mas a realidade é que a maioria dos líderes precisa conciliar os dois papéis. Você provavelmente é o orientador e o avaliador dos seus subordinados diretos. Você não tem como abandonar sua função de avaliador, mas pode garantir que a necessidade de orientação de seus funcionários seja satisfeita. Algumas empresas contratam coaches executivos que nunca avaliam os funcionários para que eles possam ter alguém com quem podem ser totalmente sinceros. Se não tiver verba para isso, incentive seus subordinados diretos a encontrar os próprios mentores e formar uma rede de apoio. Os funcionários se beneficiam disso.[9] Profissionais que têm vários mentores ganham mais, avançam na carreira com mais rapidez e relatam maior satisfação no trabalho do que aqueles com um único mentor. Mas fique tranquilo: nos capítulos sobre a avaliação, veremos em mais detalhes como organizar seu feedback quando você precisar oferecer ao mesmo tempo uma orientação e uma avaliação crítica.

As lições mais importantes deste capítulo são que todo funcionário deve receber os três tipos de feedback e que você precisa saber com clareza qual tipo de feedback está dando. Distinguir entre reconhecimento, orientação e avaliação pode ser estranho nas primeiras vezes, mas quase tudo – desde pedir um Uber até andar de caiaque – parece estranho na primeira vez. Porém isso não significa que você não deve tentar de novo. Só significa que você precisa de prática.

RESUMO DO CAPÍTULO
Capítulo 1: Os três tipos de feedback: reconhecimento, orientação e avaliação

- As comunicações se tornam muito mais claras se você souber que há três tipos de feedback: reconhecimento, orientação e avaliação. Todo funcionário precisa receber os três tipos.
- O reconhecimento comunica que você valoriza tanto o trabalho quanto a pessoa que o realiza.
- A orientação ajuda a pessoa a se adaptar, melhorar e aprender.
- A avaliação permite que a pessoa saiba em que pé está em relação às expectativas e o que pode esperar no futuro.
- Pergunte aos funcionários qual tipo de feedback eles querem receber e não deixe de dar o feedback que eles desejarem.
- Uma exceção importante: os novatos em uma tarefa geralmente precisam de mais reconhecimento do que imaginam.
- Como orientação e avaliação costumam ser agrupadas na categoria genérica do "feedback construtivo", elas muitas vezes são confundidas, o que pode levar a frustrações tanto para você quanto para o funcionário.

2

Fique do lado da pessoa, não do problema

Ninguém se importa com o quanto você sabe até saber o quanto você se importa.

THEODORE ROOSEVELT[1]

Crystal estava sentada à sua mesa, pensando no que fazer. Seu trabalho era arrecadar fundos, e ela fazia isso muito bem. "As métricas de desempenho para a arrecadação de fundos não podiam ser mais claras", Crystal explicou, "porque ou o dinheiro está entrando ou não está entrando e, na minha cabeça, o dinheiro definitivamente estava entrando". Ela era a diretora associada de uma ONG e, depois de alguns anos no cargo, a vaga de diretora de desenvolvimento foi aberta. Dado seu excelente histórico, ela se candidatou para a vaga. Não conseguiu o cargo, mas não se intimidou. Ela ainda tinha muito a aprender. Continuou se empenhando e arrecadando bastante dinheiro e, quando a vaga abriu pela segunda vez, ela se candidatou novamente. Mais uma vez, não conseguiu.

Cinco anos se passaram desde que havia se candidatado para aquela primeira promoção. Ela concorreu ao cargo um total de três vezes, e foi preterida em todas elas. Parecia que era hora de mudar de empregador, porque esse claramente não tinha planos de promovê-la. Mas ela não queria se precipitar, então fechou a carta de demissão que estava redigindo no computador e ligou para seu mentor, um amigo de confiança que trabalhava em outro lugar. Seu mentor lhe disse para não desistir, pelo menos ainda não. "Crystal, antes de sair, seria bom se você pedisse um feedback para saber por que não está sendo escolhida para a vaga. Está claro que tem alguma coisa acontecendo que você não sabe."

Ela já tinha pedido feedback quando foi preterida antes, e a resposta foi vaga: "Você está fazendo um excelente trabalho, só não se encaixa no perfil". Nenhuma orientação sobre como poderia melhorar, nenhum detalhe sobre o que tornava outro candidato mais adequado. Mas ela viu que seu mentor tinha razão e que, se pretendia conseguir um cargo de diretora em outro lugar, precisava descobrir o que a estava impedindo na organização atual. Ela conseguiu marcar uma reunião em um café com um membro do conselho, uma pessoa de quem gostava e que havia participado do comitê de busca. Crystal colocou todas as cartas na mesa e ficou o mais vulnerável possível. Ela disse: "Então, queria fazer uma pergunta. Sei que você pode ter muitas razões para não responder a ela, algumas podem até ser de natureza jurídica, mas sinto que estou em um momento decisivo na minha carreira. Vocês já me deram um feedback reconhecendo o meu trabalho e o valor que agreguei para a ONG. Sou muito grata por isso. Mas será que você teria alguma dica para me dar sobre como estou me apresentando, as minhas habilidades ou uma parte do trabalho que o comitê acha que não sou capaz de fazer, qualquer coisa que me ajude no futuro?". Então Crystal foi ainda mais longe. Ela disse: "Não vou chorar quando você me der esse feedback. Não vou gritar nem ficar com raiva. Vou agradecer e depois refletir para ver o que posso fazer para me tornar uma pessoa melhor, uma profissional melhor". Dito isso, recostou-se na cadeira e esperou.

Alguns segundos se passaram. Então o membro do conselho disse abruptamente: "Você usa muito dourado".

Crystal havia prometido que não ficaria com raiva nem choraria, então apenas piscou algumas vezes e disse: "Obrigada". Mas, quando saiu daquela reunião, passou dias com raiva. Sua escolha de acessórios não tinha nada a ver com o trabalho, pelo menos não em sua mente. Era verdade que usava muitos acessórios dourados e, em sua família, isso era uma marca de sucesso. Ela não pediu demissão, mas atualizou seu currículo. Algumas semanas depois, foi a uma conferência de arrecadação de fundos e notou pela primeira vez que, quando as mulheres usavam anéis, eram alianças de casamento simples e, quando usavam brincos, eles eram discretos, com um único diamante ou uma pérola. Nada grande, nada extravagante. Nada de braceletes tilintando nos braços ao andar. E ela começou a enxergar o que o membro do conselho quis dizer. As mulheres que ocupavam os cargos mais altos no setor usavam joias discretas, não as joias chamativas que ela adorava.

Em um mundo ideal, no qual a maioria de nós gostaria de viver, alguém teria dado a Crystal um feedback direto quando ela se candidatou ao cargo de diretora pela primeira ou segunda vez. Poderia ter sido algo como: "Adoro os seus acessórios, continue sentindo-se à vontade para usá-los o quanto quiser, mas como esse cargo representa a organização talvez seja necessário reconsiderar usá-los para trabalhar. Nesse papel, você precisa transmitir uma ideia de refinamento, de discrição. Você pode achar que não tem nada a ver, mas usar acessórios dourados e chamativos passa uma mensagem que é incompatível com 'Cuidaremos bem do seu dinheiro e o usaremos com muito critério'".

Por que ninguém deu esse feedback à Crystal? Por que ninguém ofereceu algum tipo de orientação útil na primeira vez que ela não conseguiu o cargo, ou na segunda? Pode ser que uma das razões era que eles sabiam que a escolha de acessórios de uma pessoa era um motivo superficial e sexista para rejeitar um bom candidato. Como vimos, em um mundo ideal, alguém teria explicado que seus brincos eram o problema, mas, em um mundo realmente ideal, seus brincos não teriam importância. Todos nós seríamos avaliados apenas por nossas contribuições e nosso caráter, não pela nossa aparência.

Mas acredito que há outra parte nessa história que todo gerente, por mais mente aberta que seja, enfrenta de vez em quando. Não conversei com os integrantes daquele comitê de busca, mas suspeito que eles, como muitas pessoas em posição de oferecer um feedback esclarecedor, não adotaram a mentalidade certa. Se você pensar a respeito de Crystal da maneira incorreta, se adotar a mentalidade equivocada quando tiver um feedback a dar, ou dirá a coisa errada ou se fechará e não dirá nada. Não percebemos que somos influenciados pela nossa mentalidade, mas ela afeta o que dizemos e como dizemos.

Enquanto o último capítulo abordou os três tipos diferentes de feedback que você deve dar, este capítulo revela as diferentes mentalidades que você pode adotar quando pensa em um funcionário e em um problema. É relativamente fácil ter a mentalidade certa quando você está reconhecendo um funcionário – vamos explorar isso no capítulo sobre reconhecimento –, mas é igualmente fácil adotar a mentalidade errada quando está dando uma orientação ou fazendo uma avaliação. Quando você está diante da delicada tarefa de apontar um problema, há mais mentalidades equivocadas do que corretas. Isso nos leva à dica número 2 para ter o superpoder do feedback: se você quer dar um feedback eficaz, sua mentalidade fará toda a diferença.

Três mentalidades problemáticas

Líderes podem ter três mentalidades problemáticas em uma conversa de feedback. Cada uma delas tem seu apelo e suas desvantagens.

A mentalidade "o roteiro vai me salvar"

Talvez a mentalidade de maior apelo seja a ideia de que você só precisa encontrar o roteiro certo. Se pudesse ter um roteiro com as palavras perfeitas para descrever um problema, ensaiar o que vai dizer antes de começar a conversa e fazer tudo como planejado, não precisaria fazer mais nada. A pessoa diria: "Ah, claro. Entendo o que você quer dizer", concordaria com a sua sensatez e admitiria que estava errada.

A mentalidade "o roteiro vai me salvar" é especialmente sedutora se você for novo em seu cargo de liderança. Quando você não tem experiência em dar feedback, acaba querendo usar uma linguagem que tenha dado certo para outras pessoas, então faz uma busca rápida na internet por algumas frases bem elaboradas. Os roteiros podem ser tentadores até para líderes experientes, porque facilitam ter aquela conversa de feedback que você vem adiando. Eu mesma já adiei algumas até falar com colegas e elaborar a maneira "perfeita" de dizer o que precisava dizer. Quando senti que encontrei as palavras certas, fiquei menos preocupada com a possibilidade de ser mal interpretada. Senti-me um pouco mais corajosa e muito mais equipada.

Não que a preparação por si só seja algo ruim. Ter algumas boas frases à mão pode dar aquela confiança a mais da qual você precisa para abordar um tema difícil e costuma ser melhor dar o feedback do que protelar indefinidamente. Ao longo deste livro, darei exemplos que você poderá usar para definir o tom certo desde o início ou dar um empurrãozinho em uma conversa que está travada.

Mas, enfim, qual é o problema de usar um roteiro? Parte do problema é que, quando ficamos ansiosos, é comum não lembrarmos do que planejamos e, quando estamos prestes a dizer a um funcionário que os gráficos que ele criou são confusos ou que seu tom é condescendente, podemos ficar ansiosos. Parece forçado ficar dando uma espiada em suas anotações, e pior ainda se você as ler. Embora seja tentador tentar decorar as falas logo antes de uma conversa, os neurocientistas descobriram que a memória de trabalho que usamos para decorar o roteiro é exatamente a mesma que entra em colapso em situações estressantes.[2]

O problema ainda maior da mentalidade "o roteiro vai me salvar" é que você pode ficar mais focado em falar do que em ouvir. Você começa tentando se lembrar de como planejou dizer o que tem a dizer. Depois, fica se perguntando: "Será que falei certo?". Então você dá um suspiro de alívio porque está dando certo ou se repreende por ter esquecido daquela fala perfeita que não está conseguindo lembrar. Você está mais focado em como comunicar o problema do que na pessoa à sua frente.

Vi como a mensagem roteirizada pode ser sedutora e enganosa quando entrevistei a fundadora e CEO de uma pequena empresa de roupas. Sua empresa relativamente nova crescia rapidamente, e ela tinha acabado de ter várias conversas difíceis de feedback com funcionários que estavam apresentando um baixo desempenho. No caso de um funcionário específico, ela se empenhou muito em planejar o que diria, entrou na reunião e, nas palavras dela, "disse todas as coisas certas. Eu tinha decorado tudo e comuniquei todos os pontos exatamente como tinha planejado. Quando terminei, senti um alívio enorme. Mas ele ficou furioso. Não consigo me lembrar de nada do que ele disse porque estava totalmente focada no que eu precisava dizer". Seus ombros caíram. "Tudo o que eu conseguia pensar era 'Por que não está dando certo?'."

Ela não é a única líder a usar roteiros nas avaliações de desempenho. No momento em que escrevo estas palavras, o segundo livro mais vendido na categoria "Gestão" da Amazon é *Effective phrases for performance appraisals* ("Frases eficazes para avaliações de desempenho"). Está precisando descrever as habilidades de redação de um aluno do ensino médio? Você pode encontrar mais de duas dúzias de frases para fazer isso. Usar esse tipo de livro o deixa concentrado na coisa errada. Você fica focado no problema, não na pessoa.

A mentalidade de "ficar do lado do problema"

Isso nos leva à segunda mentalidade problemática: você fica do lado do problema, não do funcionário. Pense da seguinte forma: se você identifica uma questão que gostaria que um funcionário resolvesse, estamos falando de entidades-chave: você, o funcionário e o problema. Representei essas três entidades na figura a seguir.

Quando você precisa apontar um problema a alguém, a tendência é se colocar do lado do problema, como mostra a figura a seguir. É fácil fazer isso, especialmente se tiver padrões elevados. Você vê as consequências imediatas do problema, sabe o que pode acontecer se ele continuar, sabe muito bem como ele está prejudicando você e o funcionário (e talvez até a organização) e justificou para si mesmo que, sim, precisa trazê-lo à tona. Você pode planejar passar meia hora em uma reunião com o funcionário para discutir o problema, mas pode já ter passado duas ou três horas com o problema antes mesmo de a reunião começar. Você está mergulhado no problema e não é surpresa alguma que esteja alinhado com ele.

O que espero ilustrar com essa figura é que existe a possibilidade de o funcionário se sentir sozinho. Ele pode alegar que você não está do lado dele. Quando falar sobre essa conversa mais tarde, ele não dirá "Meu chefe está do lado do problema", mas, com base em minha pesquisa, algo como "Meu chefe não quis ouvir o meu lado da história",

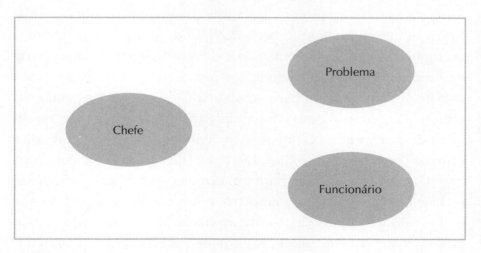

FIGURA 1

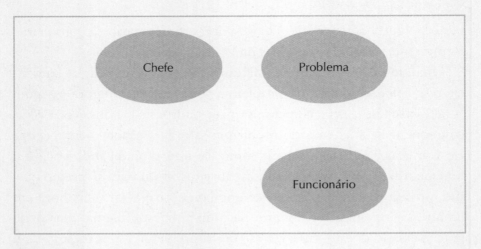

FIGURA 2

"Ele não estava interessado no que eu tinha a dizer", "Parecia que ele estava mais preocupado com aquele dia em que faltei ao trabalho do que com a razão que me levou a faltar" ou "Ele não se importou e me deu uma advertência formal".

Quando pergunto às pessoas quais foram suas experiências de feedback mais frustrantes no trabalho, é comum elas contarem histórias sobre um chefe que ficou do lado do problema. Vejamos o exemplo de Cassidy, um engenheiro de software sênior da indústria de videogames. Ele tinha reuniões individuais semanais com seu chefe e acreditava, com base nessas reuniões, que estava tendo um bom desempenho. Como era habilidoso em resolver problemas difíceis de programação, outros engenheiros da equipe costumavam procurá-lo pedindo conselhos. Em sua avaliação anual de desempenho, Cassidy foi chamado para uma conversa com seu chefe e com o chefe de seu chefe. Nessa empresa, era procedimento padrão que o chefe do chefe participasse da avaliação de desempenho, então Cassidy não se surpreendeu. Mas quase caiu de costas quando ouviu o que ele tinha a dizer.

O chefe de seu chefe disse: "Ficamos sabendo que, quando alguém lhe faz uma pergunta e você não sabe a resposta, às vezes você dá a resposta errada e isso causa problemas enormes". Cassidy ficou perplexo. Ele nunca tinha ouvido isso. "Você pode me dar um exemplo?", pediu. "Não", respondeu o chefe de seu chefe. "Não temos os detalhes. Só pare de dar conselhos ruins." Cassidy olhou para seu chefe, que não tirava os olhos de suas anotações. "Não estou entendendo", disse Cassidy. "Não quero dar conselhos ruins a ninguém, mas preciso de algum contexto para não voltar a cometer esse erro. E gostaria de algum contexto para poder entender quando isso aconteceu." Nem seu chefe nem o chefe de seu chefe souberam dar detalhes ou esclarecer essa queixa vaga. Cassidy ficou incrivelmente frustrado. Ele não sabia o que fazer – deveria ignorar os pedidos de ajuda dos colegas? Deveria dizer "Não sei" a menos que tivesse 100% de certeza da solução, o que significava que passaria a dizer "não sei" a praticamente todas as perguntas? Ainda para piorar a situação, esse feedback veio do nada e o pegou totalmente de surpresa. No dia anterior, ele tinha feito questão de chamar seu chefe para uma conversa e perguntado se havia algo que deveria esperar da avaliação de desempenho no dia seguinte. Seu chefe balançou a cabeça e respondeu: "Você teve um ano espetacular".

O feedback também pode ter pegado seu chefe de surpresa, mas ele não esboçou nenhuma reação e não defendeu Cassidy na reunião. Não falou de todas as suas contribuições para a equipe e, talvez o mais desconcertante de tudo, não fez nada para ajudar Cassidy a processar o que havia sido dito. Seu chefe pode ter achado melhor não contestar seu superior na reunião, mas, mesmo quando conversaram depois, ele ainda não estava no modo "solução de problemas". Quando Cassidy o perguntou em particular sobre o feedback, ele simplesmente deu de ombros e disse: "Acho que você precisa melhorar isso". Em vez de mostrar que estava do seu lado, tentando descobrir o problema para evitar que se repetisse, ele deixou Cassidy achando que teria que resolvê-lo sozinho. Antes disso, Cassidy sempre sentiu que seu chefe estava do seu lado, mas o relacionamento nunca tinha sido posto à prova nesse nível.

A mentalidade do "ele é um pouco..."

Na terceira mentalidade problemática, você presume que o funcionário não pode ou não quer mudar. Você sabe que adotou essa mentalidade se estiver pensando "ele é" em vez de "ele faz" e se pegar julgando: "Amanda é um pouco agressiva" ou "William só é teimoso". Você pode estar pensando em um traço de personalidade ou em um comportamento que um funcionário repete com tanta frequência que você se convence de que isso faz parte de quem ele é, como "Noah não sabe escrever um e-mail de menos de uma página". Mostro essa mentalidade na figura a seguir.

Eu a chamo de mentalidade do "Ele é um pouco...", porque os chefes às vezes tentam dourar a pílula incluindo "um pouco" depois de qualquer adjetivo que estiverem usando, mas não estão enganando ninguém – eles ainda acreditam que os funcionários nunca vão mudar. Essa mentalidade é um obstáculo para o feedback porque, no fundo, você está presumindo que o funcionário sempre terá esse problema, não importa o que ele fizer. Você pode estar pensando: "Bom, posso até achar que a Lisa é uma maníaca por controle, mas não sou burro de dizer isso na cara dela". Você pode achar que é um mestre em esconder o que realmente pensa, mas, na minha pesquisa sobre as piores experiências de feedback dos funcionários, eles sempre percebem. Quando os chefes escrevem: "Ele é um pouco preguiçoso", "Ele odeia trabalhar com pessoas novas" ou "Ela não tem a firmeza necessária para o trabalho" na avaliação de desempenho de alguém, a pessoa sente que é considerada um caso perdido.

Você não é o único a associar um comportamento indesejado de uma pessoa a um aspecto de sua personalidade. Todos nós fazemos isso, e o fazemos automaticamente. Na verdade, esse fenômeno é tão comum que os psicólogos têm um nome para ele: "erro fundamental de atribuição".³ Quando explicamos um comportamento indesejado de alguém, culpamos uma qualidade intrínseca dessa pessoa. Mas, quando estamos explicando nosso próprio mau comportamento, culpamos as circunstâncias. Imagine que você está em uma reunião da equipe e cada pessoa está apresentando atualizações de status. Quando chega a vez de Natasha, ela diz uma ou duas frases rápidas com os braços cruzados. Você se pega pensando: "Ela é um pouco reservada demais. Deve achar que esta reunião é uma perda de tempo". Você atribui isso à pessoa, a fatores internos de Natasha que nunca vão mudar. Os braços cruzados são uma janela para quem Natasha é.

Agora, imagine que é você quem está sentado com os braços cruzados, dizendo apenas uma ou duas frases quando chega a sua vez. Como explicaria seu comportamento? "Estou congelando aqui, e acho que devemos ser sucintos. Foi o que a vice-presidente fez quando deu sua atualização, então estou seguindo o exemplo dela". Você atribui isso a seu ambiente. Acredita que seu comportamento reflete fatores externos e pode ser alterado com facilidade. Você de-

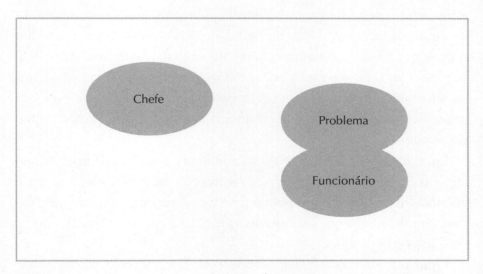

FIGURA 3

finitivamente não veria isso como uma janela para quem você é, a menos que seja uma janela para o fato de que deveria ter usado uma blusa de frio.

Digamos que você decida dizer algo a Natasha. Não é a primeira vez que nota que ela cruza os braços nas reuniões. Você decide fazer isso porque se importa com ela – talvez ela seja a única mulher da equipe e você queira que as pessoas a respeitem e a incluam. Se começar com o rótulo "Você é um pouco reservada demais", ela ficará na defensiva. Dourar a pílula dizendo "Notei que é um pouco reservada" é melhor, mas ela entenderá a mensagem em termos de "Você é X" e você ainda estará comunicando que acha que se trata de uma característica inata. Você só está tentando ajudar, é claro, então começa a listar todas as reuniões nas quais ela cruzou os braços, achando que mais evidências provarão seu ponto.

Suas intenções são as melhores, mas sua lista não teve o efeito esperado. Natasha fica apenas olhando para você. Se conhece o trabalho de Carol Dweck sobre mentalidade fixa e mentalidade de crescimento, vai entender por que seus comentários são tão frustrantes: você tem uma mentalidade fixa sobre Natasha. Ou pelo menos está comunicando a ela que tem. Uma mentalidade fixa é quando você acredita que as qualidades fundamentais de alguém, seus pontos fortes e fracos, são traços imutáveis.[4] Você acredita que Natasha é boa em certas coisas e ruim em outras, e que é assim que ela interage com o mundo todo. Você não vê o trabalho como um mundo específico com o qual ela se comunica.

Quando você expressa uma mentalidade fixa – a crença de que alguém é incapaz de mudar –, a motivação da pessoa desaba. Você até pode dizer "Você é um pouco reservada" na esperança de que Natasha mude, mas o que acabou de transmitir é que não acredita que a mudança seja possível.

Qual é a alternativa? De acordo com Dweck, uma psicóloga do desenvolvimento da Universidade de Stanford, é melhor comunicar o que ela chama de mentalidade de crescimento. Quando você tem uma mentalidade de crescimento em relação a alguém, acredita que os seus pontos fortes podem ser desenvolvidos e cultivados com o tempo. A maneira como Natasha se apresenta nas reuniões pode mudar com base na energia que ela coloca nessas reuniões. Ela pode crescer.

Pesquisadores da Universidade Harvard e da Universidade do Texas em Austin descobriram que, quando os líderes têm uma mentalidade de crescimento em relação a seus funcionários, isso não apenas muda a linguagem que eles usam, mas também os torna mais propensos a dar feedback. Líderes que foram encorajados a adotar essa mentalidade tiveram 63% mais chances de dar feedback por escrito do que aqueles que não foram estimulados a pensar nos funcionários como pessoas que estão constantemente aprendendo e melhorando. Se você deseja que os líderes de sua empresa falem e deem feedback com mais frequência, a mentalidade de crescimento pode ser a solução.[5]

Mas será que os funcionários viram a diferença? Sem dúvida. Aqueles que receberam feedback de líderes com uma mentalidade de crescimento o consideraram mais favorável do que os funcionários que receberam feedback de líderes com uma mentalidade fixa.[6]

Acho que o convenci de que é melhor evitar afirmações do tipo "Você é". Mas o que pode ser dito em vez disso?

Você precisa especificar comportamentos e circunstâncias.[7] Tudo bem usar adjetivos, mas você quer apontar à pessoa como ela está sendo vista, o impacto que está causando ou a impressão que está deixando, não quem ela é. Em vez de dizer à Natasha "Você é um pouco reservada", no mínimo seria melhor dizer: "Você pode parecer distante às vezes". Mas o ideal seria apontar a situação na qual observou esse comportamento, como "Quando estávamos fazendo as atualizações de status hoje, notei que você cruzou os braços e só disse uma ou duas frases, enquanto todo mundo falou bastante. A primeira coisa que pensei foi 'Caramba, as pessoas podem achar que ela não está ligando para o que está acontecendo' e não quero que pensem isso de você".

Será que sempre cometemos o erro fundamental de atribuição? Por sorte não, mas é desconcertante nos dar conta de que estamos fazendo isso. Psicólogos descobriram que temos mais chances de cometer esse erro quando avaliamos um membro de algum outro grupo (externo) do que quando avaliamos um membro do nosso próprio grupo (interno).[8] Se Andy é um gerente financeiro branco de 50 anos que se formou na prestigiada Universidade Harvard, os membros de seu grupo interno seriam outros homens brancos formados nas melhores universidades dos Estados Unidos. Da mesma forma, um grupo externo é qualquer um ao qual você não pertence. Para Andy, isso incluiria mulheres, integrantes afro-americanos ou asiáticos de sua equipe, pessoas do departamento jurídico e assim por diante. Quando uma millennial de sua equipe abre ruidosamente uma embalagem de sanduíche sofisticado comprado em um café caríssimo durante a reunião matinal, Andy pensa: "Quem ela acha que é?". Quando um colega da sua idade faz a mesma coisa, ele reflete: "Aposto que estava com muita pressa hoje de manhã e não teve outra escolha a não ser comprar o café da manhã para viagem".

Não dizer nada

Em alguns dos casos mais frustrantes, um líder adota a mentalidade do "Ele é um pouco...", mas não aponta o problema ao funcionário por presumir que ele está tão profundamente enraizado no caráter da pessoa que não pode ser mudado. Essa pessoa não vai mudar, então para que trazer isso à tona? Quando o funcionário finalmente descobre como é visto, fica perplexo, porque estaria totalmente aberto a mudar se soubesse que era uma questão. Se Andy tivesse mencionado o problema, aquela millennial não se oporia a comer um iogurte ou outra coisa que fizesse menos barulho.

Acho que foi isso que aconteceu na história de Crystal, do início do capítulo. Por que ninguém disse a ela que suas joias douradas chamativas passavam a mensagem errada? (Você pode estar pensando: "Eles não disseram nada porque sabiam que era uma razão ridícula para negar uma promoção", e eu até concordo, mas, em alguns cargos, as primeiras impressões podem fazer toda a diferença.) Não sabemos o que os membros do comitê de busca estavam pensando, mas imagino que alguns deles tomaram a decisão de não promover Crystal com base na mentalidade de que "isso faz parte de quem ela é; ela não vai mudar". Se alguém tivesse conversado com ela sobre a impressão que estava passando, se alguém estivesse do seu lado, ela teria tido a chance de escolher o que fazer. Ela poderia optar por usar um colar discreto e uma única pulseira nos dias em que se reunisse com potenciais doadores e guardado seus grandes brincos dourados de argola para os dias em que ficaria fazendo telefonemas no escritório. (Na verdade, quando conseguiu um novo emprego, foi exatamente isso que ela fez.)

Sabemos que é fácil mudar a escolha de joias. Os membros do conselho viam as pessoas chegarem ao trabalho de tênis e trocarem de sapato no saguão, e é ainda mais fácil mudar a escolha das joias que a pessoa vai usar no escritório. Se Crystal tivesse recebido esse feedback, ela poderia ter decidido entre "Quero muito essa promoção e topo ir trabalhar usando acessórios diferentes" ou "Adoro meus acessórios e prefiro encontrar uma organização que não se importe com isso". De qualquer maneira, ela teria uma escolha. Mas suspeito que alguém influente achou que era algo delicado demais para mencionar, que a sua escolha de acessórios era uma parte integral de quem ela era.

Estou muito inclinada a acreditar que foi isso que aconteceu, porque tem uma parte da história que ainda não contei. Crystal é negra, e a maioria dos integrantes do comitê de busca era branca. Para eles, Crystal fazia parte do grupo externo, e pesquisas revelam que, quando você está julgando um membro de um grupo externo, tende a acreditar que as questões que o incomodam não são comportamentos que podem ser alterados, mas fazem parte de quem a pessoa é.

Essa é uma lição importante para nós, que queremos trazer à tona o melhor das pessoas. Os grupos externos sempre vão existir. Se você é um gerente negro e gay, aqueles homens brancos e heterossexuais da sua equipe podem tecnicamente ser a maioria, mas, como eles ainda fazem parte do seu grupo externo, você pode precisar dizer a si mesmo, *realmente* dizer a si mesmo, que os comportamentos deles que o incomodam podem ser mudados. Se quisermos dar um feedback eficaz, precisamos acreditar que as pessoas podem mudar. Precisamos lhes dar a chance de fazer uma escolha sobre como são vistas no trabalho.

Uma mentalidade mais produtiva: fique do lado do funcionário

Vendo os diagramas do início do capítulo, acho que você já deve imaginar qual será a mentalidade mais produtiva e eficaz. Você quer se alinhar com o funcionário (veja a figura a seguir). Se o funcionário sentir que você está do seu lado, se analisarem juntos o problema, curiosos para descobrir quando, por que e como ocorre, ele será muito mais receptivo ao seu feedback. Quando uma pessoa sente que você está do lado dela, é muito mais fácil ouvir as críticas, porque ela não está enfrentando o problema sozinha.

Ficar do lado do funcionário não significa que você está dizendo que alguma outra pessoa é a culpada e que você está livrando a cara dele. Você ainda o está responsabilizando pela solução do problema, mas deixando claro que está com ele. Você está comunicando: "O que você faz é importante para mim. Você é importante para mim. Pode não ter percebido, mas esse problema o está impedindo de atingir um de seus objetivos. Quero que saiba disso porque acredito no seu potencial e confio na sua capacidade".

Seus funcionários podem preferir escutar que tudo o que fazem é perfeito, mas, se souberem que você está do lado deles, será mais fácil ouvir que fizeram algo errado. Em minha pesquisa, quando os fun-

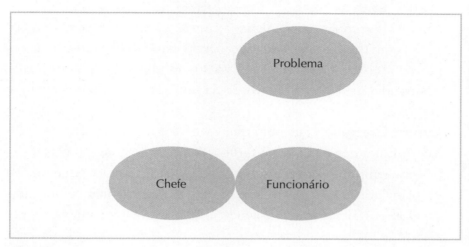

FIGURA 4

cionários refletem sobre o que fez com que uma conversa difícil fosse suportável, fica claro que o chefe parecia estar do lado deles: "Claro que não foi fácil ouvir, mas sei que ele estava tentando me ajudar" ou "Fiquei morrendo de vergonha com a conversa, mas pelo menos sabia que ela estava cuidando de mim" ou "Ele me mostrou que um trabalho medíocre não era bom o suficiente, e foi a primeira vez que me dei conta de que poderia fazer diferença no trabalho".

Como você pode demonstrar que está do lado do funcionário? A ideia aqui não é lhe dar um roteiro, mas ajudá-lo a ver como é possível se alinhar com o funcionário.

Digamos que Omar seja um gerente que você supervisiona e você ouviu pessoas reclamando que ele é muito crítico. Você notou que, nas reuniões de equipe, ele tende a defender demais as próprias ideias e criticar as propostas dos outros. Você está em sua conversa individual semanal com ele e esta é a primeira vez que aborda o assunto.

Você: Queria falar sobre uma coisa. Acho que você é um dos líderes mais brilhantes da divisão quando se trata de visão de futuro e se adiantar a complicações. Alguém propõe uma ideia e você é capaz de ver com clareza várias ramificações possíveis, coisas que a pessoa parece estar deixando passar. Essa sua capacidade de pensar três passos adiante faz com que você seja um líder muito valioso para a empresa.

Omar: Obrigado. Que bom que você notou.

Você: É um dos seus pontos fortes e, ao mesmo tempo, pode dar às pessoas a impressão errada sobre você. Quando estamos em reuniões de planejamento e alguém sugere uma estratégia diferente da que você propôs, notei que você tende a listar imediatamente várias razões pelas quais essa ideia não tem como dar certo. Quando faz isso, as pessoas podem ter uma impressão equivocada. Você pode parecer teimoso, como se só você fosse capaz de ter boas ideias.

Omar: Espere aí, está dizendo que devo ficar calado quando tiver alguma objeção?

Você: De jeito nenhum. Eu definitivamente quero que você continue levantando objeções. Mas, ao mesmo tempo, quero garantir que os outros não sejam desencorajados a apresentar novas ideias. E não quero que ninguém pense mal de você. Suas observações costumam ser precisas e desejo que as pessoas se abram ao que tem a dizer. Do jeito que você conduz as reuniões, acho que algumas pessoas podem ficar na defensiva. Não sei qual seria a solução, mas será que você não toparia fazer um brainstorming comigo sobre isso?

Omar: Isso não é justo. Parece que são as pessoas que precisam mudar, não eu. Elas precisam crescer e admitir que não temos tempo a perder com ideias ruins.

Você: Parece que ficou um pouco frustrado ao ouvir isso. Eu entendo. Se ajudar, acho que você é 100% capaz de dominar essa habilidade. Tenho certeza de que também quer que as pessoas apresentem suas boas ideias nas reuniões.

Omar: Claro. Eu adoraria se as pessoas trouxessem mais boas ideias para as nossas reuniões de sexta-feira.

Você: Pois é. Nós dois queremos isso. Mas, se tiverem medo de ser humilhadas na frente da equipe, elas tenderão a não revelar as ideias, tanto as ruins quanto as boas. Eu adoraria se nós dois pudéssemos pensar juntos em uma solução, se você topar. Estou curioso, o que pensa quando alguém propõe uma ideia nas nossas reuniões de sexta?

Note que, até agora, não mencionei nada sobre dar orientações ou oferecer conselhos. Como um líder, a primeira coisa que você deve fazer é demonstrar que está do lado de Omar. Quando alguém diz "Não é problema meu" ou "A culpa é do fulano", a pessoa não está pronta para receber conselhos. Ela não estará aberta a resolver um problema até concordar que é um problema. Você precisa mostrar que está do lado do funcionário, que está vendo a situação do ponto de vista dele. Quando Omar perceber que tem um problema e tiver interesse em resolvê-lo, ele estará mais aberto a sua orientação. Mais adiante, nas Práticas 2 e 3, vou sugerir coisas específicas que você pode fazer para mostrar que se importa com o ponto de vista do funcionário, mas o primeiro passo crucial é mudar sua mentalidade e se alinhar com ele, não com o problema.

Cinco sinais de que você não está focado o suficiente no funcionário

Como saber se você está mais alinhado com o problema ou com o funcionário? Talvez você tenha refletido bastante sobre os dois. Talvez esteja pisando em ovos para não dar determinado feedback por não querer magoar o funcionário. Na minha experiência, cinco sinais demonstram que você precisa estar mais alinhado com a pessoa se quiser dar um feedback eficaz:

1. Você não sabe quais são os objetivos da pessoa.

2. Você não sabe qual tipo de feedback a pessoa quer receber.

3. Outras pessoas podem ouvir a conversa.

4. Você não está deixando a pessoa falar.

5. Você não sabe como a pessoa enxerga a situação.

1. Você não sabe quais são os objetivos da pessoa

Uma das melhores maneiras de garantir que você consiga se alinhar com o funcionário é começar pelos objetivos dele. O que ele está tentando alcançar? Ele deseja conquistar a confiança de um de seus maiores clientes? Espera ser promovido ou liderar uma equipe própria? De repente ele só quer obter um cargo mais pomposo.

Depois de descobrir os objetivos do funcionário, você pode ajudá-lo a ver como algo que está fazendo ou deixando de fazer é um obstáculo para alcançá-los. Voltando ao problema de Omar, em vez de dizer: "Você é crítico e teimoso demais", você pode falar: "Certo. Entendi que você quer conquistar a confiança do nosso maior cliente. Quero ajudá-lo a chegar lá. Notei uma coisa que acho que está impedindo o seu progresso nesse sentido. Quando você rejeita as ideias das pessoas nas reuniões, pode parecer crítico demais. Isso as leva a questionar se você está pronto para trabalhar com o nosso maior cliente ou se pode prejudicar um relacionamento que levou anos para ser construído. Eu diria que esse é o seu maior obstáculo agora. Mostre às pessoas que sabe quando criticar e quando apoiar as ideias e tenho certeza de que vai se aproximar do seu objetivo". Agora Omar está ouvindo com atenção, porque você atrelou um de seus comportamentos a um de seus objetivos.

Mas, se desconhecer os objetivos do funcionário, suas sugestões bem-intencionadas, na melhor das hipóteses, entrarão por um ouvido e sairão pelo outro ou, na pior delas, ofenderão a pessoa que você está tentando ajudar. Entrevistei uma psicóloga, Linda, que trabalhava em uma pequena clínica de terapia. Seu chefe disse que ela deveria pensar em se disponibilizar para atender os clientes depois das 5h da tarde. Linda ficou atordoada, pensando: "Depois de todos esses anos, você ainda não me conhece. Minha família é muito importante para mim e preciso estar em casa para cuidar das minhas filhas à noite. De jeito nenhum vou trabalhar nesse horário". Seu chefe ignorou uma das prioridades mais importantes de Linda, o que dificultou que ela ouvisse o que ele tinha a dizer. Imagine como essa conversa teria sido diferente se ele tivesse dito: "Sei que a sua família é muito importante para você e que quer reservar suas noites para eles. Admiro a maneira como você equilibra o trabalho e a vida pessoal. Também sei que quer aumentar sua base de clientes e sua renda. Você consideraria trabalhar uma noite por semana ou isso está fora de questão?".

O melhor de tudo é que apontar os objetivos da pessoa mostra que você está do lado dela. Você não está do lado da questão apontada dizendo: "Não está vendo que tem um problema enorme? Isso precisa mudar". Em vez disso, você está ao lado da pessoa, olhando para o futuro que ela espera alcançar, dizendo: "Este é o obstáculo que vejo em seu caminho".

Mantenha em mente que o principal objetivo de um funcionário pode ser controlar as impressões das pessoas. Pode parecer superficial, mas Sharone Bar-David, fundadora da Bar-David Consulting, acredita que este seja um motivador incrivelmente eficaz. A especialidade de Bar-David são os chamados "líderes abrasivos". Ela é a melhor pessoa a quem recorrer se você tiver um líder em sua organização que é brilhante e aparentemente insubstituível, mas com quem as pessoas odeiam trabalhar, que as faz chorar ou que precisa contratar um novo assistente a cada seis meses. Quando Bar-David começa a trabalhar com esses clientes abrasivos, ela não tem como motivá-los a mudar se disser: "Quero ajudá-lo a se dar bem com os colegas do escritório". Isso seria uma garantia de fracasso. Eles já estão alcançando grandes realizações sem se dar bem com todo mundo. Mas qual é o objetivo que quase todo mundo deseja alcançar, mesmo sem admitir? Praticamente todos se preocupam com a imagem que as outras pessoas têm deles. Se eles não se importam com o que seus subordinados pensam deles, pelo menos se importam com o que seus superiores pensam. Na primeira reunião com um líder abrasivo, Bar-David diz: "Algumas pessoas estão tendo percepções negativas sobre a sua conduta, e essas percepções estão impedindo seu sucesso futuramente. Quero ajudá-lo a eliminá-las. Assim, você poderá tirar esse problema do seu caminho". Agora ele está ouvindo.

2. Você não sabe qual tipo de feedback a pessoa quer receber

Pode parecer óbvio, mas, como líderes, muitas vezes não sabemos qual tipo de feedback a pessoa deseja. Na maioria das vezes, temos nosso próprio checklist de feedbacks que achamos que o funcionário precisa ouvir, sem fazer ideia de qual ele *gostaria* de escutar. O primeiro passo é perguntar qual feedback a pessoa quer receber. Talvez o funcionário queira conduzir reuniões mais envolventes por videoconferência e deseje saber o que você achou das últimas videoconferências dele. Ou ele está tentando aumentar sua visibilidade na empresa e está se perguntando se seus esforços estão surtindo efeito. Uma vez que você souber qual feedback a pessoa está procurando, vai ter uma ideia melhor de suas prioridades e objetivos. Com isso você pode usar o feedback que ela mais deseja receber como um gancho para o feedback que você mais deseja dar.

3. Outras pessoas podem ouvir a conversa

Se estiver dando um feedback de reconhecimento, pode não haver problema se alguém além do destinatário puder ouvir a conversa. Algumas pessoas adoram ser reconhecidas em público, enquanto outras preferem não ser o centro das atenções. Uma aposta segura é primeiro elogiar em particular e então perguntar se tudo bem fazer o elogio em público. Mas, se estiver oferecendo um feedback crítico, seja uma orientação ou uma avaliação, quase sempre é melhor fazer isso em particular. Em minha pesquisa, muitas das piores experiências de feedback dos funcionários ocorreram na frente de outras pessoas. Um médico diz a uma enfermeira, na frente do paciente, que ela deveria ter feito algo diferente. Ou um chefe de departamento diz a um professor iniciante: "Aaron, você está misturando metáforas de novo e fica difícil entender o que quer dizer", em uma reunião do corpo docente com outros oito colegas. Essas sugestões podem parecer leves e provavelmente seriam se fossem oferecidas em particular, mas em público soam duras e desproporcionais. Dar esse tipo de feedback em público aumenta as repercussões para quem o recebe. Se o seu escritório não tiver divisórias, pode ser um pouco trabalhoso encontrar um lugar privado, mas garanto que vai valer a pena. Se você trabalha remotamente, marque uma videoconferência individual.

4. Você não está deixando a pessoa falar

Um erro que muitos de nós cometemos em conversas de feedback é que nos esforçamos tanto para fazê-lo do jeito certo que não ouvimos com atenção. O feedback é sempre mais eficaz se você tiver um diálogo com a pessoa, o que significa que precisa escutá-la também. Como vimos na introdução, quando perguntei aos funcionários o que teria melhorado uma péssima experiência de feedback, várias das respostas mais comuns incluíram a necessidade de ser ouvido.

5. Você não sabe como a pessoa enxerga a situação

Já vimos que é importante ouvir, mas quais informações você deve procurar em uma conversa de feedback? No mínimo, deve procurar saber como o funcionário enxerga a situação. Do ponto de vista dele, o que aconteceu? Na Prática 2, exploraremos algumas perguntas para descobrir a opinião do funcionário sobre um problema. Tome nota: para muitos líderes, este é o item mais difícil da lista e o mais impactante. É tentador presumir que você já sabe o que a pessoa vai dizer. Mas uma das maneiras mais rápidas de mostrar que está do lado do funcionário, e não do problema, é perguntar como ele vê a questão, deixar suas próprias suposições de lado e realmente ouvir o que ele tem a dizer.

Resumo do Capítulo
Capítulo 2: Fique do lado da pessoa, não do problema

- Há três mentalidades que precisam ser evitadas.
- A mentalidade "o roteiro vai me salvar" é problemática porque você pode ficar mais focado em falar do que em ouvir.
- Outra mentalidade ineficaz é ficar do lado do problema, o que leva o funcionário a se sentir frustrado e achar que não pode contar com seu apoio.
- A última mentalidade prejudicial é presumir que o funcionário não pode ou não quer mudar, o que faz com que as pessoas se sintam descartadas como uma causa perdida.
- Se você tende a evitar conversas de feedback, adote uma mentalidade de crescimento e presuma que a pessoa é capaz de aprender e melhorar.
- A mentalidade mais produtiva é ficar do lado do funcionário, propondo que vocês dois analisem o problema e tentem resolvê-lo juntos.
- Para começar a conversa do lado do funcionário, concentre-se em um objetivo que ele prioriza ou no tipo de feedback que está buscando.
- Observe os cinco sinais de que você não está focado o suficiente no funcionário:
  1. Você não sabe quais são os objetivos da pessoa.
  2. Você não sabe qual tipo de feedback a pessoa quer receber.
  3. Outras pessoas podem ouvir a conversa.
  4. Você não está deixando a pessoa falar.
  5. Você não sabe como a pessoa enxerga a situação.

3

Comunique abertamente suas boas intenções

Aprendi que as pessoas vão esquecer o que você disse e o que você fez, mas elas não vão esquecer como você as fez sentir.

MAYA ANGELOU[1]

Terri estava morrendo de orgulho. Ela havia recebido uma oferta de emprego, a primeira oferta de verdade desde que terminara a pós--graduação. Ela finalmente poderia morar sozinha e fazer coisas de adulto, como ir ao dentista a cada seis meses. O melhor de tudo é que não era um emprego qualquer. Ela seria pesquisadora de um centro médico afiliado à Universidade da Pensilvânia e, pela primeira vez em sua vida, poderia dizer que tinha um vínculo com uma das melhores universidades dos Estados Unidos.

O único obstáculo era que precisaria se mudar para a Filadélfia. A cidade tinha uma alta taxa de criminalidade e um certo clima de perigo que a deixava nervosa quando estava no metrô. Pensando nisso, Terri marcou uma reunião com sua orientadora, Marlene, para discutir a decisão.

Elas estavam sentadas à pequena mesa redonda no escritório de Marlene, listando os prós e os contras do trabalho. Na verdade, Terri estava fazendo isso; Marlene parecia preocupada. Depois de passar um tempo mordendo o lábio, ela se inclinou e disse: "Você é uma das melhores pesquisadoras com quem já trabalhei. Mas…", Terri congelou, "você não escreve", ela disse. "Pelo menos, nunca a vi escrever muito. E esse emprego envolveria principalmente escrita". O coração de Terri se apertou ao ouvir essas dolorosas palavras. "Pode ser uma questão de autoconfiança, perfeccionismo ou alguma outra coisa. Mas o problema é que você não escreve". Terri começou a chorar. "Quero que seja feliz", Marlene disse em um tom mais ameno. "Quero que goste do seu emprego e seja boa no que faz. Se você aceitar essa vaga, tenho medo de acabar infeliz. Você precisa tomar uma decisão, e ela não tem nada a ver com a cidade. Você vai aprender a escrever e publicar? Acredito que seja capaz de fazer isso, mas é algo que dá muito trabalho e parece ser mais difícil para você do que para a maioria das pessoas. Se a resposta for não, se não vai aprender a escrever, será uma perda de tempo aceitar esse emprego."

Se Terri pudesse ficar invisível naquela cadeira, ela ficaria. Sua mentora estava certa. Ela apontou uma profunda vergonha sua, algo que não queria ver. Sempre que precisava escrever algo mais longo do que um e-mail, o documento nunca saía de seu computador. Passava meses fazendo ajustes, sempre dando desculpas para não enviar o texto. Era simples: ela não sabia escrever. Não como precisava.

Terri recusou o emprego. Ela encontrou outro, um que não oferecia plano de saúde, que não tinha vínculo com uma das melhores universidades do país e não envolvia escrever. Mas jurou a si mesma que um dia aprenderia a fazer isso.

E aprendeu. Foram anos de prática e várias oficinas de redação, mas ela acabou aprendendo a tirar os documentos de sua pasta de rascunhos e colocá-los no mundo.

Eu conheço bem essa história. Afinal, a Terri sou eu. Hoje a escrita é minha profissão e, talvez o que é ainda mais incrível, Marlene e eu continuamos amigas. Anos depois, convidei-a para o meu casamento e, sempre quando volto à cidade, almoçamos juntas.[2] Nós nos sentamos à mesma mesa redonda de seu escritório, só que agora comemos homus, damos muita risada e contamos histórias. Sempre me lembro daquela conversa, me perguntando como ainda poderia adorar uma pessoa que expôs minhas mais vergonhosas inadequações. Eu poderia apontar muitas coisas que tornaram suportável o feedback que ela me deu, mas acredito que aquela simples frase "quero que você seja feliz" fez toda a diferença. Levei um tempo para me recuperar do baque – passei semanas me sentindo desconfortável e envergonhada perto dela –, mas sabia que ela queria o melhor para mim, o que me enchia de um profundo sentimento de gratidão. Ela me deu o feedback mais difícil da minha carreira e ele fez toda a diferença.

Não estou sugerindo que você destrua os sonhos da pessoa menos qualificada de sua equipe, mas que pense sobre suas intenções e como as expressa. Neste capítulo, exploraremos essa ideia de como uma simples frase como a de Marlene tem o poder de transformar qualquer feedback difícil que você tem a dar. Dica número 3 para conquistar o superpoder do feedback: suas boas intenções ajudarão muito mais se a pessoa as ouvir.

Vai parecer um exagero, mas faça mesmo assim

Ao dar feedback, o terceiro princípio importante para que a pessoa possa ouvi-lo é que você precisa expressar suas boas intenções. Se estiver prestes a dar uma orientação ou uma avaliação que a pessoa não quer ouvir, encontre um jeito de dizer: "Eu quero o melhor para você". Não presuma que é algo óbvio e que, só porque já disse isso seis meses ou seis semanas atrás, não é necessário repetir. Você precisa expressar suas boas intenções junto com as más notícias. Se está prestes a dizer "Nathan, seus e-mails precisam ser mais profissionais" ou "Kayla, eu gostaria que desse um jeito de dobrar seus números", primeiro você precisa dizer "Estou do seu lado".

Mas os seus subordinados diretos já não sabem que você está do lado deles? Afinal, você investiu neles, tirando um tempo do seu próprio trabalho para lidar com as suas perguntas e frustrações. Depois do último capítulo, você também está se empenhando para adotar a mentalidade certa, o que significa que está do lado deles, não dos problemas. E, se tiver más notícias para compartilhar, pode estar pensando: "Eu sou só o mensageiro; não é culpa minha".

Seu apoio (e suas boas intenções) pode ser óbvio para você e, se todas as estrelas estiverem alinhadas, para eles também. Mas, se estiver dando notícias que a pessoa não quer ouvir, se estiver dizendo: "Gostaria de ver uma mudança em você" ou, pior ainda, "Você não vai conseguir o que deseja", Nathan e Kayla não vão lembrar que você quer o melhor para eles. Pesquisas mostram que, no mínimo, eles vão pensar exatamente o contrário, que você quer o pior.

Não atire no mensageiro

Os pesquisadores descobriram dois fatos inquietantes sobre como as pessoas ouvem notícias indesejadas. O primeiro é que os funcionários presumem que seu chefe tem mais más intenções do que boas. Em um estudo liderado por pesquisadores do Instituto de Tecnologia da Geórgia e da Universidade Cornell, os funcionários foram solicitados a pensar em momentos em que receberam feedback de desempenho de um chefe atual ou anterior e listar todos os motivos "construtivos" e "não tão construtivos" pelos quais ele estava dando um feedback sobre seu trabalho. Eles criaram uma lista de 36 intenções, desde o altamente produtivo "Para me treinar e me preparar para futuras promoções" até o desanimador "Porque ele não tinha nada melhor para fazer".

Em seguida, os pesquisadores pediram a outro grupo de adultos para ler essa lista e avaliar com que frequência eles achavam que seus próprios chefes eram motivados por elas. Um punhado de funcionários achou que seus chefes estavam dando feedback por motivos benevolentes, acreditando que eles queriam "reforçar minha confiança" ou "me tranquilizar para que eu fosse capaz de fazer uma tarefa desafiadora". Mas foi muito mais comum os funcionários verem um lado sombrio no feedback. Eles disseram acreditar que seus chefes davam feedback e conselhos por motivos mesquinhos e egoístas. Por que meu chefe me diz para eu me empenhar mais no trabalho? "Para demonstrar seu poder ou sua autoridade" ou "Para encobrir as próprias deficiências". Em minha pesquisa, os funcionários disseram que seus chefes deram feedback crítico e meticuloso por uma variedade de razões nefastas, como "Meu chefe não aceita que faço isso melhor do que ele", "Meu chefe envergonha intencionalmente as pessoas na frente dos outros" ou "Ele acabou de ser humilhado pelo chefe dele e quis descarregar sua frustração em mim". Você pode saber que quer o melhor para um funcionário, mas ele pode não ter essa impressão.[3]

A segunda descoberta perturbadora trata especificamente de como as pessoas reagem às más notícias. Você já ouviu a expressão "Não atire no mensageiro"? Pesquisas de ponta mostram que, quando recebemos más notícias, é exatamente isso que fazemos. Leslie John é professora associada de administração de empresas da Escola de Administração da Universidade Harvard e ela e seus colegas conduziram uma série fascinante de onze experimentos para entender como vemos os portadores de más notícias. Em um estudo, prometeram a cada participante um dólar por seu tempo e disseram que eles tinham a chance de ganhar um bônus de dez centavos. Os participantes escolheram um número (1, 2 ou 3) antes de observar um pesquisador colocar tiras de papel numeradas em uma sacola e sortear uma aleatoriamente.[4] Se o pesquisador retirasse o número do participante, ele ganhava os dez centavos a mais.

Como era de se esperar, os perdedores ficaram desapontados, mas o que surpreendeu foi o quanto eles antipatizaram com a pessoa que anunciou o resultado. Cada participante escolheu o próprio número e viu que o sorteio foi aleatório, mas, quando as pessoas perdiam, elas desenvolviam uma profunda antipatia em relação ao mensageiro.

Será que foi apenas uma chateação momentânea, um lampejo de antipatia por uma pessoa específica? Curiosamente não. John descobriu que os participantes não antipatizaram com um espectador inocente que também estava envolvido no experimento; eles só não gostaram do pesquisador inocente que anunciou que eles tinham perdido. Na cabeça deles, o pesquisador não era tão inocente assim. Os participantes que perderam acreditaram que ele efetivamente havia tentado tirar o número que os fez perder. Esse desconhecido, uma pessoa que eles acabaram de conhecer, tinha más intenções e tentou impedi-los de ganhar aqueles dez centavos.

Parece incrivelmente irracional, mas a maioria de nós tira esse tipo de conclusão dramática. Se já aconteceu de um médico lhe dizer que você precisa voltar para outra consulta com base nos resultados de seus exames, em vez de presumir: "Este médico só está fazendo seu trabalho", você pode pensar: "Este médico só quer me cobrar por outra consulta".

John e seus colegas replicaram essa descoberta em vários estudos e, por mais que garantissem que o resultado seria aleatório, a constatação foi sempre a mesma: quando recebemos más notícias, atiramos no mensageiro. Não gostamos do portador delas e, pior ainda, presumimos que ele queria ter más notícias para dar, que tinha uma motivação egoísta e não estava torcendo por nós.

Isso é preocupante para os líderes que, como parte de seu trabalho, precisam dar más notícias de tempos em tempos. Não importa se elas forem leves – "Mohammed, você não parece tão produtivo quando trabalha remotamente" – ou duras – "Mohammed, você não vai ganhar um aumento" –, dar más notícias faz parte do trabalho de qualquer líder. Para piorar a situação, os funcionários não costumam apresentar o mesmo nível de transparência que os participantes da pesquisa. Mohammed não sabe se seu chefe o elogiou ou o criticou pelas costas, e seria fácil para ele presumir a última opção.

Não é um triângulo qualquer. É intimidador!

Para entender essa reação, é bom saber que, no fundo, os seres humanos são contadores de histórias. Cientistas sociais descobriram que ansiamos tanto por elas que extrapolamos a verdade para criá-las, atribuindo às pessoas pensamentos, objetivos e motivações mesmo sem termos evidências suficientes. Veja, por exemplo, a ilustração da figura a seguir. Imagine que ela é animada, de modo que os dois triângulos e o círculo se movem no sentido horário ao redor da caixa no centro, sendo que você vê A primeiro e B alguns segundos depois.[5]

Quando as pessoas são solicitadas a descrever o que está acontecendo, elas *poderiam* dizer que os triângulos e o círculo estão se movendo no sentido horário ao redor de um retângulo aberto. Mas a maioria delas conta uma história mais complexa – dizem que o triângulo maior está perseguindo e intimidando as figuras geométricas menores e que elas estão tentando fugir. As pequenas figuras geométricas estão correndo para a abertura do cercado, onde estarão seguras e o grande triângulo não poderá alcançá-las.

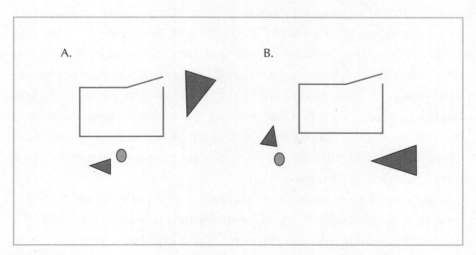

FIGURA 5

O ponto não é que vemos bullying por toda parte. É que tendemos a ver motivações onde elas não existem. Se vemos figuras geométricas simples agindo com base em objetivos e intenções, faz sentido que também vejamos seres humanos complexos agindo com base em objetivos e intenções.

O que os líderes precisam saber é que as pessoas não costumam culpar a si mesmas quando a vida lhes apresenta um resultado negativo inesperado. A reação instintiva delas é culpar os outros. Imagine que Tammy lhe enviou o rascunho de um relatório e você o aprovou com algumas pequenas edições. Ela acha que o relatório está praticamente perfeito, mas, quando você vê a versão final, pede para ela refazer seis gráficos. Se não expressar suas boas intenções, Tammy vai achar que você não prestou atenção da primeira vez ou que não se importa com o empenho dela no trabalho. Ela não sabe que, pela primeira vez, um vice-presidente manifestou interesse nesse relatório e você teve que mudar seus padrões de repente. Agora você e Tammy têm uma chance de brilhar e ser notados, mas você precisa dizer isso a ela explicitamente.

O interessante é que não inventamos intenções para as pessoas quando um resultado é positivo. John e seus colegas descobriram que, quando os participantes ganharam os dez centavos, eles não acharam que o pesquisador quis tirar o número vencedor. Quando o resultado é bom, não há nada a explicar – na sua cabeça, você mereceu vencer – e a sua capacidade narrativa não entra em ação. Como um líder, quando você dá boas notícias, quando diz a um funcionário que ele conduziu muito bem uma reunião ou que foi promovido, ele não pensa: "Tenho um chefe que realmente quer o melhor para mim". Ele pensa: "Eu merecia isso".

Essa é uma das razões pelas quais você não pode deixar de dizer, mesmo se for desconfortável, "Quero um futuro brilhante para você". Tammy provavelmente não chegaria a essa conclusão sozinha, então cabe a você conduzi-la. Ao expressar suas boas intenções, você pode guiá-la em direção a uma narrativa mais precisa para explicar por que ela está ouvindo algo que não quer ouvir.

Como fazer as más notícias parecerem menos malévolas

Dizer que você deseja o sucesso de um funcionário é tão simples, tão direto, que parece que não tem como dar certo. Mas dá. Em um de seus experimentos, Leslie John fez o pesquisador insistir que esperava um resultado vencedor. Ele explicou suas intenções nos seguintes termos: "Fui instruído a tentar sortear um bilhete premiado para vocês. Vamos lá". A mão mergulha na bolsa e tira um bilhete aleatório. Nas ocasiões em que o número não correspondia ao do participante, ele dizia: "Tenho más notícias para você. Não consegui fazer o que pretendia. Não consegui sortear um bilhete premiado para você. Isso quer dizer que você perdeu seu bônus de dez centavos". O novo anúncio do pesquisador só diferiu em duas frases em relação ao experimento original, mas a ênfase passou a ser "Meu objetivo é obter um bom resultado para você". E isso fez toda a diferença. Os participantes gostaram muito mais do portador das más notícias quando ele anunciou ter uma boa intenção. É claro que o pesquisador com as más notícias não foi tão apreciado quanto aquele com as boas notícias, mas declarar uma boa intenção reduziu significativamente o ressentimento dos participantes.[6]

Identifique suas boas intenções

Quando você tem um feedback indesejado a dar, suas boas intenções podem ser claras, alinhadas e fáceis de transmitir. "Carla, pedi uma promoção para você, fiz de tudo para conseguir e acredito que está apta para essa nova função. Mas alguns líderes de outras equipes ainda acham que você ainda não está pronta. Precisamos mudar a percepção das pessoas a seu respeito". Você está claramente do lado de Carla, o que facilita comunicar "Eu quero o que você quer".

Mas, em outras situações, pode ser que suas intenções não estejam tão alinhadas, por exemplo quando você não pode dizer com toda sinceridade que deseja aquilo que Carla deseja. Você pode não estar planejando pedir uma promoção para ela por achar que ainda não está pronta para isso. Ela pode ser muito boa em executar os planos de alguma outra pessoa, mas não consegue criar o próprio plano do zero. Você se preocupa que, se for promovida à liderança cedo demais, Carla não terá tanto sucesso quanto tem em sua função atual, além de você correr o risco de perder credibilidade, porque ela será vista como sua protegida de baixo desempenho. Ou a equipe ficará com uma lacuna que você não terá como preencher se promovê-la agora.

Como líderes, motivações conflitantes são inevitáveis. Não estamos pensando apenas nos objetivos, necessidades e ambições de Carla. Também estamos pensando em nossos próprios objetivos, necessidades e ambições, sem falar nos de nossa equipe. Como Toby, gerente de uma empresa de software, explicou: "Não dá para deixar de pensar nos próprios interesses. Se você estiver no meu time, o meu sucesso depende do seu sucesso. Se fizer um excelente trabalho, lançaremos um produto melhor e nossa equipe terá mais recursos, mais oportunidades, mais margem de manobra. Se fizer um trabalho ruim, o time todo, não só eu, vai ficar malvisto". Então, não se recrimine – se você gerencia uma equipe, parte do seu trabalho é fazer malabarismos com motivações conflitantes todos os dias.

No caso de intenções conflitantes, o que você deve comunicar a Carla? Sua primeira tarefa é ser sincero. Não diga: "Vou recomendá-la para uma promoção", se não for verdade. A notícia vai se espalhar e, se Carla permanecer na organização, são grandes as chances de ela saber o que realmente aconteceu. Uma abordagem muito mais sensata é identificar o que você realmente quer para aquela pessoa. No caso de Carla, você pode querer que ela tenha tanto sucesso como uma gerente quanto tem como uma colaboradora individual.

Às vezes, ter motivações conflitantes significa possuir várias boas razões para levantar um problema, o que pode levá-lo a dizer algo que, de outra forma, não diria. Toby descreveu como um de seus amigos, outro líder chamado Gary, tinha problemas auditivos. Pelo menos dez anos mais velho do que qualquer outra pessoa da equipe, Gary aprendeu a fazer leitura labial. Ele brilhava nas conversas individuais, mas, em reuniões com muitas pessoas, acontecia muito de se perder. Ele comentava sobre um assunto que tinham discutido trinta ou quarenta minutos atrás. Pegava mal para Gary – ele parecia desatento, intelectualmente limitado e confuso –, mas também pegava mal para a equipe. Toby passou um bom tempo sem levantar o problema, sabendo que seu amigo ficaria magoado se soubesse. Depois de uma reunião especialmente ruim, ele chamou Gary de lado e disse: "Você é meu amigo e quero que as pessoas vejam como é inteligente. Sei que não deseja ouvir isso, mas precisa pensar em comprar um aparelho auditivo. Seus problemas auditivos estão prejudicando o impacto que você exerce nas reuniões. Você tem ideias brilhantes e as pessoas deveriam ouvir o que tem a dizer, mas, no momento, elas não estão tendo essa chance". Se Toby só estivesse preocupado com seu amigo, ele poderia ter ficado em silêncio, mas sua preocupação com o grupo o levou a levantar o problema. No entanto, ele formulou criteriosamente seu feedback de maneira a mostrar a Gary as boas intenções que tinha.

Conduza a conversa para o lado pessoal

Os melhores líderes encontram maneiras criativas de expressar "Quero o melhor para você" em uma linguagem alinhada com a identidade do funcionário e com um desafio que ele precisa superar. Pense em um objetivo ou, melhor ainda, em uma identidade que a pessoa aceitará. Qual é o motivo de orgulho de cada um da sua equipe? Como eles se veem, ou esperam ser vistos? A tabela a seguir mostra exemplos de feedback que os funcionários não queriam ouvir.

O funcionário está diante de um desafio urgente	Como o líder comunicou "Quero o melhor para você" ao dar orientação e um feedback indesejado
Anna era uma funcionária ambiciosa que precisava trabalhar em sua atitude negativa.	"Quero que seja uma líder inspiradora até nas piores situações. Para isso, você precisa repensar como se expressa em grandes reuniões".
Elijah era um funcionário que conhecia profundamente seu trabalho e era muito voltado para o futuro, mas tinha dificuldade de realizar apresentações e fazia de tudo para evitá-las.	"Quero lhe dar a chance de mostrar que é um pensador estratégico e domina profundamente os dados. Se quiser influenciar o futuro da divisão, e imagino que você quer, não pode fugir das apresentações".
Felix era o integrante mais novo e promissor de uma equipe, mas despertava ciúme e rancor nos membros mais antigos. Ele estava frustrado porque suas sugestões nas reuniões de equipe eram ignoradas ou rejeitadas.	"Quero que as pessoas levem suas propostas a sério e o valorizem mais. Antes de apresentar uma ideia nas reuniões, veja o que Paul acha primeiro. Sei que vai dar mais trabalho, mas ele é seu maior oponente e, com um pouco de empenho, você pode transformá-lo em seu maior defensor. Ele vai adorar suas ideias se você as apresentar em uma conversa individual e ele sentir que está orientando você".

Uma observação sobre declarar suas boas intenções: analise quando é mais fácil e quando é mais difícil para você fazer isso. No meu caso, parece natural declarar minhas boas intenções quando estou dando uma avaliação que a pessoa não gostaria de ouvir. Se eu estiver dizendo "Carla, acho que você não está pronta para uma promoção este ano", parece fácil complementar essa afirmação com "Sei que é duro de ouvir, mas não se esqueça de que estou do seu lado. Quero muito ajudá-la a atingir seus objetivos". Mas, por alguma razão, é mais difícil para mim expressar minhas boas intenções quando estou orientando alguém. Se eu estiver dizendo: "Você estaria disposto a fazer ajustes na maneira como conduz reuniões?", me parece um pouco estranho apontar: "Estou do seu lado e faço essa sugestão porque quero o melhor para você". Parece forçado. Então, quando estou orientando um funcionário, gosto de vincular minhas boas intenções a um objetivo específico que sei que ele gostaria de alcançar. Se acabei de perguntar: "Você estaria disposto a fazer ajustes?", posso dizer algo como: "Estou perguntando isso porque você disse que fica frustrado quando as reuniões se transformam em um festival de queixas" ou "Pergunto isso porque sei que você não está satisfeito com o resultado da sua avaliação 360 graus, e muitas pessoas mencionaram seu estilo de conduzir reuniões".

Se apresentar uma boa intenção adaptada ao funcionário, não deixe de voltar a ela. Não a use só uma vez para motivar alguém e nunca mais a mencione. Certa vez, quando eu tinha apenas uns oito ou nove meses no cargo, uma gerente disse que me via assumindo seu cargo um dia e que ela estava me preparando para isso. Eu jamais teria imaginado. Fiquei tão motivada que passei a aceitar todos os projetos mais complexos que ela me propunha. Mas meses e anos se passaram e ela nunca mais mencionou a possibilidade. (Eu não me sentia à vontade para levantar a questão. Não poderia dizer: "Não vejo a hora de ocupar o seu cargo. Então, qual é o próximo passo?".) De repente ela realmente quis dizer aquilo, mas o fato de nunca mais ter levantado o assunto fez com que seu comentário parecesse equivocado na melhor das hipóteses e manipulador na pior delas.

Se não estiver conseguindo identificar um objetivo que motivará o funcionário, preste atenção ao que o preocupa. As preocupações são grandes motivadores. Antony, gerente de uma organização sem fins lucrativos, queria que Isabelle, sua nova assistente administrativa, ajustasse seu tom nos e-mails. Ele achava o tom dela um pouco abrupto e contundente, o que não passava exatamente a imagem ideal para uma ONG. Antony imaginou que ela ficaria ofendida com esse feedback, especialmente porque se orgulhava de suas habilidades de escrita. Ele procurou uma maneira de levantar o problema. Quando

Isabelle disse que estava preocupada com a taxa de resposta de uma pesquisa que ela havia enviado, ele encontrou sua oportunidade e disse: "Sei que está preocupada com as taxas de resposta. Quando as pessoas recebem um e-mail seu, quero que elas o abram imediatamente porque pensam: 'As mensagens da Isabelle são tão bem escritas que valem o meu tempo'. Você estaria aberta a aperfeiçoar seu tom nos e-mails?". Agora ela estava aberta a ouvir suas sugestões. Antony abordou a identidade dela – uma pessoa com excelentes habilidades de escrita – e sua preocupação – as taxas de resposta.

Em algumas situações, você não terá objetivos específicos nem uma identidade inspiradora para usar como base. Nesses casos, use uma afirmação genérica. Dizer que deseja um bom resultado para a pessoa é melhor do que deixá-la no escuro, sem lhe dar um feedback. Veja algumas maneiras de enfatizar suas boas intenções:

- "Quero vê-lo aprendendo e crescendo."
- "Quero que você se torne o melhor X possível."
- "Não quero que Y seja um obstáculo para o seu progresso."
- "Não quero que ninguém a veja com restrições. Quando as pessoas pensarem em você ou falarem a seu respeito, quero que digam 'A Isabelle é ótima' e ponto final. Não quero que digam: 'A Isabelle é ótima, mas...'"

Tente fazer isso em sua próxima conversa de feedback. Não se preocupe em soar um pouco forçado; explique suas boas intenções de qualquer maneira. Quando você sinaliza suas intenções, está ajudando a outra pessoa a contar uma história mais precisa, na qual ela se concentra menos em tentar descobrir suas motivações e mais em entender o que pode fazer para melhorar. Por mais que tentemos, nós, como líderes, não temos como evitar as más notícias. Mas podemos evitar nos tornar um gênio do mal aos olhos dos funcionários. Confie em mim, eu sei o que estou dizendo. Se uma pessoa pode me dizer: "Você não está pronta para o emprego dos seus sonhos" e eu ainda a adorar de paixão, você pode, sim, dar más notícias e ainda ser visto como um aliado, não como um inimigo.

RESUMO DO CAPÍTULO
Capítulo 3: Comunique abertamente suas boas intenções

- Não basta ter boas intenções. Você precisa expressá-las quando estiver dando feedback.

- Quando recebem feedback, os funcionários acreditam que seus chefes têm mais intenções ruins do que boas.

- Temos a tendência de "atirar no mensageiro", ou seja, quando alguém nos dá uma notícia indesejada, passamos a gostar menos dessa pessoa e presumimos que ela tem motivações egoístas ou malévolas.

- Somos ainda mais propensos a culpar o mensageiro quando recebemos um feedback negativo que não esperávamos.

- Apesar da nossa tendência de inventar histórias sobre as más intenções das pessoas, raramente fazemos isso com as boas intenções. É por isso que você não deve deixar de expressá-las.

- Como líder, haverá ocasiões em que você terá intenções conflitantes com os funcionários. Não se culpe por isso.

- Quando tiver intenções conflitantes, procure as coisas boas que de fato deseja para a pessoa e use isso como o motivador de sua observação ou comentário.

- Descobrir as preocupações da pessoa é outra maneira de ajudá-la a ver que tem boas intenções – você não quer que as preocupações dela se tornem realidade.

4

Ouça como se o seu emprego dependesse disso

Ouvir é a chave para ir da sua ideia para a nossa ideia.

NILOFER MERCHANT[1]

Quando você abriu este livro sobre como dar um excelente feedback, pode ter esperado encontrar um compêndio detalhado sobre o que dizer e como dizer. Mas uma das melhores maneiras de mostrar que você valoriza alguém, e sem dúvida a maneira mais difícil, não requer falar muito. Requer ouvir. Se você quer que alguém ouça seu feedback, ouça essa pessoa primeiro.

Devemos nos tornar melhores ouvintes no trabalho, porque as pessoas que possuem essa habilidade são mais competentes em suas funções. Os vendedores que sabem ouvir vendem mais, e os médicos que sabem ouvir são processados judicialmente com menos frequência que seus colegas. Não dá para atuar bem nessas profissões sem isso. Nas vendas, se ouvir seus clientes, poderá recomendar produtos com os recursos que eles querem. Na medicina, se ouvir seus pacientes, terá mais chances de recomendar tratamentos que não levem a complicações. Nos dois casos, se tiver essa competência, saberá quais ferramentas usar.

Mas ouvir também beneficia outras profissões e áreas de maneiras estranhas e inesperadas. Vejamos o exemplo de lanchonetes fast-food. Os gerentes que sabem ouvir lidam com menos acidentes em suas franquias, o que significa que, se eu trabalhar em uma lanchonete do McDonald's e meu gerente me escutar com atenção, terei menos chances de me cortar ou me queimar. Considere também as escolas de ensino fundamental. Os professores que relatam que seu diretor sabe ouvi-los têm alunos com as notas mais altas. Em outras palavras, se dou aulas para a terceira série e o diretor de minha escola me ouve, eu me empenho mais em sala de aula. Não é só uma questão de "Se você me ouvir, saberá qual ferramenta usar". Isso é verdade. Mas também é uma questão de "Se o meu chefe me ouvir, me dedico mais ao trabalho". Essa é a dica número 4 para alcançar o superpoder do feedback: saiba ouvir e acionará uma nova motivação.[2]

Você pode estar pensando: "Mas este livro não é sobre dar feedback? Por que eu preciso ouvir?". Talvez você esteja precisando dizer a Luke que ele ainda tem que cumprir o prazo aparentemente impossível de entregar o relatório na sexta-feira ou informar Angela que ela tem que responder aos clientes com mais rapidez. Quem tem uma mensagem importante a transmitir é você, não Luke ou Angela. Pode até ser verdade, mas neste capítulo veremos de que maneira saber ouvir melhora a capacidade de a outra pessoa escutar o que você tem a dizer (e agir de acordo com o que foi dito).

Setecentas palavras por minuto em diante

Se você acha que é difícil exercitar a escuta, não está sozinho. A maioria de nós tem mais dificuldade de ouvir do que falar. Pode parecer um absurdo quando sabemos que o medo de falar em público pode chegar a ser incapacitante, ao passo que ninguém jamais ficou paralisado pelo medo de ouvir. Mas ouvir na verdade é o maior desafio, porque aprimoramos nossas habilidades de fala desde o jardim de infância, quando a professora nos chama para explicar um desenho na frente da classe. Enquanto isso, passamos décadas nos virando com as mesmas habilidades de escuta, sem pensar muito nelas.

Para ilustrar como pensamos muito mais em falar, considere todas as taxonomias que temos para o ato em si. Se um professor de uma universidade o convidar para "conversar" com seus alunos de pós-graduação, você pode perguntar: "Quer que eu faça uma apresentação no PowerPoint ou apenas uma conversa informal?". Vocês dois entendem a diferença. Da mesma forma, só porque você lapidou seu pitch de elevador não quer dizer que esteja pronto para dar uma palestra estilo TED. Isso seria um absurdo. Dominar uma modalidade de fala não significa que você está pronto para outra.

Da mesma forma, só porque você é hábil em um tipo de escuta não significa que esteja pronto para outro. O que é complicado, porque, apesar de termos rótulos distintos para diferentes tipos de fala, não temos o equivalente para diferentes tipos de escuta. Agrupamos tudo na única palavra "ouvir". É claro que existe a "escuta ativa". Mas, quando a maioria das pessoas diz "escuta ativa", elas só querem dizer "ouvir muito bem". No entanto, a escuta na qual você se engaja quando uma amiga diz aos prantos que vai se divorciar provavelmente é diferente daquela em que você se envolve quando sua equipe apresenta três possíveis campanhas de marketing e você precisa escolher uma delas.

Outra razão pela qual ouvir é tão difícil para a maioria de nós é que existe uma enorme lacuna entre a velocidade da fala e a velocidade do pensamento. Pesquisadores descobriram que falantes do inglês pronunciam, em média, entre 152 e 170 palavras por minuto em uma conversa normal. Mas e a nossa mente? Ela voa em comparação. Você provavelmente pensa cerca de 700 palavras por minuto se for um falante nativo do idioma e, se for especialmente inteligente, neurocientistas descobriram que você provavelmente pensa ainda mais rápido do que a média.[3] Se você for o tipo de pessoa que ouve podcasts na velocidade 1,5x ou 2x, deve ficar exasperado com conversas normais. Quanto mais inteligente você for, mais difícil será ser um bom ouvinte.

Diante disso, o que a maioria de nós faz? Como diz Helen Meldrum, professora de psicologia da Universidade Bentley, quando estamos em uma conversa, ouvindo alguém falar: "Achamos que a pessoa está falando tão devagar que temos tempo para ter alguns pensamentos irrelevantes e voltar ao que ela está dizendo".[4] Simplesmente imaginamos que podemos fazer isso sem perder nada! Mas, é claro, deixamos passar um monte de coisas porque acabamos nos perdendo em nossos próprios pensamentos. Quando finalmente voltamos a nos concentrar na pessoa à nossa frente, percebemos que ela mudou de assunto – antes estava contando que o time de seu filho ganhou um jogo de futebol e agora está falando de uma infestação de ratos no refeitório da escola.

Você não precisa usar seu detector de balela em todas as conversas

Saber ouvir também deve ser mais difícil agora que você é líder. Não só porque agora você tem 33 coisas competindo pela sua atenção, mas porque o tipo de escuta que precisa acionar nas conversas de feedback provavelmente é diferente do tipo de escuta que você mais domina. Para usar uma expressão popular, "O que o trouxe até aqui não vai levá-lo até lá". Quando você estava na escola, é provável que tenha se tornado habilidoso no que os cientistas sociais chamam de "escuta crítica", que envolve "ouvir prestando atenção à coerência e à precisão da mensagem do enunciante".[5] Os bons ouvintes críticos muitas vezes percebem erros na lógica da pessoa que está falando e identificam contradições – eles têm excelentes detectores de balela. Se você ia bem na escola, provavelmente vivia se perguntando "Faz sentido acreditar nisso?".[6] Essas fortes habilidades de escuta crítica também devem ter feito de você um excelente candidato a líder. Muitas vezes, as pessoas são promovidas à liderança por sua habilidade de julgar se uma ideia deve ser descartada ou explorada.

Só tem um problema. A escuta crítica não é útil na maioria das conversas de feedback. Seu detector de balela será útil em conversas de avaliação, que veremos mais adiante neste livro, mas, quando estiver ouvindo Luke explicar por que ele não está conseguindo cumprir o prazo de sexta-feira, você vai precisar de um conjunto diferente de habilidades de escuta se quiser ajudá-lo. É verdade que a escuta crítica o ajudará a avaliar se Luke tem uma razão válida para pedir mais prazo, o que por sua vez o ajudará a decidir se ele está pronto para exercer funções mais desafiadoras.

Mas, neste exato momento, ele está sentado na sua frente, achando que você está pedindo o impossível. Você precisa apoiá-lo. Você quer ajudar Luke a cumprir o prazo, se é que isso é possível. Neste caso, você não precisa de habilidades de escuta crítica.

O que precisa agora são de "habilidades de escuta relacional". Na escuta relacional, você tenta ver o ponto de vista da outra pessoa, o que requer uma mudança de perspectiva. Com a escuta relacional, sua maior prioridade é entender os sentimentos, experiências, interesses e preocupações da pessoa. Como Guy Raz explicou no podcast *TED Radio Hour*, em vez de ouvir como um exercício de senso crítico, você precisa "ouvir como um exercício de empatia".[7]

Já que Luke diz que precisa de mais tempo, pergunte quais obstáculos ele está enfrentando. Como chefe dele, pode haver algo que você possa fazer para remover um desses obstáculos ou todos eles. Do ponto de vista de Luke, qual é a análise de custo-benefício se ele tiver alguns dias a mais? Não tenha medo de perguntar sobre sentimentos. Como Luke está se sentindo em relação a esse projeto? Ele pode ter a impressão de que seu trabalho duro não o está levando a lugar algum; nesse caso, você pode dizer como as suas últimas contribuições ajudaram a equipe. Será que está acontecendo alguma coisa na vida pessoal dele que está prejudicando sua produtividade? Você pode não ter como resolver esse problema, mas o simples fato de perguntar mostra que você se importa.

Pesquisadores descobriram que a escuta relacional dá às pessoas um senso de esperança e reduz seus sentimentos de estresse.[8] Você mostra que está do lado da pessoa e ela ficará mais aberta às suas orientações agora e no futuro. Esse tipo de escuta também melhora a percepção de seus funcionários sobre a sua capacidade de dar feedback. Quando pesquisadores pediram a uma amostra global de mais de 3.800 funcionários para avaliar essa capacidade em seus chefes, eles descobriram uma forte relação entre a habilidade de escuta de um líder e sua competência em dar um bom feedback. Aqueles que ouviam atentamente as opiniões e perspectivas de um funcionário *antes* de dar feedback foram avaliados como capazes de fazê-lo da forma mais sincera, útil e eficaz. Os funcionários chegavam a pedir um feedback desses chefes. Mas aqueles que tinham dificuldade de ouvir, que iam direto ao conselho antes de perguntar sobre a perspectiva de seus funcionários, foram avaliados como péssimos em dar feedback.[9] Eles não queriam os conselhos desses chefes. O padrão é claro: ouça-me e vou valorizar seu feedback. Ignore-me e não vou dar a mínima.

A escuta relacional e a empatia podem parecer a última coisa que você deseja fazer se estiver pressionando alguém a trabalhar mais. Você não quer ser bonzinho demais, como se estivesse prestes a abrir mão das suas exigências. Mas você não estará sendo um capacho ao fazer isso. Só estará sendo inteligente, sabendo que seu funcionário vai resistir à sua orientação enquanto você não ouvi-lo.

Eis um insight interessante: todas as pessoas de sua equipe, sem exceção, que estiverem enfrentando um problema estão pensando o seguinte: "Enquanto não acreditar que você vê o problema como eu vejo, não estarei convencido de que pode me ajudar a resolvê-lo". Se você os ouvir, seus funcionários vão relaxar e sair da defensiva. Eles se sentirão seguros de que seu feedback e orientação realmente estarão alinhados com as necessidades e interesses deles.

Ouvir traz à tona o razoável

Ouvir também é sua melhor ferramenta se o feedback que está prestes a dar for estressar a outra pessoa. Se você tem algo difícil a dizer e precisa que ela esteja aberta, ouça primeiro e só dê o feedback depois.

Esse é o lema de Avi Kluger, professor de comportamento organizacional da Escola de Administração de Empresas de Jerusalém. Ele passou a última década estudando sobre a escuta e descobriu que se sentir ignorado traz à tona o lado mais chato de todos nós. Em uma pesquisa, Kluger emparelhou aleatoriamente participantes adultos com um ouvinte ruim ou um ótimo ouvinte e lhes atribuiu um tema para discutir. Na presença de um péssimo ouvinte, os participantes assumiram posições mais polarizadas. Quando falavam sobre si mesmos, listavam apenas seus pontos fortes, sem mencionar suas fraquezas. Ao discutir questões políticas delicadas, eles tomavam posturas defensivas, argumentando que só havia uma maneira inteligente de ver uma situação. Mas, quando os participantes foram emparelhados com bons ouvintes, esse pensamento dualista desapareceu. Eles apresentaram as questões sob uma perspectiva mais equilibrada. Quando falavam sobre si mesmos, descreviam suas fraquezas, não apenas seus pontos fortes. Quando tratavam de política, adotavam posições menos extremas, reconhecendo a complexidade da situação e os problemas do posicionamento do partido que apoiavam.[10]

Quando você tem um ouvinte distraído à sua frente, especialmente um chefe distraído, é como se entrasse no modo "vendedor de carros usados". Você está vendendo seu ponto de vista. Você está tentando chamar a atenção da pessoa e, assim que consegue, a direciona para o que o carro tem de melhor. Como está convencido de que o outro só está ouvindo algumas partes do que está dizendo, tende a exagerar nas informações que quer comunicar. Mas, quando o ouvinte está prestando atenção, você tem espaço para nuances. Você não está vendendo; está pensando. Está tendo a chance de mostrar que é ponderado. Você não se preocupa com a possibilidade de a pessoa distorcer sua mensagem ou ouvir apenas as coisas menos desejáveis que está dizendo, porque você vê que ela está ouvindo. Você, o falante, tem espaço para ser razoável.

Imagine que você tenha que dar a Angela um feedback de avaliação para que ela seja mais responsiva e disponível para os clientes. Você não quer interagir com a versão de Angela que é ansiosa, obstinada e vendedora de carros usados. Você quer a versão dela que é mais aberta possível. Se realmente tentar entender por que ela demora para responder aos clientes, se praticar a escuta relacional, isso lhe dará espaço para falar sobre os verdadeiros problemas que ela está enfrentando.

Você pode estar pensando que várias pessoas de sua equipe, especialmente Angela e Luke, não têm nada de revelador a dizer sobre seus problemas. Essa forma de pensar pode muito bem refletir sua experiência até agora, mas os pesquisadores descobriram que você, o ouvinte, é quem dá o tom. Antes mesmo de a pessoa abrir a boca, você já decidiu se vai ficar entediado ou engajado com a conversa. Mas você tem como ajudá-los a pensar com mais clareza e apresentar insights mais interessantes. Mostre-me que vale a pena ouvir o que eu tenho a dizer e – *voilà*! – vai valer a pena ouvir o que eu tenho a dizer.[11]

Você já deve ter conhecido alguém em um jantar que mostrou interesse em saber mais sobre você. De repente, ela se tornou sua nova pessoa favorita. Você se viu expressando seus pensamentos com mais eloquência e contando histórias melhores do que em qualquer outra conversa naquela noite.

Não estou dizendo que qualquer um pode se transformar em uma Oprah Winfrey, basta colocá-lo diante de um bom público. Algumas pessoas têm o dom da comunicação. Mas, se estiver em uma conversa individual e sua mente estiver divagando, você tem grandes chances de acionar um ciclo vicioso. Angela começa com um tom enfadonho e você se sente no direito de ignorá-la. Ela continua se repetindo e a conversa se transforma em uma perda de tempo para os dois. Se você achar que alguém é chato, com certeza ele vai ser mesmo.

Comportamentos de escuta valorizados e perguntas focadas na pessoa

Livros sobre como ser um ouvinte melhor muitas vezes dão a impressão de que você precisa desenvolver poderes semelhantes aos do Yoda. Enfatizam táticas sutis, como ouvir o que não está sendo dito e ficar perfeitamente à vontade com silêncios desconfortáveis. É verdade que seria interessante adquirir esses comportamentos, mas, para muitos líderes atarefados, eles também parecem impossíveis.

Algumas pessoas vão a extremos, ficando imóveis e em silêncio enquanto a outra pessoa fala, suprimindo toda e qualquer reação até ela terminar o que está dizendo. Chamo isso de "morrer de ouvir". Se o seu objetivo é constranger a pessoa, essa tática é muito eficaz. Tive um professor na pós-graduação que tinha esse estilo de escuta. Enquanto eu falava, ele passava o tempo todo me olhando sem dizer nada, então esperava cinco ou seis segundos de silêncio lancinante depois que eu terminava antes de dizer qualquer coisa. Ele deve ter lido em algum lugar que essa era uma boa técnica de escuta (posso até imaginar como fazia antes), mas era tão enervante que me lembro vividamente da experiência vinte e cinco anos depois.

Para ouvir bem, você não precisa ser inescrutável – pelo contrário. A ideia é mostrar que está se esforçando. Como revela Deepak Malhotra, professor de negociação da Escola de Administração da Universidade Harvard, saber ouvir requer duas coisas: "Uma delas é a parte na qual você realmente tenta entender e aprender o máximo que puder sobre a posição da outra pessoa. A segunda parte é não só aprender, mas mostrar à pessoa que está aprendendo".[12]

Como mostrar que está aprendendo? Faça perguntas. Mas com uma ressalva: não se limite a perguntar apenas sobre o que a outra pessoa fez ou planeja fazer. Alguns líderes só indagam sobre o que a pessoa fez ou irá fazer naquela semana, mas isso não vai reforçar o relacionamento nem facilitar as conversas de feedback. O melhor é fazer perguntas focadas na pessoa. Pesquisadores descobriram que os funcionários tendem a respeitar mais os líderes que ouvem concentrados na pessoa, não apenas na tarefa ou na equipe. Em outras palavras, se você está perguntando sobre *mim*, você está interessado em *mim*. Perguntas focadas na pessoa o levam direto ao centro da escuta relacional.

Vamos voltar ao caso de Luke, que corre o risco de perder o prazo de sexta-feira. É claro que, sendo o chefe, você precisa passar parte do tempo fazendo perguntas focadas nas tarefas ("Quais partes do projeto já estão concluídas?"). Mas, se você quer que Luke seja receptivo a seu feedback, também precisa saber a opinião dele. Você pode perguntar: "Se tivesse uma varinha de condão, quais seriam as três coisas que lhe possibilitariam cumprir o prazo? O que você acha que causou esta situação? Quais obstáculos está enfrentando? O que posso fazer para ajudar?".

Tente incluir mais perguntas focadas na pessoa em sua próxima conversa individual. Ao ler as sugestões da tabela a seguir, lembre-se de que você é o ouvinte.

Outra boa razão para focar na pessoa é que isso ajuda seus funcionários a aprender. Pesquisadores têm se dedicado a estudar se os líderes são mais eficazes quando são mais focados na pessoa ou na tarefa. Se você tem um estilo de liderança focado na pessoa, concentra-se em construir e manter os canais de comunicação, as atitudes e os relacionamentos que permitem que os grupos trabalhem bem juntos. Você foca nas pessoas. Se você tem um estilo de liderança focado nas tarefas, concentra-se em apresentar requisitos e criar estruturas para as tarefas e monitorar o desempenho da equipe. Você se concentra na tarefa. (Os piores líderes têm dificuldade em se focar na tarefa e nas pessoas. O que me deixa me perguntando no que exatamente eles se concentram.)

Comportamentos de escuta valorizados	Perguntas focadas na pessoa que você pode fazer
O ouvinte:	O ouvinte pergunta:
Encoraja a outra pessoa a esclarecer o problema.	O que acha desse problema? Na sua opinião, quando teremos mais chances de encontrá-lo de novo?
Esforça-se para entender.	Queria fazer uma pausa aqui para ver se estou entendendo direito o que está dizendo. [Dito isso, explique o que entendeu, mas em outras palavras.]
Indica que leva a sério a opinião da outra pessoa.	Estou coletando opiniões sobre como lidar com esse problema. Quais seriam as suas sugestões? Na sua opinião, qual deve ser a maior prioridade da equipe? O que está impedindo que o problema receba a atenção que deveria?
Expressa interesse nas histórias da outra pessoa.	O que aconteceu depois? O que você aprendeu com tudo isso?
Mantém-se aberto ao que a outra pessoa diz, mesmo quando discorda.	Parece que discordamos sobre isso, mas ainda quero ouvir sua opinião. Você poderia me dizer?

Cientistas sociais descobriram que, quando os funcionários trabalham para um líder focado na pessoa, eles aprendem mais de um ano para o outro.[13] Como esses líderes facilitavam a comunicação eficaz e fortes relacionamentos interpessoais, os membros da equipe sentiam mais abertura para discutir seus erros e tinham menos chances de voltar a cometê-los. Em equipes focadas em tarefas, as pessoas hesitam em falar sobre seus erros, de modo que Jamal repete o mesmo equívoco que Anita cometeu no ano passado. Faça mais perguntas focadas na pessoa e todo mundo sairá ganhando. (Você pode estar se indagando: será que os líderes com foco na pessoa conseguem realizar suas tarefas mesmo assim? Pesquisas indicam que sim, então não se preocupe: você não está deixando de ser produtivo ao se concentrar na pessoa.)

Parafrasear é um dos comportamentos de escuta mais valorizados. A ideia pode parecer tão simplista que você talvez até revire os olhos, mas é mais útil do que pensa. Você tem a chance de mostrar à pessoa o que ouviu e o que entendeu daquilo disse. Tente repetir o que você escutou usando suas próprias palavras para verificar se compreendeu o que foi dito. Se Luke disser: "Não estou conseguindo terminar meu trabalho porque Michelle nunca me entrega a parte dela a tempo", você pode responder: "Quer dizer que Michelle não está entregando o trabalho quando você espera? Deve ser desesperador. É esse o seu maior desafio?". Agora Luke pode aproveitar a deixa para falar de outras razões para seu atraso. Ele se sente ouvido e, juntos, vocês podem mapear os problemas, do maior ao menor.

"Eu também ficaria chateado"

Outra excelente maneira de mostrar que está ouvindo é validando o que a pessoa está dizendo. Você não precisa concordar com ela para validá-la. Se Vicky diz: "Eu trabalho mais do que qualquer pessoa neste escritório", você não precisa responder: "É verdade; você faz duas vezes mais coisas do que eu". Para validá-la, você pode dizer: "Entendo por que está se sentindo sobrecarregada" ou "Compreendo por que está frustrada" ou ainda "Percebo por que se sente subestimada". Ao validar alguém, você está dizendo: "O que você está *sentindo* faz todo o sentido para mim".

Pesquisadores têm estudado como a validação afeta as reações das pessoas a situações estressantes. Em um experimento clássico, os participantes tiveram que resolver de cabeça complexos problemas matemáticos. Imagine-se na seguinte situação: você não pode usar lápis nem papel e tem apenas quarenta segundos para resolver cada problema em um computador. É tão estressante que seu coração bate mais rápido e você começa a suar.[14] Depois de três rodadas, o pesquisador pausa o programa no computador e pergunta como você está se sentindo. Se for como a maioria das pessoas, sua resposta será: "Frustrado".

O interessante é como o pesquisador reage à sua frustração. Se você for um dos sortudos alocados à condição de validação, ele o tranquilizará, dizendo: "Resolver problemas de matemática sem lápis e papel é frustrante mesmo" ou "Eu também ficaria frustrado se tivesse que fazer esses cálculos difíceis". Você ouve: "Seus sentimentos fazem todo o sentido. Você não é o único a se sentir assim". Mas, se for um dos azarados alocados à condição de invalidação, o pesquisador tem uma reação bem diferente à sua frustração. Ele diz: "Não precisa ficar assim" ou "Os outros também ficaram desapontados, mas não tanto quanto você". Quando você é invalidado, o que ouve é: "Seus sentimentos não fazem sentido. Você está exagerando. É o único que se sente assim". Depois que o experimentador valida ou invalida seus sentimentos, a próxima série de problemas matemáticos é apresentada na tela e você volta ao trabalho. Passa por mais três rodadas disso, basicamente ouvindo: "Seus sentimentos fazem muito sentido para mim" ou "Me surpreende saber que essa atividade é tão frustrante para você".

Como você se sente quando o experimento chega ao fim? Se participou da condição de invalidação, é provável que as reações do pesquisador tenham sido irritantes ao extremo. Seus batimentos cardíacos se aceleraram e a transpiração aumentou a cada nova rodada de problemas. Seu humor piorou cada vez mais e você provavelmente ficou se perguntando por que se inscreveu para esse experimento. Mas, se tivesse participado da condição de validação, não ficaria tão incomodado. Na terceira rodada, você estaria rindo de seus erros. Os participantes dessa condição enfrentaram o mesmo número de problemas matemáticos difíceis, mas seus batimentos cardíacos chegaram a diminuir ao longo do experimento. As reações de validação os acalmaram. Ser validado não apenas dá um pouco mais de segurança às pessoas como pode até neutralizar os efeitos de uma experiência estressante. É como se você tivesse seu próprio escudo impedindo que os obstáculos da vida perturbem seu mundo.

Acho incrível como ouvir "Não precisa ficar assim" invalida nossos sentimentos. É o tipo de coisa que um pai ou uma mãe diria, e imagino que muitos líderes bem-intencionados digam isso a seus jovens protegidos. O objetivo pode ser reduzir o estresse da pessoa, mas o tiro acaba saindo pela culatra. A maioria de nós fica *mais* estressada, não menos, quando alguém sugere: "Você está exagerando".

Já presenciei o poder da validação em primeira mão. Certo dia, estava em um café trabalhando no meu laptop. A menos de três metros de onde eu estava, dois homens estavam sentados a outra mesa. Um deles, imagino que o chefe, disse: "Você ficou abaixo da meta". O outro, suponho que o funcionário, respondeu: "Mas eu bati a meta". Tentei ignorá-los, só que eles começaram a falar cada vez mais alto. O funcionário estava claramente agitado, mexendo-se na cadeira e repetindo com crescente ansiedade: "Mas eu bati a meta!". Finalmente, o chefe validou seus sentimentos, dizendo: "Parece que está ficando nervoso. Dá para entender por que ficaria chateado". O funcionário concordou: "Sim, estou ficando nervoso". Ele se acalmou e se recompôs, e por alguns minutos parecia que os dois estavam chegando a um entendimento.

Fiquei horrorizada com o que o chefe fez a seguir. Pegando seus papéis, ele disse: "Calma, é só um feedback. Não é grande coisa. Não precisa ficar tão nervoso. Você simplesmente não cumpriu a meta e preciso que concorde com isso". "Ou o quê?", eu pensei. Confesso que fiquei triste. Ele simplesmente invalidou as emoções do funcionário e ainda fez uma ameaça velada. E, como seria de se esperar, o funcionário voltou a ficar agitado. Acho que o chefe disse aquilo na tentativa de acalmá-lo, mas foi um tiro pela culatra.

É claro que não adianta só validar um funcionário. Como líder, você não pode simplesmente encerrar todas as conversas de feedback crítico com "Eu também ficaria frustrado. Que bom que tivemos essa conversa!". Depois de conhecer a perspectiva da outra pessoa, você também precisa resolver o problema. (Exploraremos algumas das melhores maneiras de fazer isso nos capítulos sobre orientação.) Mas, se pular essa primeira parte, se começar a resolver problemas sem qualquer validação, a pessoa sentirá que você não dá a mínima para o que ela está passando. Ela até pode se sentir capaz, mas não se sentirá compreendida. E todo mundo quer ser compreendido.

Pratique a escuta relacional

Fortaleça suas habilidades de escuta relacional quando não houver pressão para isso. Tente o seguinte: em suas conversas individuais nesta semana, procure descobrir as motivações e preocupações (se houver) de cada pessoa. A primeira parte é fácil. Basta perguntar a cada um de seus funcionários: "Então, o que você gostaria que acontecesse?". Pode ser uma conquista profissional – Jasmine pode estar animada para fazer sua apresentação na terça-feira – ou pessoal – ela pode ter planos de ir surfar com os filhos no fim de semana.

A primeira parte serve como um aquecimento para a segunda: perguntar sobre as preocupações do funcionário. Ele pode ter a tendência de responder algo como: "Estamos todos preocupados com a mesma coisa". Seja com nosso próximo grande marco, fechar aquele grande contrato com um cliente importante ou realizar uma conferência impecável. Mas essas questões pertencem ao nível do grupo. Preocupações são como flocos de neve – nenhuma é igual à outra. Jasmine pode estar receosa com a possibilidade de sua apresentação ser um fiasco, enquanto Corey está apreensivo porque o vice-presidente não está dando mais apoio à equipe. Ouça com bastante atenção o que os funcionários dizem nessas conversas individuais para que você possa escrever, em uma ou duas frases, o que preocupa cada um deles.

Nem todo mundo vai ter preocupações, e tudo bem. Eu tinha um funcionário que costumava responder a essa pergunta com "Nada. Por quê? Devia estar preocupado com alguma coisa?" – nesse caso, cabe a você decidir se a pessoa deveria ter uma preocupação ou outra.

Por que você deve praticar a escuta relacional agora? A ideia é desenvolver suas habilidades para não precisar descobrir como fazer isso quando tiver um feedback difícil para dar. E, se já tiver praticado a escuta relacional o suficiente com cada membro da equipe, vai ter capital social no banco. Você já mostrou que está do lado deles e, quando levantar algo que não quiserem ouvir, a primeira coisa que passará na cabeça deles não será "Você nunca gostou de mim". Em vez disso, o primeiro pensamento deles será "Caramba, isso é difícil de ouvir. Mas sei que você se importa comigo". Ouça e o mundo ouvirá de volta.

RESUMO DO CAPÍTULO
Capítulo 4: Ouça como se o seu emprego dependesse disso

- Se você tiver um feedback estressante para dar ou precisar que a pessoa resolva um problema difícil, a melhor coisa a fazer é ouvir.
- Lembre-se: ouça primeiro, dê feedback depois.
- Pesquisas mostram que, quando as pessoas falam com um bom ouvinte, elas adotam posições mais razoáveis, ficam menos na defensiva e são mais propensas a admitir suas dificuldades.
- Quando você sabe ouvir, os funcionários pedem feedbacks e o consideram excelente nisso.
- O simples fato de você dominar uma modalidade de escuta não significa que domina as outras.
- Como líder, você deve ser mais habilidoso na escuta crítica, que envolve detectar balelas, mas, em conversas de feedback, você precisa praticar a escuta relacional, que envolve assumir a perspectiva da outra pessoa.
- Se você acredita que a conversa com outra pessoa será chata, ela será. É o ouvinte quem dá o tom.
- Fazendo perguntas focadas na pessoa, você mostra que está ouvindo. Demonstre interesse em saber a opinião dela.
- Valide os sentimentos da pessoa. Se você disser: "Entendo por que se sente assim", ela ficará menos estressada, mas, se disser: "Não precisa ficar assim", o estresse irá às alturas.

PARTE II

Práticas

Reconhecimento

Você pode ter vontade de simplesmente evitar dar feedbacks críticos – e eu entendo isso. Temos tantas armadilhas a evitar quando a mensagem é "Este trabalho está horrível" que parece ser bem mais fácil dizer "Isso está perfeito!".

Mas estudos realizados em âmbito nacional nos Estados Unidos constataram que aproximadamente 37% dos líderes admitem que não elogiam os funcionários pelo excelente trabalho e 16% têm dificuldade de dar créditos pelas suas boas ideias.[1] Em outras palavras, quase quatro em cada dez chefes não dizem nada quando um funcionário encanta um cliente ou impressiona um vice-presidente, e um em cada seis chefes hesita em dizer: "Foi a Jill quem teve essa ideia brilhante". Em um mundo ideal, seria fácil elogiar, mas isso nem sempre acontece no mundo real.

Quando líderes não elogiam sua equipe, o que estão perdendo? Para começar, estão perdendo os melhores funcionários. Neste capítulo, veremos que, se quiser liderar uma das equipes de melhor desempenho de sua organização, é importante mostrar que: "Estou ciente dos seus pontos fortes e quero que você os use". E você precisa ser sincero ao fazer isso.

PRÁTICA 1

Reconheça os pontos fortes de cada pessoa

Seja o melhor observador possível.

MARK GOULSTON[1]

Meu amigo Dave desligou o telefone e deu de ombros. Havia feito o possível. Ele trabalhava em um centro de tutoria, ajudando os alunos com tudo, desde a lição de álgebra até as redações sobre *Macbeth*. Uma mulher ligou para ele informando que iria retirar a filha do programa. Ela trabalhava fora e não tinha tempo para levar a garota ao local duas vezes por semana. Dave tentou convencê-la a mudar de ideia, seguindo o roteiro padrão de "Vamos marcar uma conversa para falar sobre seus objetivos", mas, no fim das contas, entendia por que ela não tinha como manter a filha no programa. Alunos iam e vinham, e o centro não tinha problemas financeiros, então ele não se preocupou.

Mais ou menos meia hora depois, Dave estava no corredor quando sua chefe, Dorothy, o abordou. De alguma forma, ela tinha ouvido a conversa. Dorothy era uns 15 centímetros mais baixa que Dave, mas se aproximou dele sacudindo o dedo em seu rosto e disse: "Ligue de volta para ela. Ligue agora mesmo e diga que não pode fazer isso". Ele nunca a tinha visto tão furiosa com a perda de um aluno. Dave começou a explicar, mas Dorothy não cedeu. "Ela não é uma aluna qualquer", disse, com o dedo ainda em riste. "Ela *precisa* aprender matemática. Corre o risco de reprovar de ano. Se você não lutar por ela, ninguém mais fará isso. Essa menina precisa de nós. Ligue para a mãe dela e resolva o problema."

Sem saber o que fazer, Dave voltou à sua sala, pegou o telefone e ligou para a mãe da aluna. Eles passaram vinte minutos conversando, muito mais do que na primeira ligação. E ela mudou de ideia. Voltou a matricular a filha. Dave desligou o telefone, aliviado.

Essa poderia ser mais uma história do tipo "felizes para sempre" para aquela aluna – ela tirou notas melhores em matemática e passou de ano –, mas não termina por aqui. Quando Dave desligou o telefone pela segunda vez, foi contar a Dorothy, esperando nada mais do que um breve aceno de cabeça antes de voltar ao trabalho. Ele fez o que ela havia mandado. Mas Dorothy não deixou o momento, nem Dave, passarem despercebidos. Ela disse: "Parabéns, Dave! Isso não teria sido possível sem você. Falo do fundo do meu coração. Aquela menina ganhou uma chance de sucesso agora, e tudo graças a você". Enquanto dirigia para sua casa, Dave repassou aquele momento e percebeu, pela primeira vez na vida, que realmente tinha o poder de melhorar a vida de uma pessoa. Ele se encheu de orgulho. Nas semanas que se seguiram, Dave se empenhou mais com cada aluno, porque não era apenas alguém que sabia resolver equações do segundo grau. Ele fazia uma diferença na vida dos alunos.

O melhor de tudo é que a chefe de Dave não se limitou a fazer o elogio a ele. Ela o elogiou à equipe inteira, enquanto ele ficava paralisado, com o rosto todo vermelho. Dorothy passou semanas contando a todos os funcionários do centro sobre aquela coisa incrível que Dave fizera, que havia lutado por aquela garota e que, por causa de sua persistência, eles impediram que um aluno se transformasse em uma mera estatística. "Tudo graças a você", ela ficou dizendo.

Já se passaram mais de quinze anos desde aquele telefonema, e Dave ainda se emociona ao lembrar da história. Peça para ele pensar em seu momento de feedback mais valioso e ele pensará em Dorothy.

Qual é o segredo para criar experiências como a de Dave? Como fazer um bom elogio, transformando um momento qualquer de um funcionário no trabalho em seu maior orgulho? Deveria ser simples, mas todos nós recebemos elogios que são absolutamente esquecíveis. A maioria de nós ignora os comentários positivos que ganhamos, concordando com os elogios e esperando o "mas" que inevitavelmente vem depois. Sabemos que, quando alguém diz: "Excelente trabalho", também está prestes a dizer: "mas...".

Você também pode achar que elogios e reconhecimento são supérfluos e desnecessários. Afinal, seus funcionários são adultos, e adultos não precisam – ou não deveriam precisar – ouvir "Bom trabalho!" e receber um tapinha nas costas. Você lhes dá um bom salário, esse reconhecimento não é suficiente?[2] Como verá, não, não é o suficiente. Um salário significa que você tem um emprego, mas elogios o ajudam a amar o que faz. E, se uma funcionária tem 48 anos, isso só significa que seus elogios e reconhecimentos a ela precisam ser mais sutis do que quando ela tinha 8 anos. Não adianta dar um pirulito.

Neste capítulo, responderemos a três importantes perguntas sobre reconhecimento. Primeiro, veremos *por que* você deve aumentar a frequência com a qual elogia os membros de sua equipe. Em seguida, exploraremos *como* deve elogiá-los e, por fim, veremos *o que* deve elogiar. Um elogio não precisa ser esquecível e, se for feito com habilidade, será um momento decisivo na vida da pessoa. Você pode ser a Dorothy de alguém. Pode elogiar sem passar pano para os erros. Pode ser lembrado como o chefe favorito de alguém, não porque deixou passar um trabalho ruim – ninguém respeita isso –, mas porque acreditou na capacidade que a pessoa tinha de melhorar. Você deixou o funcionário orgulhoso.

Não é só para receber uma dose de reconhecimento

Vamos começar com a primeira pergunta: "Por que você deveria observar e elogiar mais?". Em primeiro lugar, muitas pessoas sentem que não são reconhecidas no trabalho. Um levantamento recente revelou que apenas 24% dos trabalhadores americanos, aproximadamente um a cada quatro, achavam que recebiam reconhecimento suficiente. E não se trata de um problema novo introduzido pelos millennials, que realmente podem precisar de mais elogios. Carolyn Wiley, da Universidade Roosevelt, examinou quase cinquenta anos de dados e descobriu que, apesar de todas as mudanças nas empresas americanas desde a década de 1950, o único fator que permanece inalterado, década após década, é que os funcionários se sentem subestimados. Wiley descobriu que mais de 80% dos gerentes afirmam que expressam seu apreço com frequência, mas menos de 20% dos funcionários dizem que ouvem elogios regularmente.[3] Os chefes acham que estão dizendo todas as coisas certas, enquanto os funcionários acreditam que eles não estão dizendo quase nada.

Será que os líderes elogiam tão pouco quanto seus colaboradores pensam? É difícil saber, mas, como vimos nos capítulos anteriores, é a percepção deles que importa, não a sua. Quando os funcionários se sentem notados e valorizados, eles mudam sua conduta no trabalho, do mesmo modo como, depois do elogio de Dorothy, Dave alterou seu comportamento a cada vez que orientava um aluno. Quando você demonstra reconhecimento aos funcionários, aumenta o que os cientistas sociais chamam de "engajamento dos funcionários", que é "o compromisso emocional que um funcionário tem com a organização e seus objetivos" ou a paixão de uma pessoa por seu trabalho.[4] Um consultor financeiro engajado retira um lixo no chão do corredor mesmo esse não sendo seu trabalho, e um segurança engajado faz questão de investigar uma oscilação no monitor de segurança mesmo faltando apenas cinco minutos para o fim de seu turno.

Os dados são claros: funcionários elogiados são funcionários engajados. A Gallup descobriu que um indicador importante desse engajamento é a pergunta: "Nos últimos sete dias, você foi reconhecido ou elogiado por fazer um bom trabalho?". Os funcionários que respondem não a essa pergunta têm três vezes mais chances de dizer que planejam pedir a demissão dentro de um ano. Não estou dizendo que as pessoas só ficam no emprego para receber sua dose de elogios, mas, se passar uma semana e ninguém notar sua contribuição, é um sinal claro de que algo está errado.

Os elogios, pelo menos os significativos, não são tão esquecíveis quanto você pode pensar. Quando peço para as pessoas refletirem sobre o feedback mais valioso que já receberam em suas carreiras, 81% dos entrevistados dizem que o que ouviram na ocasião foi totalmente positivo ou em grande parte positivo e apenas um pouco negativo. Pouquíssimas pessoas (8%) dizem que sua experiência de feedback mais valiosa no trabalho consistiu em algo que foi em grande parte ou totalmente negativo.[5]

Quanto maior for a diferença no organograma entre você e o funcionário, menor deve ser o reconhecimento para ter impacto. Se você é diretor ou vice-presidente, o simples fato de saber o nome de um estagiário e dizer, ao passar por ele no corredor: "Fiquei sabendo que você causou um grande impacto no projeto X", faz um mês inteiro de trabalho duro valer a pena para esse estagiário.

Talvez o melhor argumento para elogiar mais seja que as equipes de desempenho superior recebem mais elogios. Mas o que veio primeiro, o aplauso ou o excelente trabalho? Acredite se quiser, muitas vezes é o aplauso. No livro *Nove mitos sobre o trabalho*, Marcus Buckingham, Ashley Goodall e os cientistas de dados do ADP Research Institute examinaram equipes ao redor do mundo e descobriram o que você já deve imaginar: o alto desempenho no Tempo 1 de fato se correlacionou com os elogios e o reconhecimento recebidos no Tempo 2.[6] Era de se esperar: equipes que apresentam uma performance elevada costumam ser elogiadas depois. Mas você sabe que esse nem sempre é o caso. Todos nós já trabalhamos em times que realizaram façanhas incríveis e cumpriram prazos impossíveis sob um estresse absurdo, mas no fim não receberam nem um tapinha nas costas. Nenhum agradecimento ou reconhecimento. E é aqui que os dados ficam interessantes: quando o elogio veio primeiro, a correlação positiva com o alto desempenho foi muito mais forte. Quando as equipes receberam elogios e reconhecimento no Tempo 1, o coeficiente de correlação com o alto desempenho no Tempo 2 foi quatro vezes maior do que o contrário. Às vezes, a alta performance leva ao reconhecimento, mas o reconhecimento sistemático também leva à alta performance.

Mas como uma grande dose de reconhecimento pode ajudar? É claro que todo mundo gosta de ser elogiado – receber salva de palmas é cem vezes melhor do que levar uma bronca –, mas por que isso levaria a um desempenho melhor? Para começar, sabemos que nosso empenho faz diferença e será notado. Quando sei que serei reconhecido pela minha criatividade e por ficar até mais tarde no trabalho, sou motivado a me dedicar mais. Isso também ajuda porque, como veremos mais adiante neste capítulo, fico mais aberto à orientação do meu chefe se ele me elogiar primeiro.

Meu conselho é simples: comece a elogiar mais. Marque um compromisso na sua agenda e passe esse tempo escrevendo e-mails ou parando nas mesas das pessoas. Um líder que conheço reserva uma hora por semana na sua agenda que ele rotula como "REC". Quem está de fora pode achar que é uma atividade de recrutamento, mas na verdade é um código que ele criou para "Reconhecimento".

Se você lidera a equipe com o pior desempenho da sua organização, elogiar mais pode não a transformar na equipe de melhor desempenho em um passe de mágica, mas, como veremos, pode tirar um pouco do peso que está impedindo as pessoas de crescer.

A proporção ideal entre elogios e críticas

Agora que você sabe por que é importante elogiar os membros de sua equipe, vamos descobrir *como* fazer isso. Algumas pessoas se concentram na proporção ideal entre o feedback positivo e o negativo. Para cada vez que você diz "Notei que faltou nas duas últimas reuniões", quantas vezes deveria dizer "Obrigado pela sua contribuição à equipe"? Muitos líderes acreditam que o melhor é manter uma proporção de dois elogios para cada crítica. É uma boa proporção se você estiver almejando a mediocridade, mas é bem problemática se o seu objetivo for a excelência. Pesquisadores da Universidade de Michigan descobriram que as equipes que recebiam de seus chefes a proporção prescrita de dois para um tendiam a ter um desempenho intermediário – não eram nem as equipes mais produtivas nem as menos produtivas.* As equipes de melhor desempenho, ou seja, aquelas que tinham os maiores lucros e índices de satisfação do cliente, recebiam impressionantes 5,6 elogios para cada crítica.[7]

Os pesquisadores observaram que uma alta proporção de elogios para críticas cria um espaço emocional seguro no trabalho. Comentários como "Isso jamais daria certo" são raros, de modo que até a pessoa mais introvertida da equipe fica mais à vontade para apresentar ideias novas e ousadas. Os comentários críticos são poucos e muito bem escolhidos, então por que não tentar algo fora do comum? Portanto, se você espera liderar a melhor equipe da sua organização este ano e superar o que as outras só sonham em fazer, sua proporção de elogios para feedback crítico não deve ser de um para um nem de dois para um; deve ser algo como cinco para um.

Melhor que pizza ou sexo

Não se deixe desanimar por esses dados. Cinco a seis elogios para cada crítica? (Isso me lembra de todos os buttons que a personagem

---

* Caso você esteja se perguntando sobre os números exatos, as equipes de desempenho mediano receberam a dose recomendada de 1,9 elogio para cada 1 crítica. Bem próximo de dois para um.

de Jennifer Aniston era obrigada a usar para servir mesas no filme *Como enlouquecer seu chefe*.) Essa proporção de cinco para um não só parece um pouco excessiva, como também não se alinha com tudo o que já leu a respeito. Você sempre lê que os funcionários querem um feedback mais crítico, que preferem ouvir coisas difíceis porque é assim que aprendem e crescem.[8] Qualquer funcionário que valha a pena manter, ao que parece, deve desejar a combinação sugerida por Kim Scott de "desafiar diretamente" e "cuidar pessoalmente", não essa combinação excessivamente otimista e positiva de elogios constantes e críticas intermitentes.

Teoricamente, todos nós queremos saber o que está impedindo nosso avanço. Teoricamente, não gostaríamos que alguém notasse um erro que cometemos e não nos dissesse nada. Mas há uma diferença enorme entre o que as pessoas querem na teoria, quando estão imaginando seu "eu" do futuro, totalmente diferente, aprimorado e aberto a melhorias, e o que realmente esperam durante um dia de trabalho duro, quando estão cansadas e estressadas, um tanto desmotivadas e se perguntando: "Será que estou tendo algum progresso?".

Na verdade, o que mais queremos é sentir que estamos progredindo. Teresa Amabile, diretora de pesquisa da Escola de Administração da Universidade Harvard, em colaboração com o psicólogo do desenvolvimento Steven Kramer, analisou os diários de trabalho de 238 indivíduos, contendo mais de 12 mil entradas, e descobriu que o que as pessoas mais desejam no dia a dia é sentir que deram um passo adiante.[9] Nos melhores dias de trabalho dos funcionários, eles progrediram – simples assim. O curioso é que não precisavam concluir um projeto ou cumprir um prazo para ter um senso de realização. Em vez disso, bastava darem um passo significativo em um projeto. O senso de progresso aumentava a motivação dos funcionários e melhorava seu humor.

É aí que você, como chefe, pode ajudar. Você pode apontar um progresso em uma tarefa complexa. Se Aisha está aprendendo a negociar, ela pode não ter fechado um grande negócio ainda, mas como está progredindo? Ela pode estar se preparando mais antes de entrar em uma negociação e conseguindo manter a calma em vez de se deixar irritar pelo tom negativo do cliente. Mencione que ela desenvolveu essas importantes habilidades que não tinha dois meses atrás. Ajude-a a analisar a tarefa para que possa ver o progresso que está fazendo. Todos nós queremos ouvir "Você está melhorando neste ponto", "Seu trabalho duro está valendo a pena" ou, o melhor de tudo, "Notei o que está fazendo e é exatamente disso que precisamos".

A maioria das pessoas são mais desejosas de elogios e afirmação do que imaginamos. Um estudo realizado na Universidade de Michigan descobriu que as pessoas valorizavam mais a autoestima do que comer sua comida favorita ou fazer sexo. Pizza e sorvete? É uma delícia, mas ouvir alguém que eu respeito dizer que sou incrível? Agora estou nas nuvens. Como observa Dolly Chugh, professora de psicologia da Universidade de Nova York, "Dado que é um tabu social desejar elogios abertamente, os participantes do estudo provavelmente não relataram o quanto valorizam o enaltecimento".[10]

O "feedback sanduíche" funciona mesmo?

Não poderíamos ter um capítulo sobre como elogiar sem mencionar o clássico "feedback sanduíche". Você já deve conhecer a fórmula: comece com um elogio, faça uma crítica e termine com mais elogios. O feedback sanduíche já foi bastante popular, mas muitos líderes abandonaram a prática. Diante disso, fico me perguntando se o feedback sanduíche realmente funciona. Será que faz sentido enterrar o feedback negativo no meio de elogios ou isso só dilui a parte mais importante da mensagem?

Conhecemos Leslie John, da Escola de Administração da Universidade Harvard, no capítulo anterior, quando ela demonstrou o valor de expressar suas intenções. Leslie também queria saber se a sequência de feedback positivo e negativo faz mesmo alguma diferença. E ela descobriu que faz.

Eis o que Leslie e seus colegas fizeram. Eles pediram a participantes adultos para desenhar um urso. Vá em frente. Tente desenhar um urso. Você vai ver que é muito difícil fazer isso e que seu urso pode muito bem ser confundido com um gato gordo em um jogo de adivinhar o desenho. É a tarefa perfeita para dar feedback porque a maioria de nós tem muito espaço para melhorar. Leslie e seus colegas variaram a ordem na qual deram feedbacks positivos e negativos. Ela descobriu que a sequência menos eficaz foi começar com um feedback negativo. Os participantes consideraram que essas críticas e sugestões não foram muito úteis e que a pessoa que deu o feedback em geral foi de pouca ajuda (e provavelmente não sabia desenhar bem – quem ela pensa que é?). Já os participantes que começaram recebendo um feedback positivo tiveram uma opinião muito diferente da pessoa que lhes deu o feedback. Quando os pesquisadores começaram a conversa com algo encorajador e motivador sobre os desenhos, os participantes prestaram mais atenção ao feedback negativo que se seguiu e o levaram mais a sério. Não fez diferença se a crítica foi seguida de outro feedback positivo. Em outras palavras, tanto faz se você concluir com uma observação positiva ou negativa. O importante é começar com elogios.

Leslie e seus colegas não verificaram se a sequência positivo-negativo de fato melhora a qualidade do trabalho de uma pessoa – acho que algum pesquisador vai querer fazer isso –, mas eles constataram que começar com elogios nos leva a prestar mais atenção ao feedback negativo e nos ajuda a ver que quem está dando o feedback tem algo de valor a oferecer. Você acabou de apontar algo bom sobre o meu trabalho. Você acredita que tenho potencial. Estou prestando atenção.[11]

John forneceu uma peça importante do quebra-cabeça. Como ativar a capacidade da pessoa de ouvir o que você tem a dizer? Comece elogiando. Se quiser que um funcionário preste atenção e leve suas preocupações sobre o trabalho dele a sério, comece apontando o que ele fez bem. Você dá à pessoa uma razão para melhorar.

Pontos fortes do grupo *versus* pontos fortes individuais

Ao refletir sobre como elogiar seus funcionários, quando passa uma hora por semana pensando em como reconhecer os pontos fortes de sua equipe, é interessante manter em mente que há dois tipos distintos. Primeiro, há aqueles pontos fortes que impelem a equipe toda a avançar. Por exemplo, Courtney é autoconfiante, calma e consegue vender praticamente qualquer ideia de um jeito que as pessoas adoram. Chamo esse primeiro tipo de "pontos fortes do grupo". Trata-se de um ponto forte que eleva a equipe ou a organização. Como Courtney é tão persuasiva, ela nunca precisa apresentar a mesma ideia em muitas reuniões e, além disso, sua equipe consegue conquistar clientes maiores e melhores.

O segundo tipo é o que chamo de "ponto forte individual". Os pontos fortes individuais fortalecem o funcionário. Que tipo de trabalho o energiza? O que o deixa empolgado para resolver um problema? Um ponto forte individual coloca a pessoa no que é conhecido como estado de fluxo, onde ela fica totalmente imersa no trabalho e perde a noção do tempo porque o que faz é intrinsecamente muito gratificante.[12]

Às vezes, os pontos fortes do grupo e os pontos fortes individuais são os mesmos – Courtney pode adorar apresentar ideias –, mas descobri que muitas vezes eles são bem diferentes um do outro. O que energiza uma pessoa pode ser muito diferente do que energiza a equipe.

Digamos que, para desarmar as pessoas e deixá-las à vontade, Benjamin usa seu senso de humor quando faz uma apresentação. Trata-se de um incrível ponto forte do grupo, porque leva os outros a falar e até rir, mesmo tratando de temas sensíveis. Ele é uma daquelas raras pessoas que têm a capacidade de criar um ambiente seguro e conduzir conversas produtivas sobre temas que costumam ser evitados, como por que tão poucos funcionários negros são promovidos à gerência. Mas será que esse é um ponto forte individual? Na verdade, não. Benjamin não vê problema em liderar discussões sobre questões delicadas como raça e etnia, mas não é isso que adora fazer. O que realmente gosta, o que o energiza, é pensar em soluções de design visual. Se ele puder ficar uma hora melhorando a aparência de uma apresentação do PowerPoint, passará o dia inteiro energizado. E, por ter utilizado um ponto forte individual, uma tarefa que ele odeia fazer – talvez participar de uma reunião com um executivo pretensioso – passa a ser muito mais suportável.

É importante para um líder saber diferenciar os pontos fortes do grupo dos pontos fortes individuais. Os pontos fortes do grupo precisam ser mencionados. Precisam ser celebrados. Quando um ponto forte beneficia o grupo, você não quer que isso seja apenas um evento isolado; você quer que o evento se repita. Por isso é interessante apontar tanto o comportamento específico quanto seu impacto positivo. No caso de Benjamin, ele deu início a um diálogo sobre a falta de diversidade na gestão, e a empresa decidiu lançar um programa de mentoria para negros. Ligue os pontos. Ou, no caso de Dave, quando conseguiu convencer a mãe da aluna a mantê-la no programa, ele só ficou aliviado porque Dorothy não pegaria mais no seu pé. Mas ela associou essa pequena vitória a uma conquista mais ampla quando disse: "Essa menina agora tem uma chance de sucesso, tudo graças a você". Celebre o impacto mais amplo e todos os membros do grupo se sentirão valorizados, especiais e dispostos a exercitar esse ponto forte.

É especialmente importante apontar os pontos fortes do grupo para os funcionários mais jovens. Quando você é jovem, ainda não sabe o que faz extraordinariamente bem. Alguém precisa lhe mostrar. Como me disse um gerente de tecnologia: "Quando você é jovem, presume que todo mundo é bom em tudo. Se for fácil para você, deve ser fácil para os outros também". Você pode reclamar que os millennials e o pessoal da geração Z querem receber muito feedback, mas pense que eles podem ter um bom motivo para isso. Se cresceram ganhando medalhas de participação, eles realmente se perguntam: "Quais são os meus verdadeiros talentos?".

Enquanto os pontos fortes do grupo precisam ser reconhecidos, em geral não é preciso fazer isso com os pontos fortes individuais. Nada o impede, é claro, de comentar que a última apresentação de Power-Point de Benjamin ficou visualmente incrível – ele provavelmente adoraria discutir as fontes que pensou em usar –, mas neste caso os elogios não são indispensáveis. A mera oportunidade de usar um ponto forte individual é, por definição, profundamente gratificante.

A melhor maneira de reconhecer um ponto forte individual é garantir que a pessoa tenha a chance de usá-lo, de preferência todos os dias. Pode parecer loucura, mas é exatamente isso que os líderes das equipes de alto desempenho conseguem fazer. O ADP Research Institute descobriu que o melhor indicador de produtividade em uma equipe é quando cada membro dela concorda com a afirmação "Tenho a chance de usar meus pontos fortes todos os dias no trabalho". Não importa a nacionalidade ou o setor, todas as equipes de melhor desempenho concordam com isso. Seus chefes encontraram uma maneira de tornar isso uma realidade. Hesito em compartilhar essa descoberta porque parece um tanto quanto hercúlea – como posso garantir que cada pessoa da minha equipe use seus pontos fortes específicos todo santo dia? Ninguém gosta de fazer certas tarefas, como preencher formulários chatos ou revisar o trabalho de um colega em busca de erros. Mas o objetivo não é eliminar as tarefas que ninguém gosta de fazer, apesar de essa proposta também ter seu apelo. O objetivo é garantir que todos passem parte do dia, mesmo se for apenas uma ou duas horas, usando seus pontos fortes e curtindo fazer o que fazem melhor. Com isso, as tarefas que todo mundo odeia ficam um pouco mais palatáveis.

Se há uma coisa que você deve fazer como líder este ano é reduzir a lacuna entre os pontos fortes individuais e as oportunidades que as pessoas têm de usá-los. Isso é feito em duas etapas. Primeiro, você precisa identificar os pontos fortes individuais de cada funcionário e, depois, ajustar as responsabilidades de cada um para que tenham a chance de usá-los regularmente. Não estou dizendo que você deve transformar hobbies em trabalho. Não significa que Hannah pode jogar Pokémon GO todos os dias durante o expediente. O que estou dizendo é que, se Hannah gosta de criar textos chamativos de 280 caracteres sobre os produtos nas mídias sociais, deixe que ela faça isso.

Você pode estar se perguntando como é possível ajustar o trabalho de cada membro de sua equipe para acomodar os pontos fortes individuais de cada um. Pode parecer impossível, mas, uma vez que você identifica o que energiza uma pessoa, vocês dois podem criar juntos soluções novas e viáveis. Certa vez, tive um assistente de pesquisa muito extrovertido que ficava todo empolgado para me contar em detalhes o que tinha acabado de aprender. Ele queria conversar comigo diariamente, não uma vez por semana como eu havia planejado. Uma parte importante de seu trabalho era criar relatórios de pesquisa e, quando não conseguia trocar ideias comigo, seus relatórios eram simplesmente medianos. A solução: encontramos outra pessoa da nossa equipe que também queria ter mais interações sociais. Os dois passaram a se encontrar vários dias por semana, às vezes apenas por dez minutos, para discutir o que cada um havia descoberto. Os relatórios dele ficaram mais claros e profundos e os dois ficaram mais satisfeitos no trabalho. Identificar o que o levava a ter seu melhor desempenho transformou um assistente de pesquisa mediano em alguém altamente valioso.

A principal conclusão é esta: dê a todas as pessoas de sua equipe a chance de exercitar seus pontos fortes individuais e elas passarão anos contando para quem quiser ouvir que este foi o melhor emprego que já tiveram. E são grandes as chances de isso ser verdade.

Conte-me sobre o melhor dia que você teve no trabalho

Como identificar os pontos fortes individuais de uma pessoa? Para começar, pergunte. Você pode perguntar diretamente algo como

"O que gosta de fazer no trabalho?", mas a resposta pode ser apenas um encolher de ombros. Veja algumas perguntas mais sutis para fazer as pessoas falarem.[13]

Identificando os pontos fortes individuais	Identificando os pontos fortes do grupo
1. O que você sabe que gosta de fazer, mas ainda não teve a chance de colocar em prática?	1. O que alguém lhe disse que você faz muito bem?
2. Que tipo de atividade você termina e pensa "Não vejo a hora de fazer isso de novo"?	2. O que o levou a ser notado ao longo de sua carreira?
3. O que você vê na sua agenda que o deixa animado?	3. Onde você se sente mais útil?
4. Conte-me sobre uma ocasião na qual você estava fazendo uma atividade e ficou tão absorto que perdeu a noção do tempo.	4. O que você já fez no passado que não está fazendo agora e acha que teve um grande impacto?
5. Pense no seu melhor dia no trabalho, no dia em que achou que tinha o melhor emprego do mundo... o que você fez nesse dia?	5. O que parece ser mais fácil de executar para você do que para os outros membros da equipe?

E uma boa pergunta geral a fazer, que aborda os dois tipos de pontos fortes, é "Quais são as três coisas que você fez no trabalho das quais mais se orgulha?".

Mas nem todo mundo tem uma ideia clara de quais são seus pontos fortes individuais. A pessoa pode ter acabado de se formar e ainda não ter tido a chance de explorar seus pontos fortes ou pode apenas não se conhecer muito bem. (Como vimos, apenas cerca de 10% a 15% das pessoas têm um alto nível de autoconsciência.) Algumas ferramentas podem ajudar. A avaliação CliftonStrengths é uma das minhas favoritas. Ela está disponível na internet, leva uns trinta minutos para ser feita e você receberá um relatório personalizado com seus dez principais pontos fortes organizados em ordem, bem como um plano de ação para você se beneficiar desses pontos fortes no trabalho.[14]

Se não conseguir encontrar algo bom para dizer, continue procurando

Agora que esclarecemos por que é importante reconhecer os pontos fortes das pessoas e como fazer isso, voltamos à questão do que deve ser reconhecido. O que você deve elogiar? Sejamos sinceros: é mais fácil valorizar alguns funcionários do que outros. Um funcionário pode não ter tantos pontos fortes coletivos. E, se você estiver desapontado ou frustrado com o trabalho de alguém, pode passar mais tempo pensando em suas limitações do que nos seus pontos fortes. A ideia aqui não é forçar a barra e dizer algo como: "Adorei que você não faltou nem um dia no trabalho esta semana". Esse tipo de comentário parece sarcástico e não leva a lugar nenhum.

Também não é legal fazer elogios falsos. Não diga: "Kira, fiquei impressionado com o seu relatório" se isso não for verdade. Ela pode acabar pensando que você não espera mais do que isso. Além disso, há grandes chances de Kira saber que o relatório não ficou grande coisa. Pesquisadores descobriram que, quando um líder tem uma crítica a fazer sobre o trabalho de um funcionário, em 74% das vezes ele já sabia que ouviria essa crítica.[15] Se você fizer elogios falsos agora, Kira não vai acreditar quando eles forem sinceros.

O que você pode fazer se o trabalho da pessoa estiver abaixo da média e um elogio parecer falso? Você não precisa ficar impressionado, mas ainda pode apreciar o esforço. Em minha pesquisa sobre conversas de feedback desencorajadoras, 53% dos funcionários dizem que teria sido mais fácil ouvir e aceitar as críticas de seu chefe se ele tivesse reconhecido seu empenho. Depois de dar crédito ao empenho de um funcionário, você pode começar a investigar o que *ele* pensa do próprio trabalho. As conversas podem ser mais ou menos assim:

Você: Obrigado pelo seu empenho neste relatório, Kira. Notei que você passou alguns dias esta semana trabalhando na hora do almoço. Sei que deu seu melhor para fazê-lo.

Kira: Obrigada por notar. Este relatório levou quase o dobro do tempo do anterior. Foi quase impossível encontrar alguns dados.

Você: Parabéns pela persistência. O que achou do relatório?

Kira: Ainda bem que acabou. Quanto a ter ficado bom ou não, cabe a você decidir.

Você: Você passou muito mais tempo com o relatório do que eu e conhece melhor os dados, então gostaria de saber a sua opinião. O que achou dele?

Kira: Não sei se estou entendendo o que está perguntando.

Você: Então, pela minha experiência, quando trabalho em um grande projeto, muitas vezes o que imaginei antes de começar acaba sendo diferente do que eu realmente realizei no fim. Com quais partes do relatório você ficou mais satisfeita e quais não ficaram exatamente como imaginou?

Kira: Não foi meu melhor trabalho, mas acho que ficou bom.

Você: Bom saber. Fale um pouco mais sobre o que você acha que ficou satisfatório neste relatório e o que fez em outros relatórios que não conseguiu repetir neste.

A ideia é reconhecer o esforço e tentar fazer com que Kira articule o que ela vê como pontos fortes e quais as limitações do trabalho que realizou.

Além do empenho, o que mais os funcionários gostariam que reconhecêssemos? Pesquisas revelam que eles desejam que os chefes reconheçam quando eles:[16]

- Fizeram além do esperado;
- Foram proativos e tomaram a iniciativa;
- Assumiram a responsabilidade de um problema ou necessidade negligenciada;
- Deram boas ideias;
- Demonstraram lealdade e comprometimento;

- Promoveram o trabalho em equipe.

Quando não estiver discutindo o relatório mediano de Kira, você pode, por exemplo, reconhecer o fato de ela ter tomado a iniciativa de orientar o estagiário. Sem a ajuda dela, ele não saberia sequer usar a impressora.

Outra estratégia infalível é elogiar e reconhecer tudo o que melhorou. Mesmo se o desempenho da pessoa ainda não estiver no nível que você deseja, não deixe de mostrar que notou a melhora. Um encorajamento sincero faz uma enorme diferença. Pode ser algo tão simples quanto "Diego, notei que você está usando bem menos o 'Responder a todos' nos e-mails. Isso ajuda muito".

Se não for fácil elogiar um funcionário, configure um lembrete semanal em seu celular para procurar um comportamento problemático que ele deixou de exibir. Como a maioria de nós não percebe quando um problema desaparece, um lembrete em seu celular pode ajudá-lo a fazer uma pausa, pensar se aquilo ocorreu durante a semana e, caso não tenha acontecido, aproveitar a oportunidade para elogiar o funcionário.

Ela até que é boa, mas ele é um visionário

Ao elogiar sua equipe, certifique-se de fazê-lo na mesma proporção entre homens e mulheres. Uma equipe da Universidade Stanford examinou avaliações de desempenho de funcionários reais, e os resultados não foram animadores, pelo menos não para as mulheres. Para começar, elas tiveram mais chances do que os homens de receber um feedback vago. Entre todos os elogios imprecisos e genéricos feitos, como "Você foi um grande trunfo para a equipe" ou "Você teve um ótimo ano", 57% foram direcionados às mulheres, enquanto apenas 43% foram para os homens.[17] Esse tipo de elogio pode parecer inofensivo, mas aqueles recebidos pelos homens ficaram longe de ser pouco entusiasmados. Os líderes tiveram mais chances de rotular os homens como "revolucionários", "inovadores" e "visionários". Os líderes também foram mais propensos a apontar como seus funcionários homens usaram suas habilidades para atingir um importante resultado para a empresa ou para o produto. Enquanto uma funcionária é informada de que "teve um ótimo ano", outro é comunicado de que sua "capacidade de tornar os termos técnicos acessíveis e atraentes para o cliente rendeu três grandes contratos para a empresa". Quando os pesquisadores calcularam a frequência na qual resultados específicos como esses foram mencionados, 60% deles estavam presentes nas avaliações dos homens, enquanto apenas 40% foram usados nas avaliações das mulheres. Podemos não achar que somos mais específicos em nosso feedback para os homens, mas fazemos isso sem perceber.

Não são diferenças enormes, mas preocupantes. Lendo as avaliações de desempenho dos dois, você tem uma ideia mais concreta das contribuições de Samuel do que daquelas feitas por Sarah. Quem você acha que terá mais chances de ganhar um aumento, a pessoa "que trouxe três grandes contratos" ou "a que teve um ótimo ano"?

Uma maneira de reduzir essa disparidade de gênero nos elogios é identificar três impactos específicos (na empresa ou no produto) para cada funcionário. Procure fazer isso uma vez por trimestre para não perder de vista as contribuições de cada pessoa.

Em minhas entrevistas com os funcionários, eles dizem que não são apenas os elogios formais que são vagos; mas os informais também. Vejamos o exemplo de Lana, que era assistente de um produtor de teatro. Seu chefe passava por ela nos bastidores e dizia: "Bom trabalho", mal tirando os olhos de sua prancheta. Lana ficava pensando: "Fiz cinquenta coisas hoje. Qual delas você está dizendo que foi um bom trabalho?". Ao reconhecer um funcionário, seja específico. Se puder dizer o que a pessoa fez e por que isso fez a diferença, você pode levar um minuto a mais, mas vai ajudar a colocá-la no modo de aprendizagem. Dê às pessoas a chance de impressioná-lo de novo.

Quando a "ajuda" não ajuda muito

Mas será que as mulheres estão recebendo mensagens fortes e consistentes? Sim. Elas são elogiadas quando atendem aos estereótipos tradicionais de gênero, especificamente quando deixam as outras pessoas à vontade.[18] Quando participantes adultos são solicitados a selecionar, de uma lista de adjetivos, palavras que descrevem melhor as mulheres, eles escolhem "afável", "amigável", "organizada" e "sensível". As pessoas basicamente descrevem o estereótipo de uma mãe que elas gostariam que fosse buscá-las depois de um dia difícil na escola. Peça aos adultos para selecionar os termos que melhor descrevem os homens e parece que eles estão descrevendo o Tony Stark de *Os Vingadores*: "atlético", "tem tino para os negócios", "assertivo" e "determinado".[19] Conscientemente ou não, queremos que as mulheres sejam zelosas e que os homens assumam o comando.[20]

Não caia no padrão de elogiar as mulheres por ajudar e os homens por liderar. Dê uma olhada nas últimas avaliações de desempenho que você fez e compare-as com a tabela a seguir, que representa as diferentes frases que os chefes usam para descrever homens e mulheres.[21] Seu feedback se enquadra em algum desses padrões? Se a sua resposta foi sim, você pode, sem perceber, estar preparando os homens para assumirem cargos de liderança e as mulheres para ficarem estagnadas. Quando tiver vontade de usar as palavras "prestativa", "solícita" ou "colaborativa" para descrever uma mulher de sua equipe, pense um pouco mais. Que tipo de liderança ela está demonstrando? Quando Kira auxiliou o estagiário, em vez de dizer "ela ajuda muito" ou "ela é muito prestativa", você poderia comentar que ela "vai além do esperado", "promove a produtividade da equipe" ou "lidera por meio do exemplo".

PADRÕES DE ELOGIO PARA MULHERES E HOMENS

Elogios para mulheres	Elogios para homens
Vagos, como "Você teve um ótimo ano" ou "Você é um trunfo para a equipe".	Habilidades mais concretas associadas a resultados de negócios específicos, como "Sua capacidade de traduzir termos técnicos para o cliente resultou em três grandes contratos".
Ela é: "prestativa" "solícita" "compassiva" "empolgada" "enérgica" "organizada"	Ele é: "inovador" "visionário" "revolucionário" "engenhoso" "analítico" "competente" "confiável" "determinado" "articulado" "equilibrado" "lógico" "versátil"

É provável que as mulheres sejam rotuladas como "prestativas" porque pesquisas demonstram que elas são mais propensas a ajudar nas tarefas de organização e manutenção do escritório, consideradas como tarefas que não levam a promoções, porque, convenhamos, ninguém é promovido por encomendar o bolo dos aniversariantes do mês. As mulheres são mais propensas a fazer o tedioso trabalho de escrever relatórios, reservar salas de conferência, atuar em comitês e planejar festas de escritório. Elas acabam recebendo mais atribuições como essas, em parte porque são mais inclinadas a se oferecer para fazê-las, segundo Linda Babcock, psicóloga organizacional da Universidade Carnegie Mellon. Mas não se trata apenas do fato de que as mulheres não conseguem se conter a se oferecer para planejar a festa. Os chefes também *pedem* às mulheres, 44% mais vezes do que aos homens, para realizar essas tarefas não recompensadas. Infelizmente, líderes mulheres fazem isso com a mesma frequência que os homens.[22] E as funcionárias se sentem mais pressionadas a aceitar.

Enquanto os homens dizem sim a apenas 51% desses pedidos, as mulheres o fazem em 76% das vezes. Essas tarefas precisam ser feitas; só não necessariamente por mulheres. Uma maneira simples de equilibrar a carga de trabalho é elaborar uma lista dessas tarefas e criar um sistema de rotatividade para decidir quem vai pedir o almoço e reservar as salas de reunião.

Por fim, vimos no Capítulo 1 que o feedback funciona melhor quando os funcionários se sentem à vontade para qual tipo eles mais precisam receber (orientação, avaliação ou reconhecimento). Mas o reconhecimento é o feedback mais difícil de pedir. Conheci muitas pessoas, especialmente mulheres, que ouviram de seu chefe algo vago como: "Continue fazendo o que está fazendo". Ao escutar isso você não quer pedir mais detalhes, para não parecer carente, insistente ou inapropriada, então volta à sua mesa sem saber o que fazer com essa informação. Parece estranho pedir a seu chefe: "Poderia me dizer três coisas específicas que acha que estou fazendo bem?".

Em vista disso, facilite que seus funcionários peçam reconhecimento. Abra uma reunião da equipe dizendo: "Acabei de ler que apenas 24% dos funcionários acham que recebem elogios suficientes no trabalho. Isso significa que apenas uma em cada quatro pessoas ouve o tipo de elogio necessário para manter sua motivação. Minha meta é dar elogios construtivos e esclarecedores a todas as pessoas desta equipe, sem exceção. Vou me empenhar ao máximo para reconhecer os pontos fortes de cada um em nossas conversas individuais, mas, se acharem que precisam de mais elogios, lembrem-me dessa estatística. Digam que querem fazer parte dos 24%. Com a ajuda de vocês, sei que posso melhorar".[23]

Resumo do Capítulo
Prática 1: Reconheça os pontos fortes de cada pessoa

- A maioria dos chefes acredita que elogia o suficiente, mas a maioria dos funcionários discorda.

- Um elogio pode ser um grande motivador. Quando os pontos fortes dos funcionários são reconhecidos toda semana, eles têm mais interesse em ficar na mesma empresa ou equipe e menos interesse em abandoná-la.

- As equipes de melhor desempenho recebem impressionantemente 5,6 elogios para cada crítica.

- Elogios e reconhecimento muitas vezes precedem um trabalho excelente, não o contrário, e são especialmente valorizados quando a pessoa ainda está se dedicando a um projeto.

- Os pontos fortes do grupo promovem o desenvolvimento da equipe, enquanto os individuais promovem o desenvolvimento do funcionário.

- Os pontos fortes do grupo precisam ser elogiados; os individuais, por sua vez, precisam ser executados diariamente.

- O clássico "feedback sanduíche" não é um modelo perfeito, mas acerta em uma coisa: as pessoas dão mais valor a uma crítica e a consideram mais informativa quando ela vem depois de um elogio sincero.

- Se não conseguir encontrar algo bom para dizer, não diga nada. Nesses casos, é melhor reconhecer o trabalho duro e o empenho.

- Sem nos dar conta, tendemos a fazer elogios vagos às mulheres enquanto elogiamos os homens por habilidades associadas a bons resultados para a empresa e para o produto.

- Tendemos a esperar que as mulheres cuidem e os homens assumam o comando, e os elogiamos de acordo com isso. Você tem o poder de mudar esse padrão em sua equipe.

Orientação

Se você é um líder, deve ter excelentes conselhos a dar e pelo menos uma pessoa na sua equipe que precisa desses conselhos. Emma fará uma apresentação esta semana e você tem medo de que ela deixe todo mundo com sono. Você também ficou sabendo que Zach deu a impressão de estar despreparado em uma reunião com um cliente. A vantagem é que você tem como tornar Emma e Zach mais receptivos ao feedback crítico implementando algumas estratégias, como aconselhá-los especificamente sobre os próximos passos.[1] Mas fica aqui um alerta: a maneira como você dá esses conselhos faz toda a diferença. Se o fizer da maneira errada, o tiro sairá pela culatra.

Será que é melhor dar conselhos como quem não quer nada durante uma teleconferência com a equipe toda? Ou falar de passagem ao cruzar com a pessoa no corredor entre uma reunião e outra? Ou seria melhor esperar até a reunião individual que você faz de semana a semana com o funcionário e abrir a conversa com o conselho?

Você pode fazer qualquer uma dessas coisas. O problema é que nenhuma delas funciona. O que quero dizer é que, se o seu único objetivo for ticar um item da sua lista de afazeres, então, sim, qualquer uma dessas maneiras dará conta do serviço. Todas são eficientes para poupar tempo e, na falta de outra opção, parece melhor do que não dar conselho algum. Mas esteja preparado para ver esse erro sendo repetido. E não se surpreenda se Zach e Emma passarem a não confiar tanto em você.

Além disso, você também corre o risco de se indispor com a outra pessoa. Você já deve ter tido a experiência de dar um conselho que considerava excelente e ser pego de surpresa quando a pessoa explodiu. Lembra-se da história que contei na introdução, na qual tentei ajudar um aluno de pós-graduação a dar aulas melhores e, em vez de agradecer, ele ficou com raiva? O que você pode fazer para evitar esse desastre?

Se deseja mesmo que a pessoa mude, precisa investir um pouco mais de tempo, esforço e reflexão. Se quer que Zach saiba onde errou para não repetir o problema ou se quer que Emma veja que a apresentação será uma oportunidade de brilhar, vale muito a pena lapidar as orientações e conselhos que pretende dar a eles. Nos três próximos capítulos, veremos como uma boa orientação abre as portas para um trabalho espetacular.

O primeiro capítulo, "Pergunte mais, fale menos", apresenta estratégias gerais de orientação que o ajudarão em praticamente todas as situações. Quer seja um problema ou uma oportunidade, você terá ferramentas para ajudar sua equipe. O segundo capítulo, "Minimize a ameaça", detalha como orientar alguém que tende a ficar na defensiva quando você levanta um problema. O terceiro capítulo, "Aceite que é tendencioso e fique atento", o ajudará a evitar discriminações e preconceitos em seus conselhos bem-intencionados para mulheres e funcionários negros.

PRÁTICA 2

Pergunte mais, fale menos

Mesmo se não soubermos exatamente qual é o problema, temos absoluta certeza de que possuímos a resposta que a pessoa precisa.

MICHAEL BUNGAY STANIER, *FAÇA DO COACHING UM HÁBITO*[1]

Juan estava no amplo saguão de um hotel de luxo. Já havia passado das dez da noite e ele batia um papo descontraído com o gerente geral, um colega seu. Uma mulher entrou no hotel, percorreu o saguão apressada e foi direto até a recepcionista. Juan não conseguiu ouvir a conversa, mas notou que, depois de entregar rapidamente seu cartão de crédito, a hóspede pegou a chave do quarto e saiu, conferindo o celular e fazendo malabarismos com as malas.

Sentado em sua poltrona confortável, Juan observou a cena. Ele era um gerente de RH do escritório corporativo do hotel, cujo trabalho era viajar pelo país treinando funcionários para ensiná-los a estabelecer uma conexão emocional com cada hóspede. Ele não chamaria o que acabou de testemunhar de uma "conexão", mas já era tarde da noite. Ele encolheu os ombros e voltou-se para o colega.

Mas o gerente geral do hotel não gostou do que viu. "Estou vendo uma oportunidade aqui", disse, levantando-se. Ele abordou a funcionária na recepção. Juan se inclinou e o ouviu dar um feedback, começando com elogios – ela tinha feito um excelente trabalho realizando o check-in da hóspede rapidamente –, mas, no futuro, esperava que ela tentasse criar uma conexão emocional. "Faça contato visual", ele incentivou, "e pergunte de onde ela vem e como foi a viagem. São maneiras de cultivar a fidelidade dos clientes. Sei que você é capaz". O gerente geral fez um rápido aceno a Juan – sem dúvida orgulhoso do feedback que havia dado – e voltou ao trabalho.

Agora era a vez de Juan fazer o check-in. Ele reconheceu a funcionária – ela havia participado do último treinamento que ele conduzira – e quis ouvir o seu lado da história. "Boa noite. Tudo bem?", ele perguntou. "Tudo bem", ela disse, cruzando as mãos. Juan prosseguiu: "Acabei de presenciar o que aconteceu e queria saber o seu lado da história… O que achou da sua interação com aquela hóspede?". Ela apenas balançou a cabeça. "Acho que fui bem", respondeu de forma vaga. "Pode se abrir comigo", ele insistiu, de forma paciente e tranquilizadora. "O que aconteceu?" De repente, a fachada da recepcionista caiu por terra. "Estou me sentindo péssima. Achei que tinha feito a coisa certa, mas pelo jeito eu pisei na bola. A hóspede chegou dizendo: 'Meu voo atrasou muito e estou bastante chateada. Tenho uma chamada com alguém na Ásia que levou um mês para ser agendada e já estou alguns minutos atrasada. Preciso da minha chave agora mesmo'. Achei que a última coisa que ela queria era perder tempo batendo papo comigo". Juan então disse: "Tem razão. Você fez a coisa certa. Foi uma excelente decisão. E agora, como você poderia criar uma conexão emocional com essa hóspede?". Os ombros da recepcionista se curvaram. "Perdi a minha chance, agora não tem mais jeito." Juan discordou: "De jeito nenhum. Você ainda tem uma oportunidade. Ela ficará hospedada no hotel até amanhã de manhã, pelo menos. Quais são as suas opções?". Eles passaram alguns momentos fazendo um rápido brainstorming até que a recepcionista se endireitou, dizendo: "Quer saber? Eu poderia escrever um bilhete assim: 'Espero que tenha chegado ao seu quarto a tempo de fazer a ligação. Meu nome é Madeline e estarei na recepção até as 7h da manhã. Pode me procurar se precisar de alguma coisa'". Ela pôs o bilhete por baixo da porta do quarto e, três dias depois, a hóspede escreveu uma resenha entusiasmada no TripAdvisor, mencionando Madeline pelo nome.

Todos nós sonhamos em ter momentos como os que Juan teve com Madeline, mas, verdade seja dita, o que mais acontece é agirmos como o gerente geral. Quando você identifica um problema e vê uma solução, é natural querer apresentá-la às pessoas. Afinal, se tiver algo a dizer, não é melhor dizer logo? Mas foi a abordagem de Juan que funcionou. Ele fez perguntas. Viu que sua perspectiva era limitada, que não sabia a história toda e, mesmo depois que Madeline contou o que havia acontecido, ele ainda se absteve de lhe dizer o que fazer. Ele a lembrou da missão do hotel e continuou fazendo perguntas até que ela encontrasse a própria solução.

Bons líderes sabem que os funcionários precisam se responsabilizar pelo problema e pela solução. Mas os melhores líderes não ficam de braços cruzados na esperança de que isso aconteça. Eles orientam os funcionários fazendo perguntas.[2]

É comum pensar que, para orientar alguém, precisamos ter todas as respostas, mas os coaches profissionais sabem que, na maioria das vezes, uma boa pergunta é melhor do que uma boa resposta. Este capítulo mostrará o que vale a pena perguntar.

Não deixe de fazer perguntas de acompanhamento

Não é por acaso que fazer perguntas antes de dar conselhos é a melhor estratégia. Para começar, os funcionários vão gostar mais de você. Alison Wood Brooks e Francesca Gino, professoras da Escola de Administração da Universidade Harvard, descobriram que as pessoas gostam mais se você faz muitas perguntas do que se fizer apenas algumas.[3] Pare para pensar: quantas perguntas você faria a um membro da sua equipe em uma reunião individual de quinze minutos? Que tal quatro? Se essa foi sua resposta, você está no campo das perguntas insuficientes. As pessoas que fizeram pelo menos nove perguntas em uma conversa de quinze minutos foram muito mais apreciadas do que as que fizeram no máximo quatro. Seu principal objetivo no trabalho não é ser adorado por todos, mas, se um funcionário gostar de você, ele será muito mais receptivo à sua orientação. Por isso faz muito sentido aumentar o número de perguntas que você faz em suas reuniões individuais.

Fazer nove perguntas em quinze minutos pode parecer um exagero, mas você não precisa falar sobre nove temas diferentes. Pesquisadores descobriram que perguntas de acompanhamento sobre o mesmo tema reforçam três pilares dos relacionamentos: elas mostram que você está ouvindo, que se interessa e que deseja saber mais.[4] Imagine que Danielle diz que se preocupa em ser perfeccionista demais na atual fase de um projeto. Com esse comentário, ela se abre a todo tipo de pergunta de acompanhamento. O que a faz pensar que está sendo perfeccionista? Como ela saberá quando seu trabalho neste estágio está bom o suficiente? Como ela decide quais projetos justificam o perfeccionismo?

A melhor pergunta para se concentrar: qual é a sua maior dificuldade?

A outra razão pela qual você precisa fazer perguntas antes de sair por aí distribuindo conselhos é que é interessante conhecer a perspectiva da pessoa sobre o problema. O que ela pensa? Como o gerente do hotel, você tem um ponto de vista limitado e só conhece parte da história.

Voltando ao dilema de Danielle, você pode ter notado que ela mandou e-mails demais pedindo informações e opiniões. Você está pensando: "Chega de coletar informações. Arregace as mangas e vamos ao trabalho!". Mas ela pode estar encontrando obstáculos que você desconhece, obstáculos que poderia ajudá-la a superar, se ao menos soubesse quais são. Considere a conversa a seguir. Enquanto lê, note que você não precisa acertar de primeira. Se a pessoa fica na defensiva ou se fecha, normalmente é um sinal para você reformular ou fazer uma nova pergunta. Como um terapeuta amigo meu me falou: "Não é o que você diz, é o que diz a seguir".

Danielle: Acho que estou sendo perfeccionista demais nesta etapa do projeto.

Você: Sim, estive pensando que você deveria passar logo para a próxima fase.

Danielle: [Silêncio constrangedor.]

Você: Desculpe, vamos voltar um pouco. Você conhece esse projeto muito melhor do que eu, assim como os altos e baixos do dia a dia. Ajude-me a entender. Qual está sendo a maior dificuldade para você?

Danielle: Estou vendo que as outras equipes já estão na fase de design e eu ainda estou mandando e-mails, tentando obter respostas para as minhas perguntas. Talvez meus padrões estejam altos demais.

Você: É bom ter altos padrões, especialmente em um projeto tão importante quanto este. As respostas que você recebeu por e-mail ajudaram?

Danielle: É justamente esse o problema. Ninguém do marketing respondeu. Eles estão me ignorando.

Você: Interessante. Você já tinha trabalhado com a equipe de marketing e publicidade?

Danielle: É a primeira vez e posso dizer que não estou gostando nem um pouco.

Você: Certo. Talvez eu possa ajudar. Você gostaria que eu fosse com você até o marketing e a apresentasse a algumas pessoas? Eles estão sobrecarregados e podem responder mais rápido se a conhecerem pessoalmente.

Danielle: Sei que está ocupado. Não quero incomodar.

Você: Você faz um excelente trabalho sozinha. É por isso que é perfeita para esse projeto e sei que é mais do que capaz. Mas falta menos de um mês para o nosso prazo e estou começando a me preocupar. Tudo bem se precisar de uma ajudinha. Mostra que você sabe o que está fazendo. O que mais posso fazer para ajudá-la a cumprir o prazo?

Agora Danielle sente que pode contar com o seu apoio e é convidada a se aprofundar. Você mostrou que acredita que ela é capaz de dar conta do recado e tem interesse em conhecer os verdadeiros desafios que está enfrentando. Pode ser apenas a equipe de marketing, como ela disse, ou algo maior. Como Chip e Dan Heath observam em seu excelente livro *O poder dos momentos*, se você deseja orientar alguém com sucesso, siga a fórmula clássica: altos padrões + tranquilização + próximos passos + apoio.[5] A ordem exata desses fatores não importa; o que importa, como veremos na próxima seção, é entender a perspectiva da outra pessoa antes de correr para ajudar. Você precisa tranquilizá-la, indicar os próximos passos e dar o apoio do qual ela realmente precisa, não forçá-la a fazer o que você acha que ela precisa fazer. O gerente do hotel tinha altos padrões, soube tranquilizar Madeline e propôs os próximos passos, mas não fazia ideia de qual era o seu verdadeiro problema. A ideia é ser mais como Juan, buscando fazer perguntas para ter uma visão precisa do problema até os próximos passos ficarem claros.

A pergunta "Qual é o verdadeiro desafio que você está enfrentando?" vem do excelente livro de Michael Bungay Stanier, *Faça do coaching um hábito*, repleto de dicas práticas.[6] Eu uso alguma variação dessa pergunta na maioria das conversas de orientação, porque ela me dá um foco incrível. Se uma pessoa acabou de explicar uma série de problemas que está enfrentando, eu resumo três ou quatro questões possíveis que ela acabou de descrever, muitas vezes anotando-as em um pedaço de papel e circulando-as. Em seguida, viro o papel para a pessoa ler e pergunto: "Então, qual desses é o verdadeiro desafio que está enfrentando, ou você diria que é alguma coisa totalmente diferente?". Com isso, eu evito a armadilha de me concentrar no problema que conheço melhor e/ou naquele que eu acho que a pessoa está enfrentando, mas que pode não ser seu maior desafio. O importante é descobrir a perspectiva da outra pessoa.

A miopia do poder

Você pode estar pensando: "Mas eu sou diferente. Sei levar em consideração as perspectivas das outras pessoas". Na verdade, pode até ter sido assim no passado ou ainda ser. Mas agora você é um chefe e tem mais poder do que antes. (Você pode estar pensando: "Talvez *você* tenha poder, Therese, mas você nunca trabalhou na *minha* organização". Tudo bem, de repente você não tem o poder do qual precisa ou gostaria, mas, se tem pessoas que se reportam a você e são avaliadas por você, é inevitável que terá mais poder do que elas.)

Você já deve ter ouvido dizer que "com grandes poderes vêm grandes responsabilidades". Porém, o que os líderes deveriam dizer é: "Com grandes poderes vem uma enorme miopia". Pesquisadores descobriram que pessoas com bastante poder acham muito mais difícil entender a perspectiva alheia do que aquelas com pouco poder. Psicólogos demonstraram isso de várias maneiras criativas. Em um experimento clássico, os participantes foram solicitados a desenhar a letra E na própria testa o mais rápido possível. Tente fazer isso com o dedo. É só traçar a letra E na sua testa.

Agora vem a grande questão: Você desenhou ao contrário, para que alguma pessoa pudesse ler, ou para que você mesmo pudesse ler? Se estiver se sentindo particularmente poderoso neste momento, deve ter escolhido a segunda opção. Em um estudo clássico liderado por Adam Galinsky, hoje professor de administração da Universidade Columbia, os pesquisadores predispuseram metade dos participantes para sentir muito poder sobre os outros e a outra metade para sentir pouco poder sobre os demais. Os participantes que se sentiram poderosos foram mais propensos a desenhar uma letra E que eles próprios pudessem ler, enquanto aqueles que sentiram pouco poder foram mais propensos a desenhar um E que pudesse ser lido pelos outros. Se você desenhou um E para você mesmo ler, isso não significa que seja uma pessoa má ou egoísta, apenas que está se sentindo particularmente poderoso neste momento e que sua inclinação não é ver o mundo a partir da perspectiva dos outros. Pesquisadores replicaram esse déficit do que é conhecido como "tomada de perspectiva" de várias maneiras. Pessoas que estão sentindo uma onda momentânea de poder têm mais dificuldade em interpretar as emoções dos outros em suas expressões faciais. Pessoas poderosas também presumem que os outros sabem quando elas estão sendo sarcásticas. Se você já disse algo de brincadeira mas a pessoa achou ofensivo, experimentou uma das consequências de ter poder – é mais difícil prever como os outros interpretarão as coisas.[7]

A neurociência tem uma explicação para esse fenômeno. Uma equipe de pesquisadores em Ontário, no Canadá, mostrou a dois grupos um vídeo de alguém apertando uma bola de borracha. Um grupo foi induzido para sentir muito poder e o outro para sentir menos poder. Eles foram colocados em aparelhos de estimulação magnética transcraniana que permitiram aos pesquisadores observar os padrões de atividade cerebral. Quando os participantes que sentiram pouco poder assistiram ao vídeo da bola sendo espremida, as regiões motoras de seu cérebro se iluminaram. Eles estavam experimentando o espelhamento, uma espécie de mimetismo neuronal no qual os neurônios de um espectador disparam exatamente como fariam se o espectador estivesse realizando aquela ação, não apenas observando. Veja alguém apertar uma bola e os neurônios de seu córtex motor associados à sua mão disparam a cada aperto. Você está basicamente tendo uma experiência indireta, mesmo sem perceber.

Só que as pessoas com alto poder não tiveram essa experiência indireta. Quando assistiram ao vídeo, as regiões motoras associadas à mão quase não dispararam. O poder parece ter reduzido sua capacidade de assumir a perspectiva de outra pessoa.[8]

Para mim, isso é profundamente deprimente. Quando você se sente poderoso, é neurologicamente mais difícil imaginar o que outra pessoa está passando. Normalmente, seu cérebro funciona em harmonia com os demais, ajudando-o a ver como é estar no lugar das outras pessoas, mas o poder muda tudo. Com ele, você não vê mais nada além do seu próprio umbigo.

Para piorar a situação, dar feedbacks aciona caminhos neurológicos que o fazem se sentir mais poderoso – e, em consequência, menos conectado ao outro. Tanto que uma das maneiras que os cientistas usam para induzir as pessoas a se sentir poderosas é colocá-las no papel de avaliar os outros. Em outras palavras, mesmo se estiver se sentindo a pessoa menos poderosa de sua organização, quando oferece um feedback sobre o trabalho de alguém, são grandes as chances de sentir uma injeção de poder.

Quando não somos capazes de ver as coisas pela perspectiva da outra pessoa, achamos que estamos dando bons conselhos quando, na verdade, estamos fazendo exatamente o contrário. Considere um engenheiro de software que entrevistei, Akira, que procurou seu chefe porque estava preocupado com a possibilidade de não ter o conhecimento necessário para executar um importante projeto. Seu chefe disse: "Não se preocupe, ninguém vai tirar esse projeto de nós". Então, ele entrou em uma explicação empolgada de como havia acabado de garantir o projeto para a equipe, assegurando que uma equipe concorrente da empresa não o roubasse. Akira ficou perplexo. Ele queria instruções sobre como resolver um problema complexo de codificação, talvez sugestões sobre pessoas com quem ele pudesse falar para trocar ideias, mas estava sendo informado: "Pare de se preocupar. O projeto é nosso". A orientação que recebeu do chefe o deixou ainda mais preocupado. Agora Akira não podia pedir ajuda a ninguém para não dar a impressão de que sua equipe não merecia o projeto. Tanto no caso de Akira quanto no de Madeline, os superiores deixaram os funcionários ainda mais nervosos ao dar conselhos antes de fazer qualquer pergunta.

Como fazer a pessoa expressar o problema e o que pensa sobre ele

Fazer perguntas para conhecer a perspectiva de uma pessoa é especialmente importante quando ela cometeu um erro. Digamos que você tenha ouvido falar que Zach pareceu despreparado em uma importante reunião com um cliente. O ideal seria que Zach levantasse o problema, não você. Se ele for o primeiro a reconhecê-lo, isso significa que já está procurando sua orientação e, portanto, estará mais aberto a ela. Se ele não reconhecer o problema, você pode fazer uma série de perguntas para levantar a questão e saber o que ele pensa a respeito.

Como uma conversa como essa pode acontecer? A figura a seguir apresenta um fluxograma de perguntas que você pode fazer para adotar uma abordagem colaborativa para esclarecer o problema. É um pouco mais complicado se você não estava lá para observar o comportamento, mas você pode comentar: "Ouvi dizer que Y aconteceu" e vocês dois podem descobrir juntos se Y realmente aconteceu ou foi uma percepção errada. As percepções são importantes e não podem deixar de ser abordadas, mas é bom saber se Zach na verdade estava preparado, embora tenha transmitido a impressão errada, ou se ele realmente foi à reunião menos preparado do que precisava estar.

Como você pode ver no fluxograma, seu objetivo é colocar o problema na mesa para poder perguntar a Zach como ele o vê.

Muitos caminhos levam a "fazer uma pergunta de acompanhamento" para descobrir a perspectiva do funcionário. Veja algumas boas perguntas de acompanhamento que você pode fazer:

- "Isso não é do seu feitio. O que aconteceu?"
- "Isso me preocupa por causa de A e B." No caso de Zach, descreva o impacto de não se preparar para reuniões com clientes e pergunte: "Fico me perguntando o que você acha disso".
- "Tem alguma coisa que estou deixando passar. Você costuma ser tão bom nas reuniões com clientes... Poderia me ajudar a entender o que aconteceu?"
- "Estou curioso... O que você acha que não está funcionando?"
- "Meu palpite é que você teve que fazer uma escolha difícil entre duas opções. Quais fatores você levou em conta para tomar a decisão?"
- "Estou tentando entender, mas não estou conseguindo. O que estou deixando de ver?"[9]

Você não faria todas essas perguntas a Zach – seria demais e ele acabaria ficando na defensiva –, mas uma ou duas perguntas apenas podem esclarecer a perspectiva dele sobre o tema. Costuma ajudar muito questionar em algum ponto: "Eu me pergunto: o que você acha disso?", porque Zach deve estar morrendo de vontade de contar seu ponto de vista, o que também vai ajudar a esclarecer o quanto ele concorda ou não com o relato de que foi despreparado à reunião com o cliente.

Use os erros para gerar segurança psicológica

Você está fazendo duas coisas ao pedir a opinião de Zach sobre o problema antes de orientá-lo. Primeiro, você está mostrando que o respeita. Todos nós queremos o respeito de nossos líderes, e Zach estará

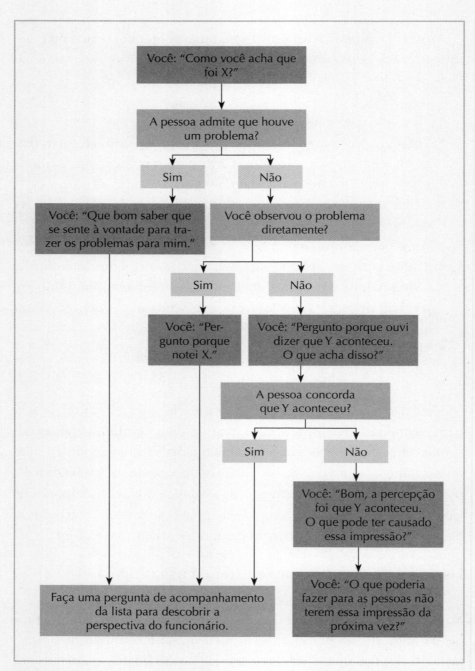

FIGURA 6

mais aberto a ouvir sua perspectiva depois que você ouvir a dele.[10] Se puder se abrir à possibilidade de que ele estava mais preparado do que pareceu ou que fez uma preparação intensa, mas planejou as coisas de forma errada, Zach estará muito mais aberto aos seus conselhos.

Ao ouvir antes de orientar, você também está criando o que os cientistas sociais chamam de "segurança psicológica". Essa é uma condição na qual um funcionário se sente "(1) incluído, (2) em um ambiente seguro para aprender, (3) em um ambiente seguro para contribuir e (4) em um ambiente seguro para questionar o *status quo*".[11] Você pode achar que está apenas orientando Zach para interagir com esse cliente específico, mas na realidade está fazendo muito mais. Você também está mostrando que "É assim que lidamos com os erros por aqui". E quer que a mensagem seja "Eu ouço com atenção quando as pessoas estão com problemas. Quero ouvi-las, saber se elas estavam tentando algo diferente e inovador e o que aprenderam com isso". Pesquisadores descobriram que uma das principais maneiras que os líderes usam para gerar segurança psicológica em conversas de feedback é fazendo perguntas e criando um diálogo interativo.[12] Amy Edmondson, professora de administração da Universidade Harvard, acredita que a segurança psicológica é algo raro na maioria dos locais de trabalho porque as pessoas sentem que precisam esconder seus erros e que não estão seguras para discuti-los e aprender com eles.[13] Você quer que Zach (e todos os seus funcionários) se sinta seguro para expor os problemas.

Note que evitei perguntas que começam com "Por que". As pessoas ficam muito mais na defensiva quando uma questão começa dessa forma do que quando é iniciada por "O que" ou "Como". Pergunte-me "Por que você fez aquilo?" e me sinto como um cachorrinho que fez xixi no meio da sala. Ou me fecho e murmuro "Não sei", ou faço de tudo para me defender. De um jeito ou de outro, seu questionamento me faz me sentir psicologicamente insegura e eu não entro em um modo criativo de solução de problemas. Como diz Michael Bungay Stanier, "Se você errar o tom, mesmo que só um pouquinho, de repente o seu 'Por quê?' soa como 'O que diabos estava pensando?'".[14]

Em vez de perguntar a Zach: "Por que você não se preparou para a reunião?", o que pode dar a impressão de que está fazendo uma crítica ao caráter dele, seria melhor dizer: "Eu só queria entender... O que o impediu de estar totalmente preparado?". Assim, você se concentra nas circunstâncias, que é onde Zach está focado.

Quando você orienta os funcionários a evitar um erro, não basta pensar apenas no que eles poderiam fazer diferente da próxima vez; eles também podem precisar de uma mudança na situação. Como já vimos, comece perguntando, não dando conselhos, e dê à pessoa a chance de pensar em soluções por conta própria. Você pode perguntar: "Quais medidas você poderia tomar agora para reconquistar a confiança desse cliente?". Zach dá uma ou duas ideias, mas elas não seriam o suficiente para resolver o problema. Então, você pode dizer: "Sim, isso seria possível. O que mais?". Adote uma abordagem colaborativa pelo maior tempo possível. Em algum ponto, você pode precisar interferir e simplesmente dizer a Zach o que fazer, ou porque ele está seguindo pelo caminho errado ou porque não está conseguindo ver o tamanho do problema. Mas, como veremos mais adiante neste capítulo, você também pode dar conselhos na forma de perguntas.

Além disso, você pode usar uma estratégia para indicar que está ouvindo com atenção e entendendo a perspectiva da pessoa: use o linguajar dela. Esse tipo de espelhamento ajuda o outro a sentir que está sendo ouvido. Por exemplo, Zach pode ter dito: "É muito frustrante. Eu tinha reservado a manhã inteira para me preparar, mas, no último minuto, o cliente adiantou nossa reunião da tarde para o primeiro horário logo cedo. Ele me mandou um e-mail às 9h da noite anterior. Só vi a mensagem quando estava conferindo os e-mails no café da manhã". Você pode dizer: "Quer dizer que o cliente remarcou a reunião de última hora, mandando um e-mail para você às 9h da noite. É muito frustrante mesmo, mas acontece. O que poderia fazer de diferente no futuro?". Não repita cada palavra como se fosse um papagaio – a pessoa pode achar que você está sendo sarcástico. Use o linguajar do funcionário quando ele estiver descrevendo o cerne de um problema ou seus sentimentos sobre a questão para reforçar que você está ouvindo.

Ative o circuito de recompensa

O feedback de reconhecimento costuma ser gratificante por si só. Se um vice-presidente o parar no corredor e disser: "Fiquei sabendo do que fez para fecharmos o contrato com a Netflix. Você é a melhor coisa que aconteceu nesta divisão o ano todo", você pode ficar nas nuvens. A gratificação é imediata. Você estufa o peito, manda uma mensagem para contar a boa notícia a seu parceiro e, se ninguém estiver olhando, pode até dar um soco no ar. Você arrasou, é isso aí!

Já a orientação não costuma gerar esse tipo de sentimento. Imagine que o mesmo líder diga: "Quando tiver meia hora, preciso que você ligue para o escritório de Londres para resolver o problema com o orçamento. E seja diplomático, ou eles podem se ofender". Você não vai se sentir muito satisfeito. Pelo contrário, pode até se sentir frustrado – "Você não está vendo que estou atolado de trabalho?" – ou perplexo – "Que problema com o orçamento?". E nunca é legal ouvir que precisa ser diplomático – isso é óbvio. É quase uma ofensa.

Você tem como fazer a orientação parecer mais com um reconhecimento – tudo depende da sua abordagem. E se esse vice-presidente abordasse a questão de um jeito diferente? E se ele dissesse: "Sei que gostaria de trabalhar no exterior. Você mencionou isso, e estive pensando a respeito. Surgiu uma boa oportunidade de avaliarmos se você se encaixa no escritório do Reino Unido. Quando tiver uma meia horinha, preciso que ligue para o escritório de Londres para resolver o problema com o orçamento. E seja diplomático, ou eles podem se ofender".

O problema é o mesmo, mas leva a um sentimento muito diferente, não é? Você sente uma pontada de esperança e fica grato por ele ter dado o toque sobre ser diplomático. Foi quase um elogio, e você tem vontade de mandar uma mensagem para seu parceiro contando a novidade. Por que a sensação é tão boa? A resposta está na neurociência. A sensação é diferente porque seu cérebro usa um processamento diferente. Os neurocientistas estão descobrindo que, quando você recebe um feedback ou um conselho que o faz sentir que está se aproximando de um de seus objetivos, um circuito especial de seu cérebro é ativado: o que os psicólogos chamam de "circuito de recompensa".

Calma, eu explico. O cérebro humano tem circuitos especiais para processar recompensas. Um deles envolve uma área do sistema límbico emocional, conhecida como estriado ventral, e uma área do sistema de planejamento e tomada de decisões localizada no córtex frontal, conhecida como córtex orbitofrontal.[15] Pesquisadores descobriram que essas duas áreas são ativadas quando você recebe um grande elogio, como ouvir que é a melhor coisa que aconteceu na divisão este ano. Essa região do cérebro é chamada de circuito de recompensa porque é ativada quando você se sente gratificado. Mas ela também é ativada quando você recebe feedbacks ou conselhos que o aproximam de seus objetivos. Os pesquisadores ainda estão investigando o que cada região do cérebro faz, mas o que se acredita é que o córtex orbitofrontal monitora seu progresso em relação a seus objetivos e, se parecer que você está avançando em direção a algum deles, especialmente um objetivo que você gostaria muito de alcançar, ele envia um sinal para o estriado ventral e, em questão de segundos, você sente uma explosão de felicidade. Em outras palavras, você não precisa receber um elogio para ter uma injeção de satisfação. Receber um conselho que o aproxima de um objetivo que deseja atingir também é gratificante por si só.

Voltemos à questão inicial. Vimos no Capítulo 2 que, se você conhece os objetivos de um funcionário, é mais fácil ficar do lado dele, não do problema. Agora podemos entender melhor por que é tão importante perguntar sobre os objetivos da pessoa. Quando você vincula seu conselho aos propósitos de alguém, está ativando esse circuito de recompensa. Os funcionários passam a buscar seus conselhos em vez de fugir deles.

Mas, se quiser realmente ativar esse circuito de recompensa, você não pode tentar adivinhar os objetivos da pessoa. Se o seu chefe disser: "Sei que está querendo trabalhar no exterior" e você tiver um filho com um grave problema de saúde, provavelmente se sentirá frustrado, não recompensado, com a falta de sensibilidade do comentário (na verdade, seu objetivo é trabalhar home office). Portanto, precisa ser algo que o funcionário queira realmente alcançar. No último capítulo, vimos que os líderes que ouvem primeiro são considerados por seus funcionários como mais capazes de dar um bom feedback, e suspeito que isso aconteça porque esses líderes se mantêm a par do que cada um deles almeja.

Como perguntar sobre os objetivos de um funcionário? Você poderia fazer isso à queima-roupa: "Quais são os objetivos mais importantes para você?", mas essa indagação genérica pode levar as pessoas a meramente repetir as metas da equipe ("Quero aumentar o tráfego para os nossos vídeos de treinamento" ou "Quero reduzir as nossas despesas operacionais"). Esse tipo de objetivo é louvável, mas está longe de ser pessoal. A ideia é usar sua curiosidade: o que os faria sentir que estão crescendo, aprendendo e arrasando? Aqui estão algumas perguntas que podem fazer as pessoas falarem mais sobre elas mesmas:

- "Quais são as três ou quatro coisas que você gostaria de alcançar este ano?"
- "Em um mundo ideal, qual aspecto da sua vida profissional vai ter melhorado daqui a seis meses?"
- "O que seria uma enorme realização para você? Seja específico."
- "O que tornaria seu trabalho mais interessante e empolgante?"[16]

A melhor forma de dar um conselho: "Eu me pergunto: o que aconteceria se...?"

Não é interessante começar todas as conversas de orientação falando sobre os objetivos da pessoa. O conselho que você deseja dar pode não estar alinhado com aquilo que o funcionário almeja e não seria honesto dar a entender que há uma recompensa quando você não sabe se vai mesmo poder entregar. Será que é melhor ir direto ao ponto e já começar a conversa mencionando seu conselho? Nada o impede de fazer isso, mas essa abordagem cria novos problemas. Digamos que Emma tenha uma apresentação importante para fazer e você acha que seria muito melhor se ela cortasse a montanha de dados chatos no início e começasse com uma história sobre um cliente. Você conhece o público. Sim, eles vão querer ver os dados, mas vão pegar no sono se ela apresentá-los de cara.

Se já começar a conversa falando sobre seu conselho, estará deixando claro que acha que sabe mais do que ela. Emma pode sair frustrada por você ter assumido o controle, por estar microgerenciando. Ao dizer a ela o que fazer, você também estará criando uma relação de dependência e ela pode não fazer mais nada antes de pedir a sua orientação. Você se transforma em um gargalo. Quando estiver fazendo a apresentação, ela ficará olhando de soslaio para você para ver se está indo bem, o que reduzirá sua autoconfiança e credibilidade.

Em vez de impor sua ideia, há uma pergunta específica que você pode fazer para instigar a curiosidade dela, abrindo um espaço onde vocês dois podem pensar em ideias juntos. A questão foi proposta por Guy Itzchakov e Avi Kluger, especialistas em escuta.[17] Diga: "Eu me pergunto: o que aconteceria se você escolhesse fazer X?". Ou, neste caso específico: "Estou um pouco preocupado em abrir a apresentação com tantos dados. Eu me pergunto: o que aconteceria se você escolhesse começar com uma história sobre um dos seus clientes mais desafiadores?". Agora você está do lado de

Emma. Ela provavelmente vai ter dúvidas, como "Mas eles não vão querer ver os dados?", e você pode dizer em que ponto da apresentação acha que seria mais persuasivo mostrá-los. Essa maneira cuidadosa de levantar a questão o afasta do microgerenciamento e os direciona a resolver os problemas juntos. Também funcionaria no caso de Zach. "Eu me pergunto: o que aconteceria se você decidisse ligar para aquele cliente e oferecer um desconto de 20% nos próximos seis meses?".

Um benefício adicional de dizer "Eu me pergunto: o que aconteceria se...?" é abrir um diálogo sobre causa e efeito. É comum os funcionários sentirem que são eles que precisarão arcar sozinhos com as consequências de aceitar os conselhos de seus chefes. Emma pode estar pensando: "Mas os slides de quatro a seis ainda farão sentido sem os dados?". Levantar a questão no formato "eu me pergunto" demonstra que você está aberto a pesar os prós e os contras de diferentes abordagens com o funcionário e está ciente dos possíveis efeitos cascata de seu conselho. Emma pode convencê-lo de que é realmente melhor começar com os dados. Ela está aprendendo, e você também.

É bem verdade que esse tipo de orientação leva tempo. É muito mais rápido dizer: "Comece com uma história". Mas Emma sairá sem aprender nada com isso – no máximo ela compreende que é você quem deveria fazer a apresentação, não ela.

Esse tipo de orientação também requer autocontrole da sua parte. Quanto você é capaz de se controlar, especialmente se tem sugestões para dar e vender? Nilofer Merchant tem uma proposta. Nilofer é uma inovadora do mundo dos negócios e foi classificada pela Thinkers50 como uma das mais proeminentes pensadoras do mundo todo. Muitas vezes ela já entra em um projeto de consultoria com algumas ideias, mas sabe que o cliente pode se fechar se chegar atirando sugestões para todos os lados. Então, ela desenvolveu uma técnica para se conter nessas situações. Quando está prestes a entrar em uma reunião, pega uma folha em branco. De um lado, escreve a sugestão ou conselho que gostaria de dar. Do outro, coloca pelo menos duas perguntas para cada sugestão. Leva apenas alguns minutos, mas a reunião acaba sendo muito mais produtiva. Às vezes, ela nem chega a dar o conselho que preparou, porque, ao fazer suas perguntas, ela e o cliente pensam juntos em uma nova solução ainda melhor.[18]

A árvore de decisão para orientar um funcionário

Um gerente que entrevistei, chamado Vincent, me ensinou uma maneira muito interessante de não começar dizendo a alguém o que fazer. Com quase vinte anos de experiência liderando pessoas, ele observou que a arte da orientação segue uma árvore de decisão, como mostra a figura a seguir.

Você deve começar qualquer processo de orientação colaborando com o funcionário. A ideia é descobrir quais soluções ele tentou aplicar, por que elas não deram certo e o que ele planeja tentar em seguida. O objetivo é pensar em voz alta sobre as possibilidades, lançando algumas ideias próprias, mas também ouvir e reconhecer que o funcionário tem informações cruciais (que você não tem) sobre quaisquer restrições. Você é como Juan, dizendo: "Então, me fale o que aconteceu". Você está ajudando a outra pessoa a pensar por conta própria para que ela possa resolver os problemas sozinha no futuro.

Essa é a fase de colaboração e, na maioria dos casos, vocês encontrarão uma solução.

Mas às vezes você pode passar a vida inteira no modo colaborativo e a outra pessoa ainda não conseguir resolver o problema. Um prazo crucial pode estar chegando ou uma janela de oportunidade pode estar prestes a se fechar. Neste ponto, você precisa mudar suas táticas de orientação e *dizer* à pessoa o que fazer. Vamos voltar à preparação insuficiente de Zach para a reunião. Pode ser que o cliente dele tenha um voo marcado de volta para o Japão amanhã, então você diz a ele: "Você ainda pode salvar esse relacionamento. Quero que faça o seguinte: ligue imediatamente para o cliente e pergunte se pode conver-

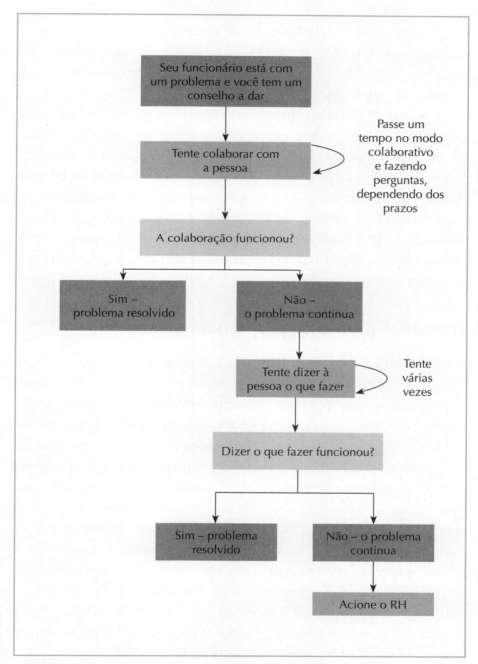

FIGURA 7

sar com ele ainda hoje ou amanhã de manhã. Largue tudo o que está fazendo e vá atrás dele agora". Dizer o que alguém deve fazer é uma tática que todo líder precisa usar às vezes, mas os melhores líderes a usam com moderação.

Se você se vir forçado a dizer com frequência a um funcionário o que fazer e ele não parece estar evoluindo, deve estar começando a se perguntar se essa pessoa realmente se encaixa na função ou na organização. Se a empresa for grande e você achar que ela se encaixa melhor em uma posição diferente, veja se tem como providenciar uma transferência. Caso contrário, o processo de feedback passa para o último estágio da árvore de decisão: acionar o RH. Sua organização deve ter um procedimento formal especificando o que você e o funcionário precisam fazer se houver um problema recorrente e ele quiser continuar na empresa.

Perguntas para situações complicadas

E se alguém lhe pedir um conselho e você não tiver ideia de como ajudar? Um funcionário pode estar lidando com um problema novo e complexo ou algo que pode simplesmente estar fora de sua especialidade. Será que você ainda tem como orientá-lo? Com certeza. Fazendo as perguntas certas, você ainda pode criar um momento eureca.

O autor Parker Palmer deu uma sugestão brilhante que sempre gosto de usar quando preciso orientar uma pessoa a resolver um problema fora da minha zona de conforto. Ele propõe fazer "perguntas sinceras e abertas".[19] Uma pergunta sincera e aberta tem três componentes. Para começar, você não está sugerindo uma solução específica (o que reduz a pressão sobre você, já que, nesse caso, nem sabe o que sugerir). Em vez de perguntar "Você já tentou X?", você está indagando "O que já tentou fazer?" ou "O que está impedindo seu avanço?", ou ainda "Quais você diria que são as vantagens e as desvantagens das soluções que tentou até agora?". O segundo componente de uma pergunta sincera e aberta é que você não deve ter como saber a resposta que a pessoa dará.

Então, em vez de indagar: "Qual é mesmo a sua meta?", para que o funcionário só repita a meta que você lhe atribuiu (ou seja, você já sabe a resposta que ele dará), é melhor perguntar: "Então, o que é mais importante agora?".[20] E o terceiro e último componente é que seu objetivo deve ser levar a pessoa a um momento eureca, que é quando uma lâmpada se acende na cabeça dela. Sei que fiz uma pergunta aberta, sincera e instigante quando a pessoa faz uma pausa e diz: "Boa pergunta". Pode não parecer uma orientação se você não estiver dando as respostas, mas, se a própria pessoa conseguir articular uma solução possível, sairá mais confiante de que a ideia tem seu mérito e mais convencida de que é capaz de executá-la.

Perguntas sinceras e abertas me ajudaram nas sessões de orientação mais difíceis da minha carreira. Como você já sabe, ajudo professores universitários a se destacar em sala de aula. Orientei docentes bem variados, como advogados de patentes, químicos orgânicos e coreógrafos da Broadway. Eu mesma jamais seria capaz de ensinar qualquer um desses assuntos. Mas, ao fazer perguntas sinceras e abertas, ajudei cada pessoa a esclarecer suas prioridades e a gerar soluções de forma conjunta. Ainda me lembro da primeira vez em que orientei uma física teórica. O coaching fazia parte de um processo seletivo a uma vaga à qual eu estava me candidatando, e fiquei apavorada porque meu último contato com a matéria tinha sido no ensino médio. Ela queria melhorar suas aulas em laboratório, então fui fazendo perguntas sobre o que queria alcançar, por que achava que as aulas práticas em laboratório não estavam dando certo e quando ela se sentia mais orgulhosa a respeito de uma aula. Essas duas últimas perguntas levaram a um insight inesperado. Ela pensou em uma solução que lhe permitiria aplicar um de seus pontos fortes a uma frustração recorrente. Com isso, teve uma ideia que ficou ansiosa para implementar, e eu consegui o emprego.

Há outro grupo de funcionários que é difícil de orientar: pessoas que odeiam que lhes digam o que fazer. Para realizar essa tarefa, a melhor abordagem, de longe, é fazer perguntas.

O funcionário pode ter cometido um erro – como a preparação insuficiente de Zach – e vocês dois acabaram de discutir por que isso é um problema. Você quer sugerir soluções para Zach chegar preparado a todas as reuniões, mas sabe que ele tem grandes chances de resistir a qualquer uma delas. Neste caso, a melhor saída é perguntar o que ele planeja fazer.

> Você gostaria de fazer um brainstorming comigo para pensar em estratégias ou prefere fazer isso sozinho?

Zach pode dizer que prefere pensar em soluções sozinho – e tudo bem –, mas você não quer deixar o problema de lado. Você quer – e precisa – saber o que ele planeja fazer. Afinal, ele é o responsável pela solução. Isso o leva à sua próxima pergunta.

> Vou querer retomar este assunto para que possa me dizer "O problema foi resolvido e um sistema melhor foi implementado" ou "O problema está quase resolvido e ainda estou trabalhando na solução ideal". Quando você pensa em me dar uma atualização?

Você está dando a Zach autonomia para definir o prazo. Ele pode até ter vontade de dizer "Nunca", mas é provável que murmure algo como "Acho que semana que vem".

Na próxima vez que você sentir que tem um conselho perfeito, lembre-se de Juan na recepção. Ele ajudou a recepcionista a reverter um momento frustrante só com algumas perguntas simples. É verdade que poderia ter sugerido o bilhete embaixo da porta logo de cara, mas ele se conteve, e você também pode fazer o mesmo. Como Malcolm Forbes disse: "Os melhores perguntam quando não sabem. E às vezes quando sabem também".[21]

RESUMO DO CAPÍTULO
Prática 2: Pergunte mais, fale menos

- Se fizer perguntas de acompanhamento, os funcionários gostarão mais de você e ficarão mais interessados em ouvir o que tem a dizer. Portanto, tente aumentar o número de perguntas que faz em suas reuniões individuais.

- "Qual é a sua maior dificuldade?" é uma excelente maneira de ajudar uma pessoa a se concentrar no tipo de orientação e conselho que ela mais precisa.

- Com grandes poderes vem uma péssima tomada de perspectiva. Lembre-se do experimento da letra E e tenha em mente que, quando você se sente poderoso, seu cérebro funciona de um jeito diferente. Você precisa se esforçar mais do que o normal para entender a perspectiva da outra pessoa.

- É especialmente importante compreender a perspectiva da outra pessoa quando ela cometeu um erro; neste caso, dizer algo como "Eu me pergunto: o que acha disso?" pode ajudar.

- Evite indagações que comecem com "Por que". Elas colocam as pessoas na defensiva. Faça perguntas que comecem com "O que", como "O que você esperava que acontecesse?".

- Um circuito de recompensa é ativado no cérebro quando recebemos um conselho ou um feedback que nos aproxima de um dos nossos objetivos.

- Informe-se sobre as metas individuais de cada pessoa para poder associar seu conselho aos objetivos delas.

- Quando você tem um conselho específico para dar, uma boa pergunta a fazer é "Eu me pergunto: o que aconteceria se você optasse por...?".

- A orientação segue uma árvore de decisão, na qual você começa com a colaboração e só diz à pessoa o que ela deve fazer se essa etapa não der certo.

- Se quiser conduzir as pessoas a um momento eureca, crie o hábito de fazer pelo menos uma pergunta aberta e sincera sobre a qual você não faz ideia de como será a resposta.

PRÁTICA 3

Minimize a ameaça

> Quero causar uma boa impressão. Quero ter um bom desempenho. É muito bom aprender, mas não na frente dos outros.
>
> AMY EDMONDSON, *A ORGANIZAÇÃO SEM MEDO*[1]

É sexta à noite e você está em uma grande festa para comemorar o lançamento de um novo produto. A empresa reservou um restaurante chique e você está curtindo o momento. Você está à mesa do bufê com seu chefe, que insiste para que prove o delicioso molho de alcachofra. Você quer causar uma boa impressão, então se joga e decide que hoje é a noite em que vai experimentar alcachofra. Você prova com hesitação e... até que não é tão ruim assim, então enche seu prato com o molho denso e gorduroso. Mas, uma hora depois, descobre que seu sistema digestivo não foi feito para processar alcachofra. Você ainda está na festa e começa a se perguntar freneticamente onde fica o banheiro. Você quase não consegue, mas no fim chega a tempo de evitar um desastre maior. Depois de se limpar e ficar apresentável, você sai praticamente correndo do restaurante lotado e volta para casa.

Na segunda-feira, assim que abre o computador no escritório, um convite de seu chefe para uma reunião às duas da tarde aparece em sua agenda. Você aceita e responde com um e-mail rápido: "Reunião confirmada. Deseja que eu leve alguma coisa?", então continua trabalhando normalmente. Mais tarde, recebe uma atualização da reunião, intitulada "Seus incidentes de desarranjo intestinal". Você sente um ataque de pânico chegando. Por que precisamos falar sobre isso? Foi só uma pequena indiscrição, você tem certeza de que ninguém mais notou e resolveu o problema imediatamente. Por que não podemos simplesmente fingir que nada aconteceu e seguir em frente? E por que está escrito "incidentes", no plural? Aconteceu só *uma vez*. Um novo e-mail chega à sua caixa de entrada. É o chefe de seu chefe confirmando que participará da reunião.

Calma, essa história é totalmente fictícia e não é uma lição sobre segurança alimentar. Mas é uma lição sobre como um funcionário que cometeu um erro pode ficar aterrorizado diante de um feedback não solicitado. Parece que os chefes estão exagerando, querendo dar conselhos para resolver um evento isolado que tem poucas chances de voltar a acontecer, enquanto o funcionário está com tanta vergonha que preferiria sair da empresa a ter que falar a respeito.

Você pode achar que jamais mandaria um e-mail com um título como esse, mas podemos acabar levantando assuntos que sirvam de gatilho e façam com que a pessoa fique totalmente na defensiva. Queremos conversar com Sophia a respeito daquele comentário inapropriado que ela fez ao assistente administrativo ou com Rick sobre como ele está atrasando um projeto da equipe. Queremos que os funcionários aprendam com os erros para agirem de outra forma no futuro e não serem malvistos na empresa, mas isso geralmente significa levantar um assunto sobre o qual a pessoa preferiria não falar. E, ao agir dessa forma, temos grandes chances de fazer com que a pessoa se sinta ameaçada.

Este capítulo o ajudará a abordar e discutir assuntos sensíveis com franqueza e delicadeza para que os membros de sua equipe possam pensar com você em uma saída, em vez de xingá-lo pelas costas.

Por que ninguém aceita um conselho quando se sente ameaçado

Quando as pessoas se sentem ameaçadas, seu cérebro entra em estado de alerta máximo. Elas ainda conseguem processar certos detalhes do ambiente visual, como as roupas que você está usando, onde está sentado e aquele tique nervoso que tem na mão, mas aquele grande aprendizado que você esperava promover durante a conversa acaba não acontecendo.[2]

Um feedback estressante prejudica as habilidades cognitivas de duas maneiras importantes. Para começar, no nível neuroquímico, a pessoa está recebendo uma dose cavalar de cortisol, que reduz sua capacidade de se lembrar das coisas. Pessoas sob estresse têm dificuldade de lembrar detalhes que podem recordar com facilidade quando não estão estressadas.[3] E isso não acontece apenas com algo que ocorreu no mês passado. Quando estamos estressados, podemos nos esquecer de algo que aconteceu no dia anterior. Ao precisarmos nos lembrar de um evento do começo ao fim, temos mais chances de nos esquecer de detalhes importantes quando estamos sob estresse.[4]

Acho que deu para sentir como isso pode dificultar uma conversa de feedback. Você já ouviu alguém insistir: "Mas não foi isso que aconteceu"? Imagine que estava a caminho de uma reunião e ouviu Sophia, que por acaso é branca, dizer: "Você é tão articulado" para seu assistente administrativo negro. Você desconhece o contexto e não sabe o que ela quis dizer com isso, mas entende muito bem que o assistente pode ter interpretado o comentário como uma microagressão, uma expressão inconsciente de uma crença racista de que os negros não seriam tão inteligentes ou comunicativos quanto os brancos. Você pensa em dar um toque à Sophia depois da reunião, mas acaba não tendo uma oportunidade de conversar com ela no mesmo dia. Então, no dia seguinte, pergunta se ela tem uns cinco minutinhos para falar em particular. Quando descreve o que ouviu e por que isso o preocupa, Sophia jura de pés juntos que não disse aquilo. Pode ser que você tenha ouvido mal, mas, se ela se sentir ameaçada pelo que disse (deve estar pensando: "Mas eu não sou racista!"), a memória dela, em geral muito boa, pode entrar em curto-circuito. Você acha que não é possível ela ter esquecido – o incidente foi ontem mesmo e Sophia não é nada tapada –, então se convence de que ela está em negação, mas, devido ao estresse da conversa, ela pode ter sido pega de surpresa e estar realmente desconcertada. É como se o estresse apagasse temporariamente nossos bancos de memória.

É óbvio que esta não é hora de dizer: "Desculpe, Sophia, mas sua memória não funciona muito bem quando fica na defensiva". Entretanto, você precisa de estratégias que reduzam a sensação de ameaça e o estresse para que ela possa ouvir sua orientação.

Antes de entrarmos nessas estratégias, é interessante saber que uma conversa de feedback estressante também prejudica uma segunda habilidade mental, que os psicólogos chamam de "flexibilidade cognitiva" – a capacidade de alternar entre conceitos diferentes.[5] Se eu tiver uma alta flexibilidade cognitiva, analiso uma primeira solução para o problema, em seguida uma segunda solução e logo depois comparo as possíveis consequências das duas soluções, talvez até gerando uma terceira solução no processo. Mas, se tiver uma baixa flexibilidade cognitiva, posso até pensar em uma solução para o problema, mas, quando tento passar para uma solução diferente, não consigo. Eu até tento, mas para o desgosto de todos continuo pensando e falando sobre a primeira solução.

Como já era de se esperar, a flexibilidade cognitiva se deteriora quando o estresse leva a um aumento dos níveis de cortisol. Quando uma pessoa está ansiosa, ela até pode ser bastante articulada ao explicar a abordagem *dela* para um problema específico, mas peça para mudar de assunto e discutir uma nova abordagem e ela será como um buldogue com um brinquedo novo – não vai largar o osso. Psicólogos descobriram que os homens, em particular, perdem flexibilidade cognitiva quando seus níveis de cortisol disparam.[6] As mulheres têm grandes saltos no nível de cortisol quando estão estressadas – ele fica tão alto quanto o dos homens –, mas, por algum motivo, elas conseguem mudar de assunto com mais facilidade em condições de estresse. Por esse motivo, você pode notar que as mulheres que supervisiona são muito mais abertas a orientações e mais dispostas a aceitar uma nova abordagem para um problema do que os homens. (Outras questões de gênero podem estar em jogo, é claro, mas a flexibilidade cognitiva é um fator cientificamente comprovado que poucas pessoas conhecem.)

Uma baixa flexibilidade cognitiva é a última coisa que você quer em uma conversa de orientação. Digamos que Rick esteja impedindo o andamento de um projeto. As pessoas estão esperando ele terminar sua parte, mas ele está atrasado. Você quer ajudá-lo a resolver o que lhe parece ser um problema de gerenciamento de tempo, mas, quando apresenta ideias para simplificar o trabalho, Rick resiste. Ele fica dizendo: "Acho que isso não vai dar certo" a cada nova ideia, mas sem conseguir oferecer boas justificativas. Ele insiste que sua abordagem atual daria certo se as pessoas simplesmente o deixassem em paz. E se tivesse um computador novo. Será que ele só está inventando desculpas? Pode ser, mas, se ele se sentir ameaçado pelo feedback, sua flexibilidade cognitiva ficará comprometida e ele terá mais dificuldade de avaliar novas soluções. Se você quer que Rick pense fora da caixa, faça com que ele se sinta menos ameaçado.

Use o modelo SCARF para tornar o feedback menos ameaçador

Uma boa abordagem usada para reduzir a percepção de ameaça em uma conversa de orientação é conhecida como modelo SCARF, desenvolvido por David Rock e seus colegas do NeuroLeadership Institute. SCARF é um acrônimo para Status, Certeza, Autonomia, Relacionamento e Justiça (em inglês: Status, Certainty, Autonomy, Relatedness e Fairness).[7]

Status refere-se a seu senso de importância em relação a seus pares.

Certeza é a sua clareza em relação ao futuro.

Autonomia é o seu senso de controle sobre os eventos que estão ocorrendo agora ou que ocorrerão no futuro.

Relacionamento é a sua conexão com os outros e seu senso de segurança, quer você veja seus colegas como amigos ou inimigos.

Justiça é a sua percepção de uma interação como sendo justa e imparcial.

A ideia por trás do modelo SCARF é que, quando um desses cinco domínios é desafiado ou enfraquecido, a pessoa se sente ameaçada e, quando um deles é fortalecido, ela se sente recompensada.

A partir desse modelo, você é capaz de ter uma ideia de como sua mensagem pode ser vista como ameaçadora. Se Rick estiver atrasando o projeto e você lhe disser: "Você é o único atrasado. Ouvi dizer que saiu mais cedo vários dias na semana passada. Não sei o que falar, mas podemos precisar encontrar outra pessoa para fazer a sua parte", isso será muito ameaçador porque pega em todos os cinco gatilhos de ameaça: enfraquece o status de Rick (ele é o único atrasado), sua certeza (ele corre o risco de ser afastado do projeto), sua autonomia (ele é privado da chance de decidir se ainda pode estar à altura da ocasião), seu relacionamento (quem o dedurou?) e sua percepção de justiça (ele só saiu mais cedo um dia e não está tendo a chance de se explicar). Se seguir por esse caminho, não espere que Rick ouça mais nada do que você disser. Ele estará com todas as defesas acionadas.

Vamos pensar em uma maneira melhor de iniciar a conversa. Em vez de enfraquecer o status de Rick, será que você poderia reforçá-lo? Talvez possa encontrar uma maneira de apontar como ele se compara favoravelmente com os colegas, dizendo: "Estava olhando as estatísticas deste trimestre e a sua quantidade de clientes está entre as melhores da divisão. Seria um sonho se todos tivessem números como os seus". *O status aumentou, agora passe para o problema e o seu impacto.* "Mas estou preocupado que esse número de clientes tenha um custo. Percebi que você está demorando para enviar sua parte da proposta e preciso que cumpra os prazos, porque isso atrasa o resto da equipe. *Agora, em vez de reduzir a autonomia de Rick, reforce-a deixando que ele conte seu lado da história.* "Queria ter uma ideia melhor do que está acontecendo... O que houve com o prazo da semana passada?" Quando definir um novo prazo, não deixe de lhe dar autonomia e algum controle. "Precisamos da sua parte até quinta-feira, no máximo. Você precisa de alguma ajuda para cumprir esse prazo ou prefere que eu peça a outra pessoa?".

O modelo SCARF pode abrir sua mente para novas maneiras de dar um feedback difícil. Vejamos o exemplo de Maya, diretora de mídia e relações externas de uma importante fundação filantrópica. Peter, um gerente de sua equipe, vinha fazendo um bom trabalho, mas nada de espetacular, o que era um problema. Ele havia sido designado para dois dos projetos mais importantes da fundação, que exigiam um resultado excepcional. Algumas pessoas da equipe de liderança abordaram Maya, dizendo: "Não seria o caso de alocar esses projetos a alguém melhor?". Porém, ela queria dar outra chance a Peter, então marcou uma conversa com ele e disse: "Você precisa melhorar". Ela estava prestes a orientá-lo sobre como ele poderia fazer isso quando Peter respondeu: "Mas a equipe de liderança está muito satisfeita comigo. Eles me disseram isso". Maya cerrou os dentes. A equipe de liderança não havia sido sincera com ele, o que dificultava seu trabalho. Ela disse: "Eles podem estar sorrindo na sua frente, mas, por trás, comentam que estão preocupados. Vamos falar sobre o que você pode fazer para melhorar".

A vantagem é que Peter conseguiu melhorar e manter o cargo, mas as mensagens contraditórias foram muito prejudiciais. Ele ficou muito nervoso e infeliz no trabalho, perdeu o respeito pela equipe de liderança e não sabia mais em quem poderia confiar. A liderança continuou dizendo que ele estava fazendo um bom trabalho, mas eles sempre diziam isso. Maya se sentiu péssima. Vendo o que aconteceu, talvez ela não devesse ter jogado aquele balde de água fria revelando as preocupações da equipe de liderança. Mas, se não tivesse feito isso, que motivação Peter teria para melhorar?

Quando Maya me contou essa história, a princípio não vi uma solução, mas, quando consultei o modelo SCARF, surgiu uma saída. Ela poderia ter dito a Peter: "Na verdade, apesar do que dizem, eles estão um pouco insatisfeitos com o seu trabalho e devo dizer que eu também estou um pouco preocupada", depois de ter procurado maneiras de reforçar um ou mais dos cinco domínios. Como ele ficou sem saber ao certo em quem confiar, Maya poderia ter começado reforçando o relacionamento. "Eles têm boas intenções e só querem ajudar, mas podem estar dizendo que estão satisfeitos só para evitar conflitos. Eles não estão necessariamente pensando no que seria melhor para a sua carreira. Mas eu estou. Pode ter certeza de que estou do seu lado. E sei que você é capaz. Dou muito valor ao nosso relacionamento e quero que continue tendo tanto sucesso quanto já teve no passado. Imagino que também queira isso. Pode confiar que serei sincera com você. Vamos pensar em algumas maneiras para você melhorar seu desempenho no trabalho". Maya estaria lhe dando uma maneira de processar o que aconteceu sem dar a impressão de que Peter tem inimigos no topo. E ele poderia sentir que Maya é uma aliada de confiança. Ela também estaria enfatizando suas boas intenções, para que Peter pudesse se concentrar mais nelas e menos nas intenções questionáveis da equipe de liderança.

Ou Maya poderia ter reforçado o senso de certeza de Peter, que também podia estar em frangalhos. Ela poderia ter dito: "Quero que saiba que pode contar com a minha proteção. Você é muito importante para mim e a liderança não tem poder para decidir quem trabalha na minha equipe. Sei que não é fácil, mas não se preocupe com eles. Eu ainda preciso que você me impressione, mas sei que é capaz. A vantagem é que vai sair disso sabendo um pouco mais sobre seu cliente – ele possuiu padrões muito elevados, mas lhe dirá que fez um ótimo trabalho aconteça o que acontecer. Então, em vez de confiar no feedback deles, você precisa de uma avaliação melhor do seu trabalho. Você merece ter a segurança dessa certeza. Vamos pensar em alguns resultados concretos para os próximos meses e marcar conversas regulares para monitorar seu progresso".

Se estiver evitando uma conversa de orientação com um funcionário porque acha que ele se sentirá ameaçado por suas sugestões, tente identificar pelo menos uma maneira de reforçar o status, a certeza, a autonomia, o relacionamento ou a justiça e faça isso no início da conversa de feedback.

Decida se é melhor levantar um problema individualmente ou com a equipe

Às vezes me perguntam quando é melhor dar feedback para a equipe inteira e quando é melhor fazê-lo individualmente. Se você identificou um problema e não sabe ao certo por que está acontecendo ou acha que várias pessoas estarão envolvidas na solução, levante a questão em uma reunião de equipe. Digamos que esteja revisando a primeira versão do relatório anual de sua divisão. Durante a reunião, você pode dizer: "Parece que incluímos métricas de desempenho detalhadas na primeira parte do ano, e ficou ótimo, mas também precisamos incluir as métricas do último trimestre. Se não fizermos isso, pode parecer que estamos escondendo alguma coisa. Alguém sabe dizer por que essa informação não foi incluída?". Esse é um bom problema para ser resolvido em grupo, porque é bem provável que pessoas diferentes tenham peças distintas do quebra-cabeça. Uma pessoa pode dizer que o TI trocou o software e, por isso, alguns relatórios não foram gerados, enquanto outra pode lembrar que a responsável por compilar os dados está de licença-maternidade. Juntos, vocês podem decidir como resolver o problema e quem será o responsável pela solução.

Mas, se o seu comentário só tiver relação com uma única pessoa, levante a questão apenas com ela. Se você precisar dizer: "Austin, notei que a sua parte do relatório não incluiu nenhuma métrica", faça isso quando estiver a sós com ele. Se levantar o problema com a equipe inteira, pode ameaçar o status de Austin (parece que ele é o único que não apresentou as métricas) e seu relacionamento (será que ele está destoando demais do grupo ao deixar de apresentar as métricas?). Uma boa regra a seguir é: se você identificou um problema específico e souber o nome da pessoa vinculada a ele, fale com ela em particular. É verdade que isso leva mais tempo, mas a conversa com Austin não deve levar mais do que dez minutos e será dez vezes mais eficaz.

Escrever esta seção me traz flashbacks de um chefe horrendo que tive, que levantava todos os problemas que via em nossas reuniões de equipe. Uma reunião dessas podia se transformar em uma conversa de quinze minutos entre o chefe e a única pessoa que havia feito algo errado naquela semana, enquanto o resto da equipe – umas seis ou sete pessoas – ficava sem fazer nada, rabiscando ou revendo as anotações e fingindo que nada estava acontecendo. Até que, depois de uma discussão acalorada, nosso chefe agitava a mão no ar e dizia: "Não interessa. Só faça o que estou mandando. Não entendo por que as coisas mais simples precisam ser tão difíceis. Ok, qual é o próximo item da pauta?". O que soava como "Quem é o próximo?". E todo mundo ficava torcendo para ser qualquer outra pessoa.

Uma lição ou uma prova?

Se estiver orientando alguém sobre um comportamento problemático que está se repetindo, no fundo faz isso na esperança de que a pessoa mude sua postura. É simples. Mas acontece muito de nós, como líderes, cometermos um erro clássico: rotular a pessoa e não o comportamento. Dá para entender por que caímos nessa armadilha: você fica frustrado com o que se tornou um problema recorrente. Pode não ter dito nada na primeira ou na segunda vez que aconteceu, mas como a situação se repetiu você fica tão impaciente que diz algo como "Não podemos confiar na Indira" ou "Leon não é profissional". Esses são comentários feitos por gerentes reais em avaliações de desempenho reais, e imagino que Indira e Leon tenham ficado bem desanimados.

Tudo bem julgar um comportamento. Mas não é legal criticar a pessoa. Se você criticar partes integrais de quem a pessoa é, ela não vai aceitar isso bem. Como Mark Cannon, professor de administração da Universidade Vanderbilt, escreveu em um artigo clássico, os funcionários interpretam esse tipo de feedback como "Você é uma pessoa fundamentalmente imperfeita, má ou inútil, essa é a sua natureza e não tem jeito".[8]

Em vez de afirmar: "Você não é profissional, Leon", tente dizer: "Quando você começa uma teleconferência falando sobre seu fim de semana de farra em Las Vegas, Leon, as pessoas podem achar que não é muito profissional. Não é legal para a sua reputação". Como vimos no Capítulo 2, é melhor apresentar o problema como algo desvinculado de quem a pessoa é: um comportamento que ela exibiu uma ou duas vezes (ou até muito mais), mas não um traço que a define.

Lembre-se: você, como líder, deseja promover uma mentalidade de crescimento. Não importa qual seja a dificuldade do funcionário agora, você quer comunicar que, com prática, esforço e feedback, ele pode melhorar. E isso significa que, ao dar feedback, você deve deixar claro que acredita que ele é capaz de mudar. Apesar das convenções da nomenclatura, uma das ironias sobre a mentalidade fixa é que na verdade ela não é nada disso. Em geral, uma pessoa que tem uma mentalidade fixa pode ser levada a adotar uma mentalidade de crescimento.[9] Em outras palavras, alguém pode entrar na sua equipe achando que é simplesmente incapaz de fazer apresentações ou negociar, mas, se você enfatizar que acredita que essas são habilidades que podem ser aprendidas, a mentalidade dessa pessoa começa a mudar. (Você pode estar se perguntando até que ponto as mentalidades são maleáveis e até que ponto estão arraigadas no indivíduo. Os pesquisadores ainda não encontraram uma resposta, mas constataram que, em geral, a maioria das pessoas podem ser induzidas a adotar uma estratégia de crescimento e que os benefícios são maiores para aquelas com pior desempenho.[10] Se você for terrível em negociar e simplesmente congela porque acha que sempre será péssimo nisso, terá muito a progredir aprendendo técnicas de negociação. Às vezes, basta um empurrãozinho em direção à mentalidade de crescimento.)

Dois funcionários podem ter reações diferentes ao mesmo feedback porque um tem uma mentalidade fixa e o outro, uma mentalidade de crescimento. Uma pessoa com mentalidade fixa verá o feedback como uma experiência muito mais ameaçadora.[11] Vejamos o exemplo de falar em público. Imagine que Finn precisa fazer uma grande apresentação. Se tiver uma mentalidade fixa sobre falar em público e sempre tiver sido elogiado ao falar na frente de um grupo, ele vai querer provar que tem um talento natural para a coisa. No fundo, Finn acredita que ou uma pessoa é uma excelente oradora ou sempre vai ser ruim nisso. As possibilidades de mudar são inexistentes e, para ele, será incrivelmente gratificante se sua apresentação for espetacular. Quando Finn faz um resumo de dez minutos da apresentação à equipe, seus colegas passam vinte minutos lhe dando um feedback detalhado e dizem que ele andou nervosamente pelo palco em determinando momento e falou "então" com muita frequência em outro trecho. O pobre Finn fica vermelho como uma beterraba e quer enfiar a cabeça em um buraco. Esse é o seu pior pesadelo. Não a apresentação em si, mas ser descoberto como um impostor, como alguém que, em sua cabeça, nunca será um grande orador. Então, o que Finn faz? Ele faz algumas anotações com relutância na reunião, mas, quando volta a sua sala, manda um e-mail explicando por que outra pessoa deveria fazer a apresentação. Você pode estar pensando: "Nossa, como ele é sensível." No entanto, quando uma pessoa tem uma mentalidade fixa, ela não aceita bem o feedback porque acha que tudo é um teste, uma prova.

Por outro lado, imagine que Georgia, outra pessoa de sua equipe, tenha uma mentalidade de crescimento sobre falar em público. Quando os colegas lhe dão vinte minutos de feedback detalhado sobre como melhorar sua apresentação, ela pode ficar desapontada – todo mundo gostaria de ter sido perfeito na primeira tentativa –, mas não pensa em desistir. Ela faz muitas anotações sobre o que pode melhorar e elabora diversas perguntas. Quando volta a sua sala, também envia um e-mail, mas perguntando se pode fazer outra sessão de prática em alguns dias. Ela não vê a coisa como um teste, mas como uma lição a ser aprendida.

Meu marido e eu temos um código para isso. Quando um de nós está nervoso com alguma coisa no trabalho, o outro pergunta: "Então, você está fazendo uma prova ou uma lição de casa?". Sempre prefiro aprender, e essa pergunta me lembra de voltar à mentalidade de crescimento.

Como você deseja ter mais Georgias e menos Finns na equipe, em vez de dizer a ele: "Não seja tão sensível" (o que o colocará na defensiva), ajude-o a adotar uma mentalidade de crescimento. Quando os psicólogos querem promover essa mentalidade em laboratório, eles pedem às pessoas para lerem um artigo sobre como a nossa inteligência está sempre se aprimorando com esforço e perseverança. Seria muito bizarro se você entregasse a Finn um artigo sobre o tema sempre que ele se recusasse a fazer uma tarefa, então é melhor usar outras abordagens. Veja algumas coisas que você pode dizer para encorajar uma mentalidade de crescimento ao dar feedback:

- "Nesta organização, damos mais valor ao aprendizado e à perseverança do que à genialidade e ao talento nato. Quando alguém mostra que é capaz de aprender, é nessa pessoa que quero investir."
- "Sei que pode parecer intimidante, mas tenho certeza de que consegue aprender. Você já aprendeu a fazer coisas muito mais difíceis." [Dê um exemplo de uma habilidade ou conhecimento que a pessoa desenvolveu desde que você a conheceu.]

- "Por mais experiência que qualquer pessoa tenha, sempre dá para melhorar. Você está aprendendo e tenho orgulho disso. Você também deveria se orgulhar."
- Adapte a seguinte frase do psicólogo Abraham Maslow: "Este é um daqueles momentos em que você pode escolher entre 'avançar para o crescimento ou... retroceder para a segurança'. Sei que a segurança tem seu apelo, mas espero que você dê um passo rumo ao crescimento".[12]

Almeje um comportamento autorreferenciado

E se um de seus subordinados diretos for brilhante em um contexto e decepcionante em outro? Samuel pode dominar a política do escritório em suas pequenas reuniões de equipe, mas depois cometer enormes gafes em reuniões da divisão. Você pode recorrer a uma técnica altamente eficaz que psicólogos e educadores chamam de "comportamento autorreferenciado" ao conversar com ele. Em resumo, você está dizendo: "Vi como é capaz de exibir esse comportamento específico em tal ocasião, então sei que consegue. Como podemos repetir esse comportamento com mais frequência?". Pesquisadores descobriram que, quando alguém tem um desempenho ruim e você usa o sucesso anterior dessa pessoa como o padrão, ela fica muito mais motivada do que quando você usa o sucesso de alguma outra pessoa como padrão.[13] Ela tem mais chances de pensar "Preciso me esforçar mais da próxima vez" e é mais propensa a acreditar que é capaz de melhorar. Os comentários autorreferenciados são especialmente úteis quando você acha que a pessoa vai se sentir ameaçada, e podem transformar qualquer oportunidade de orientação em uma sessão de brainstorming colaborativo.

Um professor de comunicação empresarial que entrevistei, chamado Charles, percebeu que pressionava muito mais os homens em suas aulas do que as mulheres. Quando um aluno do sexo masculino altamente capaz entregava um trabalho abaixo da média, ele se sentia à vontade para puxá-lo de lado e dizer: "Você deve estar se culpando por não ter se esforçado mais" ou "Imagine se desse o seu melhor nesta tarefa". Quando ele pressionava, os homens ouviam. Esses alunos quase sempre melhoraram. Mas, quando mulheres altamente capazes apresentavam um trabalho desleixado, Charles notou que não dizia nada. Ele dava um feedback por escrito sobre como melhorar o trabalho, mas achava difícil puxá-las de lado e dizer: "Vamos lá, nós dois sabemos que você pode fazer melhor do que isso", da maneira como fazia com os homens sem pestanejar. Ele viu que sem querer estava dando uma vantagem aos alunos do sexo masculino e começou a mudar sua abordagem. Como um especialista em comunicação, ele sabia que as palavras certas fariam toda a diferença. Então, decidiu experimentar uma estratégia com Alexia, uma aluna que nunca abria a boca em sala de aula, mas que se mostrava uma líder promissora.

Charles mandou um e-mail a ela pedindo para dar uma passada em sua sala. Quando ela chegou e bateu a sua porta, parecia ansiosa, como se fosse levar uma bronca. Ele teve vontade de tranquilizá-la, de dizer para não se preocupar, mas se conteve a tempo. "Notei que você não abriu a boca no meu curso de comunicação empresarial no ano passado, e tudo bem. Muitos alunos preferem não dizer nada. Mas quase não a reconheci no encontro do clube de marketing na quarta-feira. Você dominou a sala. Como podemos levar *aquela* pessoa à sala de aula?" Ela murmurou: "Não sei", e olhou para o chão.

Charles tinha outra carta na manga. Ele sabia que Alexia estava tendo aulas com um de seus colegas, o professor Santos. Então continuou: "Notei que você pode ser uma líder espetacular em um contexto diferente. Então, quero lançar um desafio para você. Quero que seja a Alexia do clube de marketing na aula do professor Santos hoje. Coincidentemente, vou jantar com o Santos depois da aula. Em algum momento do jantar, vou me virar para ele e perguntar: 'Alguém se destacou na aula hoje?'. E, se ele não responder 'Alexia', eu e você teremos outra conversa".

Naquela noite, quando o jantar de Charles com Santos estava chegando ao fim, ele perguntou: "Então, alguém se destacou na aula hoje?".

Santos pensou por um momento, então respondeu: "Na verdade, sim. A Alexia". E, nas semanas que se seguiram, ela se tornou uma estrela não apenas no curso de Charles, mas em outros cursos também.

A estratégia de Charles foi brilhante por duas razões: ele disse a Alexia que acreditava nela e lhe deu um prazo concreto para agir. Mas a principal lição é esta: destaque um momento no qual a pessoa demonstrou exatamente a habilidade que você quer que ela expresse. Isso mostra que está prestando atenção à pessoa e dá a ela a confiança de que tem o que é preciso.

Cinco passos para levantar um problema pessoal

Confesso que minha vontade é terminar este capítulo com a história edificante de Charles, mas ainda tenho uma coisa a tratar. Algumas conversas de orientação parecerão ameaçadoras, por mais que sejamos habilidosos ou tenhamos as melhores intenções. Como levantar uma questão pessoal delicada? Por exemplo, como você diz a Judy que a sala dela tem um cheiro esquisito ou, pior ainda, que *ela* tem um cheiro esquisito? Como Shari Harley, autora de *How to say anything to anyone*, observa, dizer a uma pessoa que ela cheira mal pode ser um dos feedbacks mais difíceis de dar. Um feedback sobre a pessoa é muito mais ameaçador do que um feedback sobre o trabalho dela. Daqui a pouco mostrarei como ter essa conversa.

E precisa ser em uma conversa, não por e-mail, porque você deseja ouvir a outra pessoa, não impor sua opinião. Puxe Judy de lado, até seu escritório ou algum outro lugar privado onde ninguém possa ouvi-los. Você pode reconhecer a estranheza da situação dizendo: "Sei que é meio esquisito conversar sobre isso, tanto para mim quanto para você". Em seguida, lembre Judy de suas boas intenções: "Mas eu queria que ouvisse isso de mim, não de alguma outra pessoa, porque sei do excelente trabalho que você faz. Quero que tenha sucesso". Em seguida, passe para a sua observação – ou seja, o fato que você observou. Harley diz que, neste caso, cinco simples palavras têm maior eficácia: "Notei um odor em você". Ou, se for algo mais pontual, pode dizer: "Notei um odor na sua sala nos últimos dias". Faça disso uma observação sua, não de alguma outra pessoa. Não diga: "Estão reclamando...", porque Judy sentirá que você é o porta-voz do grupo e, voltando ao modelo SCARF, o relacionamento dela estaria ameaçado. Depois de apresentar a observação, expresse sua preocupação sobre como isso pode afetar o trabalho dela. "Não quero que ninguém evite trabalhar com você por causa disso" ou "Quero garantir que os clientes se concentrem em todo o conhecimento que tem para contribuir, e isso pode distraí-los". Tudo levou apenas quarenta e cinco segundos para ser dito, e agora você está pronto para ouvir. Ao fazer isso, você está devolvendo a Judy algum controle e autonomia. Passe para o modo de escuta, indagando: "O que acha?", e não diga mais nada. Você pode ter vontade de continuar falando, mas não se esqueça do modelo SCARF – é importante dar autonomia à outra pessoa. Ela pode gaguejar um pouco, mas, se você estiver ouvindo, ela ficará menos nervosa e você poderá ajudá-la a pensar em soluções.[14]

Alguns líderes preferem começar pegando mais leve e, como vimos no último capítulo, "Pergunte mais, fale menos", você pode fazer isso usando uma pergunta aberta e ouvindo antes de dizer qualquer outra coisa. Nesse caso, pode começar com "Como está? Você parece diferente ultimamente e eu queria saber se está tudo bem", dando a Judy a chance de se abrir sobre quaisquer mudanças que estiverem acontecendo em sua vida. Essa abordagem demonstra empatia, e as pessoas sempre apreciam um bom ouvinte.

Minha única preocupação em começar ouvindo ao levantar uma questão pessoal e potencialmente embaraçosa é que, se fizer isso, pode acabar desistindo no meio do caminho. Pelo menos foi o que aconteceu comigo. Já precisei dar a um professor o feedback de que ele estava cochilando na sala de aula e que isso estava ofendendo seus alunos, mas, quando comecei com a pergunta aberta: "Então, está tudo bem com você?", ele entrou em uma longa descrição de como seu médico havia mudado seus remédios para depressão e que a única vez que se sentira tão mal na vida foi quando ele havia sido internado em um hospital psiquiátrico alguns anos atrás. Remédios? Internação? Ele não disse que a medicação o deixava com sono, mas liguei os pontos. E desisti da conversa. Entendi que a sonolência era o menor de seus problemas, mas, principalmente, achei que seria muito bizarro trazer à tona esse assunto delicado depois de ouvir o que havia me dito. Ele saiu da reunião, mas fiquei sabendo que continuou cochilando em sala de aula. Os alunos reclamaram com a reitoria e, infelizmente, ele foi afastado do emprego. Pode ser que ele tivesse saído ou sido demitido mesmo se tivesse levantado o problema da sonolência naquele dia, mas eu havia perdido a chance de pensar em soluções com ele e ser uma aliada, alguém com quem poderia conversar enquanto tentava estratégias diferentes.

Pela minha experiência, se eu quiser falar sobre uma questão pessoal, só dificultarei as coisas se começar com uma pergunta aberta. Prefiro seguir os passos a seguir:

1. "Sei que é um pouco estranho falar sobre isso..."
2. Minha boa intenção
3. O que eu observei
4. Possível impacto no trabalho ou na reputação da pessoa
5. "O que você acha?"

Também me lembro das palavras de Fred Rogers, o apresentador do programa infantil *Mister Rogers' Neighborhood*: "Tudo o que é humano é mencionável e tudo o que é mencionável pode ser mais administrável".[15]

De volta a Judy e seus problemas de mau odor. Depois de identificarem juntos uma solução satisfatória para ambos – ela pode se comprometer a tomar um banho depois de sua corrida matinal, mesmo se precisar chegar mais tarde ao trabalho por conta disso, ou tentar tomar suplementos de enzimas digestivas, pois aumentou a couve-flor em sua dieta –, não deixe de agradecer. Dizer algo como "Sei que não foi fácil, mas obrigado por ter tido esta conversa comigo" ajuda muito a restaurar e reforçar o relacionamento entre vocês.

Resumo do Capítulo
Prática 3: Minimize a ameaça

- Uma conversa de orientação pode soar muito ameaçadora quando alguém comete um erro.
- Quando uma pessoa se sente estressada e ameaçada, ela pode esquecer os detalhes de algo que aconteceu há pouco tempo.
- O que parece obstinação pode não passar de flexibilidade cognitiva reduzida. O estresse prejudica a flexibilidade cognitiva, dificultando que uma pessoa vá além de sua primeira solução.
- Lembre-se do modelo SCARF. Ao reforçar o status, a certeza, a autonomia, o relacionamento ou a justiça, você pode reduzir a ameaça que a pessoa está sentindo.
- Se já souber quem cometeu o erro, talvez seja melhor dar o feedback de orientação individualmente, não em uma reunião da equipe.
- Rotule o comportamento, não a pessoa, quando identificar um problema.
- Demonstre uma mentalidade de crescimento – que você acredita que as pessoas são capazes de mudar e melhorar – e isso tornará o feedback menos ameaçador.
- Quando as pessoas adotam uma mentalidade de crescimento, elas prestam mais atenção às soluções certas e aos conselhos que você está dando, e se abrem ao aprendizado.
- Tente usar como padrão comportamentos autorreferenciados nos quais você considera o sucesso anterior de uma pessoa e pergunte como ela poderia alcançá-lo mais vezes.
- Quando precisar ter uma conversa pessoal delicada, reconheça que a situação é estranha, expresse suas boas intenções, mencione o que observou, demonstre suas preocupações sobre como isso afeta o trabalho da pessoa, pergunte a opinião dela e agradeça.

PRÁTICA 4

Aceite que é tendencioso e fique atento

As maiores decisões sobre sua carreira geralmente são tomadas na sua ausência.

DAVIA TEMIN[1]

Catherine Nichols já estava há um tempo diante de seu computador decidindo se deveria ou não clicar no botão ENVIAR. Ela tinha passado meses fazendo a coisa certa e agora estava com um desejo enorme de fazer diferente.

O mundo editorial não estava sendo muito gentil com Catherine. Ela havia escrito um romance e chegou a se orgulhar dele. Sabia que era difícil publicar um romance, mas seus amigos escritores disseram que seu livro tinha grandes chances de ser aceito para publicação. Então ela fez o que os aspirantes a escritor fazem: começou a contatar agentes literários. Catherine escreveu uma carta de apresentação – um e-mail descrevendo o enredo de seu livro e as dificuldades do personagem principal – e a enviou a cinquenta agentes.

Isso foi um ano atrás. Apenas dois agentes responderam, e nenhum deles teve interesse em seu romance. Ainda mais desanimador do que as rejeições foi o fato de que nenhum dos agentes ofereceu qualquer feedback útil. Ambos disseram que tinha uma "bela escrita", mas ela ouvia isso desde a sétima série. Eles não deram nenhuma indicação de como transformar sua bela escrita em um texto publicado.

Catherine perdeu a confiança no livro e, em maior grau, em si mesma. Ela acreditava que não deveria começar a escrever um novo livro antes de descobrir o que havia de errado com o anterior. Estava desanimada, sem ter para onde ir e um pouco envergonhada de sua obra ser tão ruim que os profissionais da área nem souberam por onde começar. Parecia que não fazia mais sentido escrever.

Mas então ela teve uma ideia. E se mandasse a mesma carta de apresentação, mas dessa vez com o nome de um homem? Em vez de Catherine Nichols, poderia ser George Leyer.[2] Ela se lembra de ter lido estudos demonstrando que gerentes de contratação achavam um currículo muito mais impressionante quando tinha o nome de um homem no topo, em vez do de uma mulher.[3] Catherine se sentiu culpada ao criar uma conta de e-mail falsa para George, mas também estava curiosa. O que aconteceria?

Ela copiou e colou sua carta de apresentação original, mudou seu nome e a enviou a seis agentes literários no sábado de manhã. Antes do dia terminar, ela já tinha cinco respostas e três agentes queriam ler seu livro. Isso porque era um fim de semana. Agora tinha que saber: como os números se comparariam se tudo fosse igual? Ela enviou mais e-mails, entrando em contato com um total de cinquenta agentes sob o nome de George. No fim, recebeu um total de dezessete respostas, um número incrível em comparação com as míseras duas respostas que havia recebido antes. Como Catherine disse: "Ficou claro que George era oito vezes e meia melhor do que eu em escrever o mesmo livro".[4]

Já seria frustrante o suficiente se a história terminasse por aí, se exatamente a mesma obra fosse considerada mais valiosa só por ter sido escrita por um homem. Mas ainda mais revelador foi o feedback que George recebeu. Ele efetivamente ganhou orientações sobre como melhorar o livro. Quando os agentes acharam que estavam dando feedback a um homem, eles se deram ao trabalho de oferecer conselhos concretos e orientação para melhorar os personagens, o enredo e o ritmo da narrativa, além de como começar e terminar o livro. Enquanto os agentes se limitaram a dizer que Catherine tinha uma "bela escrita", eles foram muito além desse vago elogio para George. (Caso esteja se perguntando, ninguém chamou o texto de "belo" ao responder George.) Agora ela realmente poderia editar seu texto, conhecendo os pontos fracos e fortes de seu romance.

O mundo editorial não é a única área na qual homens recebem orientação e feedback mais úteis. Dados empíricos revelam que isso acontece no direito, na medicina, na tecnologia e nas forças armadas, e a lista não para de crescer.[5] Seja qual for o seu setor ou gênero, vale a pena examinar o papel da discriminação no feedback para grupos sub-representados e marginalizados. Se quiser ser justo e ajudar cada membro de sua equipe a melhorar e atingir seu pleno potencial, precisa saber como e quando pode ser afetado pelas suas próprias predisposições em relação às pessoas. Este capítulo se concentra na discriminação de gênero na hora de dar feedback porque trata-se de um viés já muito bem documentado, mas, no fim do capítulo, também apresentarei evidências de discriminação racial. Se quiser transformar o feedback em um superpoder, deve querer ajudar todos, não apenas os homens brancos de sua equipe.

Ninguém quer ouvir que é tendencioso. Eu sei disso. Mas vivemos em uma sociedade tendenciosa e, como verá, isso faz com que todos nós tenhamos esse tipo de comportamento, mesmo se acreditarmos com todas as forças no contrário. Os capítulos anteriores o ajudaram com seus dilemas conscientes. Este capítulo o ajudará a vencer suas batalhas inconscientes.

Discriminação inconsciente

Vamos começar com a discriminação de gênero. Você pode estar pensando: "Mas eu acredito que as mulheres são tão habilidosas e capazes quanto os homens. Não sou preconceituoso". Seja qual for seu gênero, não tenho dúvida de que é um dos mocinhos, não dos vilões.* Se chegou até aqui neste capítulo, está curioso para saber mais sobre a discriminação de gênero e está empenhado em combatê-la.

Na primeira vez que fiz um teste de discriminação inconsciente, fui informada de que eu fazia parte da maioria da população que associa homens ao trabalho e mulheres à família. Pensei: "É claro que esse resultado está errado" e refiz o teste imediatamente. O resultado foi o mesmo. Fiquei envergonhada, chocada e até um pouco humilhada. Eu viajo pelo país dando palestras sobre discriminação inconsciente de gênero, mas pelo jeito também sou culpada por esse preconceito. De acordo com um estudo com mais de 380 mil pessoas, 72% dos adultos acreditavam inconscientemente que os homens eram melhores em matemática e ciências e que as mulheres eram melhores em humanas, e 76% deles associavam inconscientemente os homens ao trabalho e as mulheres à família.[6]

É bom distinguir o viés inconsciente do consciente. Quando uma pessoa apresenta um viés consciente, ela demonstra por meio de atitudes claras, repetidas e intencionais que um grupo é melhor que o outro, e acredita que essas crenças são justificadas. Alguém que acredita conscientemente que as mulheres não são boas cientistas ou líderes costuma saber que suas opiniões não são compartilhadas por todos e toma cuidado ao expressá-las no trabalho, mas, quando está cercado

---

* Sei que gênero não é algo binário e que existe em um espectro. Mas quase todas as pesquisas que cito neste capítulo tratam o gênero dessa forma e dividem as pessoas entre homens e mulheres. Não é o ideal, e suspeito que indivíduos não binários também tenham histórias horríveis sobre o preconceito que enfrentam no trabalho.

por colegas ou familiares que pensam da mesma forma, faz isso aber-tamente. Ela realmente acredita que o mundo é assim.[7]

Já o viés inconsciente pode se opor a nossas crenças conscientes. Esta-mos falando de "estereótipos aprendidos que são automáticos, não inten-cionais, profundamente arraigados, universais e capazes de influenciar comportamentos" e opiniões, geralmente sem que saibamos.[8] Por exem-plo, o que os seus colegas pensariam se um vice-presidente o interrom-pesse e assumisse o comando de sua reunião? Vai depender do gênero do vice-presidente. Se for uma mulher, as pessoas podem reclamar que ela é controladora e rude. Como ela pôde fazer isso com você? Mas, se for um homem, as pessoas não se incomodarão tanto. Elas ainda não vão gostar, mas "é bem verdade que ele levantou um ponto importante". Os dados corroboram essa reação tendenciosa em relação aos líderes – as pessoas gostam, respeitam e recompensam homens falantes, mas não mulheres que se comportem da mesma forma, mesmo quando insistem conscientemente que ambos devem ser tratados com igualdade.[9]

Se a discriminação inconsciente é aprendida, onde você foi ensi-nado a aceitar homens falantes e controladores? Provavelmente em muitos lugares, mas os comerciais de TV são um dos culpados. De acordo com o Instituto Geena Davis de Gênero na Mídia, homens têm sete vezes mais chances de ter uma fala em um comercial do que uma mulher.[10] Fique atento a exemplos como este: uma mulher perplexa é mostrada em um supermercado decidindo qual desentupidor de ra-los comprar, então um homem chega com seu carrinho de compras e explica, sem ela perguntar, por que deveria comprar determinado produto. A metamensagem é clara: o papel dele é saber e falar, o dela é acenar com a cabeça e ouvir.

A questão não é que precisamos parar de assistir à TV. É que, sem perceber, estamos aprendendo como julgar diferentes grupos. Como Beverly Daniel Tatum escreve em seu livro revelador *Why are all the black kids sitting together in the cafeteria?*, essas mensagens são como a polui-ção no ar. Às vezes, elas são tão densas que chegam a ser visíveis, enquanto outras vezes nem as percebemos, "mas sempre as respiramos, dia após dia".[11] Você não tem como evitar as mensagens tendenciosas da sociedade, mas pode impedir que elas ditem seu comportamento no trabalho. Em outras palavras, o viés inconsciente pode não ser sua culpa, mas é sua responsabilidade.

Quando as pessoas descobrem que têm algum viés inconsciente, é comum ficarem horrorizadas consigo mesmas. Suas crenças inconscientes podem contradizer aquelas conscientes que elas tanto prezam. Isso não quer dizer que somos todos hipócritas, apenas que somos humanos. Como criaturas sociais, somos facilmente moldados por sugestões sociais.[12] No laboratório, uma exposição de cinco minutos a um estereótipo é suficiente para moldar as crenças dos participantes em curto prazo.

Aliás, se quiser descobrir suas próprias crenças inconscientes, pode fazer o Teste de Associação Implícita. Se você nunca fez esse teste, provavelmente serão os quinze minutos mais esclarecedores de sua semana. Uma equipe da Universidade Harvard criou um site em que todos podem fazer esses testes gratuitamente.* O site oferece avaliações para vários tópicos, como a discriminação inconsciente em relação a peso, raça, etnia, religião e orientação sexual, bem como dois testes de discriminação de gênero.

Muitas vezes nem percebemos que temos expectativas diferentes no trabalho para cada gênero, só ficamos mais irritados ou decepcionados com as mulheres. As tarefas de organização e manutenção do escritório são um excelente exemplo disso.[13] Imagine que alguém esteja precisando encomendar um bolo de aniversário para o quinquagésimo aniversário de seu chefe. Você poderia, sem pensar duas vezes, recorrer a uma das mulheres de sua equipe. Se ela disser: "Não poderia pedir para alguma outra pessoa?", você pode pensar, desapontado: "Nossa, e eu aqui achando que ela trabalhava bem em

---

*   Nota da Editora: veja mais em: https://implicit.harvard.edu/implicit/brazil/takeatest.html.

equipe". Mas, se pedisse a um dos homens da sua equipe e ele dissesse: a mesma coisa, provavelmente você teria uma reação diferente, pensando: "É... Ele está atolado de trabalho" ou "Ele não deve conhecer uma boa loja de bolos". Você não se decepciona. O mesmo comportamento evoca sentimentos diferentes. E, se não tomarmos cuidado, esses sentimentos podem transparecer em nosso feedback e nas avaliações de desempenho. Pesquisadores descobriram que recompensamos e reconhecemos os homens quando eles realizam tarefas de organização e manutenção no escritório, mas não as mulheres.[14] Se ele aceitar e fizer, está indo além do esperado. Mas, se ela aceitar e fizer, só está fazendo o que se espera dela.

Qual é a diferença no feedback que damos para homens e mulheres?

Como a discriminação inconsciente de gênero transparece no feedback que damos a homens e mulheres? Ao longo deste livro, identificamos algumas maneiras específicas pelas quais os homens recebem um feedback mais útil do que as mulheres e, no restante deste capítulo, veremos mais algumas. Para ver rapidamente os principais problemas, criei a tabela a seguir, que se baseia em outra apresentada na Prática 1 (página 119).[15] Se quisermos dar um feedback imparcial entre os gêneros, precisamos observar três fatores: a especificidade do feedback que estamos dando, o foco aplicado e a sua consistência.

Use essa tabela para ser mais imparcial em seus feedbacks. Ao fazê-lo por escrito ou de forma oral, crie uma lista de palavras que têm conotações de gênero – como "inovador", "visionário", "prestativa", "solícita" – e, se for usá-las, faça um esforço para distribuí-las igualmente entre seus funcionários homens e mulheres. Se você realmente estiver levando a sério a importância de identificar e controlar a discriminação, ofereça-se para trocar avaliações de desempenho com alguém. Primeiro, identifique um amigo ou colega que também esteja tentando eliminar a discriminação em seus feedbacks. Depois, copie a tabela para que cada um de vocês possa ficar atento a palavras tendenciosas. Em seguida, delete os nomes e os pronomes de suas avaliações de desempenho e troque-as com seu colega. Ao ler as avaliações de seu amigo ou colega, você consegue adivinhar o gênero da pessoa que vai receber o feedback e, caso consiga, o que o alertou quanto a isso?

O problema de dourar a pílula

Vamos dar uma olhada no tema da consistência. Pesquisadores descobriram que as mulheres recebem um feedback menos consistente do que os homens, muitas vezes sendo informadas de que são excelentes em um parágrafo de sua avaliação de desempenho, mas logo depois recebendo uma pontuação baixa.[16] Essas inconsistências são frustrantes e confusas para quem recebe o feedback e dificultam para qualquer pessoa que estiver lendo a documentação saber se essas mulheres merecem ou não uma promoção.

Os líderes, sem perceber, tendem a dourar a pílula de seu feedback para todos os funcionários, distorcendo seus comentários para cima, mas têm mais chances de fazer isso com as mulheres.[17] Pesquisadores contaram o número de vezes em que palavras fortes e positivas, como "excelente" e "incrível", apareceram em avaliações reais de desempenho. Seria de se esperar que essas palavras fossem reservadas para funcionários excepcionais, o que realmente foi o caso dos homens. Foi descoberto que, se você for um homem e seu chefe descreveu seu trabalho como "espetacular" ou disse algo como "sabe lidar com os clientes de maneira impressionante", pode contar com uma pontuação mais alta na escala de classificação da empresa, como 5 de 5.

Mas, se for uma mulher, esse tipo de elogio não seria indicativo de uma pontuação mais alta em sua avaliação de desempenho. Uma forte linguagem positiva nas avaliações das mulheres não foi correlacionada com suas pontuações. Palavras como "excelente" e "excepcional" às

PADRÕES DE FEEDBACK PARA MULHERES E HOMENS

Principal diferença	Feedback positivo para		Feedback crítico para	
	Mulheres	Homens	Mulheres	Homens
Especificidade	Vago, como "Você teve um excelente ano".	Maior número de habilidades concretas listadas e vinculadas a resultados específicos e bem-sucedidos, como "Sua capacidade de eliminar bugs em várias plataformas diferentes nos possibilitou lançar o produto em julho".	Vago, como "Você precisa mostrar mais iniciativa e interesse".	Mais contexto e ações recomendadas concretas, como "Você precisa mostrar mais iniciativa e interesse quando um cliente potencial não retornar um contato".
Foco	Ela é chamada de: "prestativa" "solícita" "compassiva" "empolgada" "enérgica" "organizada".	Ele é chamado de: "inovador" "visionário" "revolucionário" "engenhoso" "analítico" (veja mais exemplos na página 125).	Muito foco no tom e estilo da comunicação, como "Você é muito agressiva e precisa dar mais espaço para os outros falarem".	Raramente aborda o tom ou o estilo de comunicação. Quando é abordado, a recomendação geralmente é para ser mais agressivo, como "Não tenha medo de ser mais agressivo ao propor uma nova ideia".
Consistência	Palavras fortes de caracterização do desempenho, como "excelente", só são usadas do mesmo com uma pontuação baixa.	Palavras fortes de caracterização do desempenho, como "excelente", só são usadas com pontuações altas.	As áreas de melhoria são inconsistentes entre as avaliações do mesmo indivíduo.	As áreas de melhoria são consistentes entre avaliações do mesmo indivíduo.

vezes não passavam de conversa fiada. Se você for uma mulher, seu chefe pode escrever como está "impressionado com seu excelente trabalho" e ainda lhe dar uma nota 3 de 5.[18]

Quem nunca disse "O jantar está delicioso, mamãe!" quando o frango estava seco e o brócolis, mole? A maioria de nós distorceu generosamente nosso feedback para cima com a intenção de proteger os sentimentos da outra pessoa e, quanto mais compaixão sentimos por ela, mais mentiras inocentes contamos.[19] Mas essa tendência de inflar elogios às mulheres tem um custo sutil, porém pernicioso. Lily Jampol, cientista da ReadySet especializada em pessoas, estuda essa tendência de mentir por compaixão. Quando Lily estava na Universidade Cornell, ela fez um estudo no qual pediu aos participantes que lessem um feedback sobre um trabalho abaixo da média. Se os participantes suspeitavam que o que estavam lendo era exagerado, eles concluíam que quem recebeu esse feedback inflado era uma mulher.[20] Não esperamos que as pessoas mintam para os homens sobre suas deficiências. Pode ser uma expectativa inconsciente, mas esperamos que eles "encarem feito homem". Então, se um candidato ou funcionário do sexo masculino receber muitos elogios, podemos confiar que ele é tão bom pessoalmente quanto no papel. Jamais suspeitamos que o feedback que recebeu foi inflado para poupar seus sentimentos. Mas, se uma mulher é elogiada da mesma forma, as pessoas podem ficar em dúvida. Será que ela realmente consegue colocar tudo aquilo em prática? Essa hesitação não tem nada a ver com ela, e sim com nossa suposição, em grande parte inconsciente, de que as pessoas são mais propensas a melhorar o feedback das mulheres para proteger seus sentimentos. E é comum vermos isso acontecer. Muitas vezes queremos ver provas adicionais de que uma mulher é tão boa quanto parece no papel, provas que não exigimos de um homem.[21]

Se está poupando as mulheres das más notícias, elas não estão recebendo o melhor que tem a oferecer. Se quiser ser corajoso e honesto, dê uma olhadinha no último feedback por escrito que forneceu aos membros de sua equipe. Você foi mais detalhista nas sugestões que deu aos homens? Foi mais propenso a dizer às mulheres que elas fizeram um excelente trabalho, mesmo sem estar muito impressionado? Sei que não é fácil se pegar caindo nesses padrões, mas é bom identificá--los agora, sabendo que você pode fazer no futuro. Na próxima seção, veremos estratégias para dizer às mulheres o que você realmente acha que elas precisam ouvir.

Quatro dificuldades comuns ao dar feedback

Entrevistei profissionais de vários setores para saber sobre suas experiências com feedbacks, e notei que alguns problemas surgem repetidamente quando os chefes dão feedbacks às mulheres. Vamos dar uma olhada nas quatro dificuldades mais comuns:

1. "Não sei como dizer que ela deve falar mais nas reuniões."
2. "Não sei como dizer que ela é agressiva demais."
3. "Tenho medo de ela me interpretar mal."
4. "Mas e se ela chorar?"

Os dois primeiros desafios dizem respeito ao estilo de comunicação. Não é coincidência: as mulheres têm muito mais chances do que os homens de ouvir que a forma como se comunicam precisa melhorar.[22]

"Não sei como dizer que ela deve falar mais nas reuniões"

Você notou que Brianna sempre fica em silêncio nas reuniões da equipe. Em conversas individuais, ela faz contribuições brilhantes e perspicazes, mas basta colocá-la em um grupo para ver o silêncio reinar. Bem, não exatamente. Os homens falam bastante, e Lori, a outra mulher de sua equipe, contribui de vez em quando, mas Brianna só acena com a cabeça. É difícil vê-la como uma potencial líder porque ela é quieta demais.

Você tentou usar algumas práticas que encontrou na internet, mas os efeitos de cada uma das estratégias se desfizeram depois de uma ou duas reuniões. Por exemplo, você instituiu uma "regra de não interrupção" na esperança de que Brianna tivesse mais espaço e se animasse a falar, mas outros membros da equipe reclamaram que parecia coisa de jardim da infância e que a discussão não fluía. Você acabou concordando com relutância.

A maioria dos chefes simplesmente diria a Brianna: "Gostaria de ouvir mais a sua voz nas reuniões". E muitas mulheres achariam esse feedback frustrante. Brianna pode pensar que, se fizesse o necessário para ser ouvida, seria vista como agressiva ou controladora, ou pelo menos se sentiria assim.

Você pode adotar duas abordagens: o que diz a Brianna e o que faz de diferente nas reuniões. Vamos começar imaginando sua conversa com ela.

Você: Notei que você tende a dar ótimas ideias quando conversamos individualmente, como agora, mas tende a ficar quieta nas reuniões da equipe. Queria entender isso. Gostaria que se sentisse mais à vontade para compartilhar suas ótimas ideias com o grupo. Você pode me ajudar? Poderia me dizer o que passa pela sua cabeça nas reuniões de equipe?

Brianna: Nossa, que bom que você levantou essa questão. Fico com um pouco de vergonha. O que passa pela minha cabeça? Bom, é impossível comentar qualquer coisa nas reuniões. Fica todo mundo falando, um por cima do outro. Acho que fico esperando uma deixa para poder falar, mas isso nunca acontece. Então fico só ouvindo.

Você: E se eu dissesse algo como "Alguém gostaria de dizer alguma coisa?". Você acha que isso ajudaria?

Brianna: Com certeza. Mas vamos imaginar que eu aproveite a deixa e diga alguma coisa. Posso levantar um problema com o nosso projeto. Jon ou Randy vão pegar a ideia e se apossar dela, como se fosse deles. Desculpe ser tão direta, mas é verdade. Acontece com a Lori o tempo todo.

Você: Tem razão. Vou chamar a atenção deles quando isso acontecer. Mas posso não perceber todas as vezes. Você estaria disposta a dizer alguma coisa se eu não disser? Talvez: "Ei, foi o que acabei de falar" ou "Obrigada, Jon. Foi exatamente isso que quis dizer".

Brianna: Mas é tão agressivo. Não posso só apresentar minhas ideias aqui, individualmente, para receber os créditos? Não basta que você saiba que tenho boas ideias?

Você: É ótimo que eu saiba, mas quero que outros também tomem conhecimento. Você disse que gostaria de assumir um cargo de liderança um dia, e eu quero ajudá-la a desenvolver essas habilidades. Uma coisa que os líderes fazem é encontrar maneiras de influenciar o grupo, e por enquanto você apenas me influencia, mas não o grupo todo. O que mais eu poderia fazer para ajudá-la a levantar suas ideias nas reuniões da equipe?

Suas perguntas o levaram a descobrir que não é só Brianna que tem esse problema. A dinâmica da sua equipe favorece certas pessoas, por isso Lori também deve estar frustrada. Você pode tentar fazer duas coisas nas reuniões de equipe.

Primeiro, tente uma tática que pesquisadores da Universidade de Oxford descobriram: comece dando a palavra a uma mulher do grupo. Cientistas sociais examinaram, em vários países diferentes, como cada gênero participa de reuniões e descobriram que, quando um homem fazia a primeira pergunta, os demais dominavam o resto da reunião e uma grande proporção das mulheres ficava em silêncio, mas, quando uma mulher fazia a primeira pergunta, ambos os gêneros participavam igualmente (ou, mais precisamente, de maneira proporcional ao número de homens e mulheres na sala). Não fez diferença se quem estava liderando a reunião era um homem ou uma mulher; o que importava era quem falava depois do líder.[23] Essa é uma pesquisa de ponta, e os cientistas ainda estão tentando entender por que faz diferença quem levanta a primeira pergunta, mas é uma tática que você pode utilizar sem impor regras forçadas. No caso, você deve pedir a opinião de Lori ou Brianna antes de fazer isso com qualquer um dos homens (você pode informar Brianna sobre seu plano para ela não ser pega de surpresa). Isso deve abrir um espaço para que as duas possam falar.

A segunda estratégia eu aprendi com Iris Bohnet, autora de *What works: gender equality by design*.[24] Ela conta que estava prestando consultoria em um escritório de advocacia onde os associados do sexo masculino dominavam as reuniões. Bohnet propôs uma abordagem em duas etapas. Primeiro, ela pediu aos advogados que trabalhassem juntos para gerar uma lista de microagressões, aquelas ofensas verbais e não verbais que não eram intencionalmente maldosas, mas que desencorajavam pessoas de grupos sub-representados. Isso levou um tempo para ser feito, mas os advogados se conscientizaram de como seus comportamentos afetavam os demais.

Mas não bastou só fazer a lista. Afinal, nunca é fácil se livrar de velhos hábitos. O próximo passo era garantir a prestação de contas. Um dos associados colocou uma pilha de bandeirinhas vermelhas no meio da mesa de reunião que eles mais usavam. No início das reuniões, cada um pegava um exemplar. Quando uma dessas microagressões era cometida, as pessoas podiam indicar levantando a bandeira. O escritório de advocacia descobriu que a maioria das pessoas levantavam as próprias bandeiras vermelhas, dando um toque de humor às reuniões e ajudando a resolver esse problema constrangedor com mais leveza. Depois de algumas ocasiões, as microagressões diminuíram drasticamente e, em alguns casos, bastava alguém estender a mão para pegar sua bandeira para a pessoa responsável pedir desculpas pela microagressão cometida. As mulheres também passaram a falar mais nas reuniões. A tática foi eficaz porque foram os próprios membros da equipe que se policiaram, não o gerente ou associado que estava liderando a reunião.

"Não sei como dizer que ela é agressiva demais"

Pergunte a qualquer líder mulher sobre o feedback mais irritante que ela já recebeu e, se não tiver sido sobre sua aparência, é provável que tenha sido algo como "Você é agressiva demais". Como já vimos, as mulheres ouvem esse tipo de afirmação três vezes mais do que os homens.[25] Será que isso acontece só porque as pessoas usam outras palavras para descrever o comportamento enérgico ou assertivo dos homens? Na verdade, não. Kieran Snyder, CEO da Textio, uma empresa de software, analisou 248 avaliações de desempenho e descobriu que "mandona", "fala alto demais", "agressiva" e "usa um tom de voz ofensivo" foram usados para descrever mulheres que assumiam papéis de liderança e "emotivas" e "irracionais" foram usados para caracterizar mulheres que se opuseram a uma ideia proposta pela administração. Se você só lesse as avaliações de desempenho dadas a mulheres, pensaria que esse estilo de comunicação é uma epidemia no ambiente de trabalho. Mas, apesar de os chefes criticarem muito os estilos de comunicação das mulheres, eles raramente fazem o mesmo com os homens. Dessas seis palavras e expressões, Snyder descobriu que só "agressivo" foi usada nas críticas aos homens e, em duas de três vezes, eles foram instruídos a ser mais agressivos, não menos.[26]

Isso levanta a pergunta: "As mulheres estão sendo agressivas demais em comparação com o quê?". Talvez em comparação com os homens. É possível que eles exibam melhores habilidades interpessoais ou tenham dominado o tom certo para falar no trabalho. Talvez. Mas os dados sugerem que líderes do gênero masculino tendem a ter mais problemas com habilidades interpessoais do que as do gênero feminino. Uma equipe de pesquisa analisou as habilidades interpessoais de 12.503 líderes. Eles pediram aos funcionários que avaliassem cada líder em dez comportamentos problemáticos diferentes, como "Dizer às pessoas o que fazer em vez de trabalhar com elas para conquistar sua cooperação". Os homens, em média, receberam pontuações significativamente mais altas do que as mulheres em habilidades sociais problemáticas.[27]

À luz dessas descobertas, é possível desconfiar que as mulheres não sejam muito agressivas em comparação com os homens, mas em relação a "como as mulheres deveriam se comportar". Como vimos, elas são elogiadas no trabalho quando são compassivas, prestativas e afáveis – em outras palavras, quando buscam agradar em vez de se impor. Quando uma mulher se impõe, mesmo quando se trata de uma grande ideia, essa atitude muitas vezes irrita as demais pessoas.

Interrupções são particularmente reveladoras. Katherine Hilton, doutoranda de linguística na Universidade Stanford, pediu para que cinco mil falantes de inglês americano ouvissem clipes de áudio roteirizados e avaliassem as pessoas que foram gravadas. Ela contratou atores profissionais para fazer os clipes de áudio e os orientou para que, quando uma pessoa interrompesse a outra, a linguagem e o tom fossem idênticos para falantes homens e mulheres. Mas a reação dos participantes ficou longe de ser idêntica. Em média, os participantes do sexo masculino demonstraram a tendência de considerar as mulheres que interromperam mais rudes, menos amigáveis e menos inteligentes do que os homens que fizeram o mesmo.[28] Chame isso de dois pesos e duas medidas ou de pura injustiça. Ainda que um homem e uma mulher digam exatamente a mesma coisa, a sensação é diferente quando alguém é interrompido por uma mulher – e chegamos a uma conclusão negativa sobre ela, mas não sobre o homem.

O que você deve fazer se estiver preocupado porque uma mulher da sua equipe, digamos, a Felicia, pode estar sendo agressiva demais? Dada nossa forte discriminação de ordem cultural contra mulheres que dizem o que pensam, não comece afirmando: "Felicia, você é agressiva demais". É melhor iniciar a conversa com a sua fonte. Se a reclamação veio de um membro de sua equipe, fale diretamente com ele. "Fiquei sabendo que você considera Felicia um pouco agressiva demais. Por que acha isso?". A ideia é identificar comportamentos específicos observados pelo membro da equipe. Ele pode comentar sobre o estilo de Felicia em geral, dizendo algo como: "Ela se acha a dona da verdade". Nesse caso, você pode responder que é bom que as pessoas possam expressar suas opiniões nas reuniões ou talvez apontar uma ocasião na qual Felicia impediu a equipe de executar uma má ideia. A pessoa também pode descrever um comportamento específico, como "Estou no meio de uma ideia e ela começa a falar". Diante disso, sua próxima pergunta deve ser "E o que acontece?". A resposta pode não passar de algo como: "Eu fico morrendo de raiva". Você pode então ajudar a ajustar a narrativa. "Na verdade, tenho notado que as pessoas se interrompem muito nas reuniões. Acho que isso é bom. Poupa o tempo de todos e é um sinal de que estão pensando sobre o problema. Se pararmos para pensar, eu diria que quem mais interrompe são Jon e Randy. É bom que a equipe tenha estilos de trabalho diferentes – desde que todos sejam incluídos. Não quero que ninguém fique em silêncio."

Se a reclamação for anônima, talvez por meio da revisão 360 graus de Felicia, e só uma pessoa a tiver feito, você pode atribuir o incômodo a uma discriminação inconsciente e ignorá-lo. Mas, se várias pessoas levantarem o mesmo problema, preste atenção quando estiver em reuniões de equipe com Felicia. Procure comportamentos quantificáveis, algo que você possa contar. Em um intervalo de dez minutos, quanto tempo Felicia passa falando em comparação com os outros participantes? Quantas vezes cada pessoa discorda ou interrompe? Quantas vezes ela faz uma nova sugestão em comparação com os demais? Se você observar um padrão preocupante, pode falar em particular com Felicia ou, se descobrir que ela se comporta como os homens da equipe, pode não dizer nada ou usar a informação para defendê-la se alguém disser: "Ela é um pouco agressiva demais".

Digamos que você decide que é melhor levantar a questão com Felicia. Você acha que ela está dificultando que algumas pessoas sejam ouvidas e incluídas ou pode se preocupar com a possibilidade de os outros preferirem não trabalhar com ela. Expresse suas boas intenções, aponte alguns benefícios do estilo de comunicação dela e passe para a sua preocupação e o impacto disso. "Quero que tenha todo o sucesso possível. Você pensa por conta própria e nenhuma outra pessoa da equipe conhece mais os dados do que você. Dou muito valor a isso. Mas seu estilo de comunicação pode soar agressivo. Estou preocupado porque algumas pessoas podem não querer trabalhar com você por causa disso." Também pode explicar que está aprendendo sobre discriminação inconsciente de gênero (lendo um livro espetacular chamado *Feedback para todos*) e que descobriu que existe um duplo padrão segundo o qual, quando os homens se comunicam de determinada maneira, isso é visto como sinal de liderança, mas, quando as mulheres fazem a mesma coisa, é visto como algo agressivo. "Não sei se esse feedback é justo ou não, mas queria que soubesse que algumas pessoas têm essa impressão de você." Depois, siga a recomendação de Sharone Bar-David: "Quero ajudá-la a dissipar essa impressão negativa que os outros têm a seu respeito".

Dê a Felicia o poder de decidir o que fazer. Ela pode preferir trabalhar nisso sozinha ou ter interesse em discutir estratégias com você. Se quiser fazer isso conjuntamente, deixei recomendações de leituras adicionais no fim deste livro com artigos curtos que vocês podem ler e discutir, para que ela possa então escolher as estratégias que gostaria de testar e você possa ajudá-la. Por fim, você também pode usar uma tática surpreendentemente simples. Pesquisadores descobriram que, quando as mulheres incluem algumas palavras específicas ao fazer um comentário assertivo, elas reduzem a percepção de que estão sendo agressivas em até 27%. Quais são as palavras mágicas? Joseph Grenny e David Maxfield, os autores de *Conversas cruciais*, descobriram que duas frases são particularmente eficazes. Felicia pode apontar para seus próprios valores, dizendo: "Vejo isso como uma questão de honestidade e integridade, então acho importante deixar minha posição bem clara" ou pode apontar para uma norma social que está prestes a violar, como: "Sei que é arriscado falar isso abertamente, mas vou dizer o que penso de forma muito direta".[29] Felicia não poderia começar cada comentário com essas frases – seria irritante, se não absurdo –, mas pode usá-las quando tiver uma opinião particularmente forte.

Você pode estar se perguntando: Mas uma mulher tem que repetir exatamente essas frases? Provavelmente não. A ideia é comunicar: "Meus comentários podem soar incisivos, mas resultam de uma decisão ponderada e deliberada da minha parte. Não significa que me deixei dominar pelas emoções". Pesquisadores descobriram que os observadores tendem a presumir que, quando uma mulher fala com firmeza, significa que perdeu a paciência e está sendo levada por seu lado emocional.[30] A ideia é esclarecer que não é isso que está acontecendo. Na verdade, ela está pensando com clareza, e o que tem a dizer é tão importante que escolheu o melhor momento para dar sua opinião.

"Tenho medo de ela me interpretar mal"

Os chefes do sexo masculino, em particular, dizem que hesitam em dar feedbacks críticos a uma mulher por medo de ela entender mal. "Se disser que o trabalho dela precisa melhorar, ela vai me achar machista? Vai pensar que sou injusto com as mulheres?"

Se você for um líder ciente das questões de discriminação e desigualdade no trabalho, vai querer "quebrar o ciclo de desconfiança", como diz David Scott Yeager, psicólogo da Universidade do Texas, em Austin.[31] Você quer que as mulheres da sua equipe aceitem seu feedback pelo que é, ou seja, como tentativas bem-intencionadas de ajudá-las a melhorar seu trabalho, não como um sinal de que é mais uma pessoa que acredita em estereótipos negativos sobre as mulheres. Você está no caminho certo. O problema é que, na tentativa de provar que apoia as mulheres, você pode acabar evitando dar a elas o mesmo feedback crítico que daria aos homens. Os cientistas sociais têm um nome para isso: "hesitação protetora". Significa que você evita levantar questões potencialmente delicadas com pessoas de outra raça ou gênero.[32] Dar um feedback negativo pode ser desconfortável. Dar um feedback negativo a alguém de outro gênero ou raça pode ser profundamente desconfortável.

Quando nos sentimos assim, tentamos contornar a situação. Lembre-se da história de Eric, na introdução. Ele gerenciava uma equipe de desenvolvimento de software, e uma de suas únicas funcionárias mulheres, Melanie, produzia menos que seus colegas homens. Em vez de levantar a questão diretamente com ela (como faria com qualquer um de seus funcionários homens), ele protelou. Eric marcou uma reunião com o ex-chefe de Melanie para saber mais sobre o estilo de trabalho dela e, enquanto isso, ela continuou tendo um desempenho insatisfatório. Acredito que o número de chefes homens que evitam conversas difíceis com mulheres esteja aumentando – e isso me preocupa. O movimento #MeToo* mudou a maneira como os homens interagem com as mulheres, o que em geral melhorou as condições de trabalho para as mulheres, mas também deixou muitos chefes homens mais cautelosos. É bom se conscientizar a respeito de como você conduz essas conversas, mas isso não significa que deve evitar ter conversas difíceis sobre desempenho.

Mas como fazer isso? Como informar uma mulher que ela está tendo um desempenho insatisfatório sem que ela chegue à conclusão de que você é preconceituoso? Não é só a sua reputação que está em jogo. Quando alguém acredita que está recebendo um feedback negativo porque o avaliador é tendencioso, há grandes chances de o feedback indesejado ser ignorado.[33] Se Melanie achasse que Eric estava sendo tendencioso, ela provavelmente teria ignorado seu feedback.

---

* O movimento #MeToo visou combater a violência sexual e o assédio, encorajando as pessoas a compartilharem suas histórias pessoais, promovendo a conscientização sobre o tema e gerando debates sobre consentimento, igualdade de gênero e justiça social.

Felizmente, pesquisadores descobriram maneiras de estruturar um feedback crítico para que a pessoa tenha menos chances de atribuí-lo a um fator tendencioso, e tenha mais chances de se motivar. A ideia é fazer duas coisas: falar sobre a necessidade de ter padrões elevados e assegurar à pessoa que você acredita que ela é capaz de alcançar esses padrões. Vamos imaginar a conversa de feedback entre Eric e Melanie. Poderia ser algo assim: "Sei que leva seu trabalho a sério e vou fazer o mesmo, dando a você um feedback direto e franco. Seu trabalho é bom para alguns padrões – você contribui com ideias inteligentes nas reuniões da equipe, ajuda os colegas e se dispõe a resolver problemas difíceis. Por outro lado, quando avalio seu trabalho com um padrão mais elevado, que é o que realmente importa – ou seja, quantos códigos você revisa por semana –, tenho sérias reservas. Já se passaram quatro semanas e, pelo que sei, você ainda não revisou nenhum código. A maioria da equipe faz isso pelo menos duas vezes por semana. Se ajudar, podemos conversar sobre o que a está impedindo e do que precisa para ter mais sucesso. Lembrando que eu não me daria ao trabalho de ter esta conversa com você se não acreditasse na sua capacidade de atingir esse padrão mais elevado. Eu acredito que pode fazer um excelente trabalho. Então me diga, do seu ponto de vista, por que acha que não está conseguindo revisar mais códigos?".[34]

Geoffrey Cohen, Claude Steele e Lee Ross, psicólogos da Universidade Stanford, usaram esse tipo de linguagem para orientar avaliadores brancos a dar feedback a estudantes universitários negros. Quando o avaliador simplesmente disse: "Seu trabalho tem tal problema" ou mesmo: "Você é bom em X e Y, mas seu trabalho tem um problema", os alunos negros acharam que o avaliador branco era tendencioso. Mas, quando algumas importantes palavras foram adicionadas, quando o avaliador disse: "Tenho um padrão mais elevado e acredito na sua capacidade de alcançá-lo", isso transformou completamente a mensagem. Essas palavras revelaram que o avaliador tinha boas intenções, uma lição que aprendemos no Capítulo 3. Em vez de ignorar o feedback e quem o ofereceu, os alunos levaram a sério e ficaram motivados para melhorar seu trabalho.

"Mas e se ela chorar?"

Você pode hesitar em dar a uma mulher da sua equipe uma orientação direta para que melhore ou uma avaliação negativa porque tem medo de ela chorar. Goste ou não, as pessoas choram no trabalho, e mulheres fazem isso com mais frequência – de acordo com uma pesquisa, 41% das mulheres disseram que já choraram no trabalho, em comparação com 9% dos homens.[35] Para não correr o risco de as mulheres da sua equipe caírem no choro, você complementa seus comentários críticos com sutilezas, como vimos no estudo de Lily Jampol sobre mentiras inocentes, ou faz críticas vagas, nada que possa abalá-las demais. Essa atitude pode até evitar alguns momentos embaraçosos, mas faz com que as mulheres não recebam as mensagens claras que os homens recebem e, ainda mais importante, que não sejam orientadas para alcançar o sucesso.

Se ela chorar, quer dizer que desanimou? De jeito nenhum. Mantenha em mente que o choro pode refletir uma série de emoções fortes. Muitas mulheres que entrevistei disseram que, quando choraram no trabalho, foi porque estavam com raiva ou se sentindo impotentes, não magoadas ou tristes. Prestei consultoria a Genevieve, uma vice-presidente de vendas em um setor dominado por homens que, depois de quatro anos liderando sua divisão, foi preterida para uma promoção. Duas mulheres e um homem se candidataram à vaga, e adivinhe quem a conseguiu? Quando seu chefe lhe deu a notícia, Genevieve protestou: "Você está me dizendo que não consegui a promoção e Alan, que está aqui faz só seis meses, conseguiu?". Ela chorou naquela reunião e depois desejou não ter feito isso, mas, como ela disse: "Foi cem vezes melhor do que gritar. Um homem poderia se safar de dar uns berros naquela conversa, mas eu com certeza não".

Então, o que você deve fazer se estiver informando a uma funcionária que ela não recebeu uma promoção ou que seu trabalho não está atendendo às expectativas e ela começar a chorar? Primeiro, não finja que nada está acontecendo. Alguns chefes continuam falando normalmente, o que invalida a pessoa. (Como vimos no Capítulo 4, a validação faz toda a diferença.) É melhor pegar uma caixa de lenços de papel e colocá-la na mesa entre vocês. Ela provavelmente está preocupada com a possibilidade de parecer incompetente, então costumo dizer algo como "Também sinto emoções fortes às vezes" ou "Não tenha pressa. Se fosse proibido ter sentimentos, eu não trabalharia aqui". Quando ela se acalmar, pergunte o que causou as lágrimas. Ela pode ter ficado chateada com o seu feedback, ou pode ser que esteja sobrecarregada com outro aspecto de sua vida. O choro ajuda a liberar a pressão, quando ela atinge determinado ponto. Então comece com uma pergunta:

- "Vejo que esta conversa está despertando algumas emoções. Posso perguntar o que está causando isso em você? Tudo bem se preferir não responder."
- "O que você sentiu diante do que eu disse?"
- "Você deseja me contar alguma coisa?"
- "No que está pensando?"

Você pode ter estranhado a última pergunta – você não deveria estar perguntando sobre sentimentos, não pensamentos? –, mas Dave Stachowiak, apresentador do podcast de sucesso *Coaching for Leaders*, dá essa dica com base em seus anos de experiência trabalhando na empresa de treinamento de Dale Carnegie.[36] Ele descobriu que, quando alguém é dominado pelos sentimentos, essa pessoa pode ter mais facilidade de se recompor ao focar em pensamentos, não em sentimentos.

Tome cuidado para não dizer algo como: "Por que está chorando?". Por mais inocente que possa parecer, como vimos no capítulo "Per-

199

gunte mais, fale menos", é fácil errar o tom de perguntas que começam com "Por que", e isso deixará a pessoa na defensiva. Você quer mostrar interesse, não julgá-la. Acho que nem preciso dizer, mas evite a qualquer custo dizer coisas como: "Não se preocupe, minha namorada também chora muito" ou "Você está naqueles dias?". Se ela não estava com raiva antes, com certeza vai ficar agora.

Quando descobrir o que a está incomodando, redirecione a conversa para o trabalho. Uma intensa demonstração de emoção muitas vezes revela o quanto a pessoa está se empenhando e como está frustrada por seu empenho não estar sendo reconhecido. Nesse caso, eu digo algo como: "Entendi que você acha que não está sendo reconhecida pelas últimas contribuições que fez à equipe". Se a pessoa concordar, assegure que acredita que ela é capaz de superar a avaliação negativa que acabou de receber: "Sei que consegue. Não estou dizendo que vai ser fácil, mas você já enfrentou situações difíceis antes".

Por fim, ofereça-se para trabalhar em conjunto para identificar os próximos passos. Ninguém quer receber outra avaliação negativa, e você deseja reduzir essa incerteza para a pessoa. Você pode dizer algo como: "Quero identificar medidas que você pode tomar para melhorar seu desempenho. Gostaria de fazer um brainstorming comigo agora ou prefere deixar para fazer isso amanhã ou depois?". Algumas pessoas se recompõem rapidamente, enquanto outras preferem resolver o problema com mais calma e quando não estiverem tão envergonhadas.

Discriminação racial no feedback

Vimos muitas maneiras nas quais as mulheres podem ser prejudicadas no processo de feedback, mas o que dizer de outros grupos sub-representados? Será que seus funcionários negros estão recebendo um feedback menos útil em comparação com seus colegas brancos? E as pessoas LGBTQIA+?[37] Sempre que dou uma palestra sobre a discriminação de gênero nos feedbacks alguém levanta essas questões, e com razão. Infelizmente, é muito comum negros, indígenas e indivíduos de diferentes etnias serem menosprezados e desfavorecidos no local de trabalho. Um empresário negro recebe as chaves de um carro na frente de seu prédio comercial, ao ser confundido com um manobrista, ou uma advogada latina recebe um balde de gelo no corredor de um hotel, ao ser confundida com uma camareira.[38] Mas quem faz isso são desconhecidos – pode estar pensando – a partir de julgamentos apressados.

Você pode protestar dizendo que, quando conhecemos nossos funcionários e sabemos tudo o que eles são capazes de fazer, tratamos todos com igualdade. Sinto dizer que não é verdade. O viés inconsciente ataca novamente e afeta o que enxergamos e o que nos impressiona ou nos decepciona em nossos colegas de trabalho. Menos pesquisas foram feitas sobre discriminação racial no feedback do que sobre discriminação de gênero, mas vale a pena analisar o que sabemos para podermos identificar e impedir que isso aconteça nas nossas equipes.[*]

A descoberta mais impressionante é que grupos sub-representados, que nos Estados Unidos incluiriam funcionários de povos nativos, negros, asiáticos e latinos, recebem mais feedbacks sobre seus atributos pessoais e menos sobre sua competência. Uma equipe de pesquisadores liderada por Alexandra Rojek, da Universidade da Califórnia, em São Francisco, examinou os feedbacks e avaliações recebidos por 87.922 estudantes de medicina do terceiro ano em seus períodos de residência, que é como

---

[*] Não acredito que haja dados escassos sobre discriminação racial no feedback porque ele seja mais raro. Eu gostaria que fosse o caso. Acredito que é algo bastante comum, mas há dois problemas: (1) a maioria dos pesquisadores que estudam feedback não têm interesse em analisar a discriminação racial, de modo que não perguntam sobre a raça ou a etnia de um funcionário e, (2) mesmo quando têm interesse, muitas vezes o número de funcionários negros na organização é tão baixo que eles não são capazes de tirar nenhuma conclusão. A maioria desses estudos foi realizada em setores com poucos profissionais negros ou latinos, como saúde, tecnologia, direito e bancos. Se um estudo se propuser a analisar feedbacks dados a 150 funcionários e apenas 15 deles forem negros e/ou latinos, é pouco provável que quaisquer padrões claros surgirão em uma população de estudo tão pequena. Fica aqui o meu apelo aos cientistas sociais: precisamos de mais estudos sobre discriminação racial nos feedbacks!

um estágio para os médicos em formação. Embora ainda não sejam médicos formados, os residentes muitas vezes trabalham em clínicas ou hospitais de verdade, tratando pacientes reais. Os feedbacks e avaliações que os estudantes recebem nessa etapa de suas carreiras afetam não apenas suas notas e sua motivação para escolher determinada especialidade, mas também suas chances de fazer a residência em uma clínica ou hospital de alto prestígio. Em outras palavras, o que fica registrado faz uma grande diferença. Enorme. A boa notícia é que as dez palavras mais usadas, como "enérgico" e "confiável", foram mencionadas igualmente para todos os residentes, independentemente de raça ou etnia.

Mas o que acontece muito é, quando avaliamos os candidatos a uma vaga, procurarmos palavras únicas, características que distinguem os melhores dos demais. E essa é a má notícia. Em comparação com as minorias sub-representadas, os funcionários brancos e asiático-americanos tiveram muito mais chances de receber feedbacks sobre sua competência, com termos como "qualificado", "meticuloso" e "sofisticado" sendo mencionados com mais frequência em suas avaliações escritas. E quais foram as palavras positivas que surgiram com mais frequência entre os grupos marginalizados do que entre os residentes brancos ou asiático-americanos? Prepare-se... "Agradável", "aberto" e "gentil" foram os melhores termos que eles receberam.[39] Outro estudo com 667 funcionários de um banco do Reino Unido apresentou resultados semelhantes. Nesse contexto, asiáticos e negros eram a minoria, e ambos os grupos sub-representados receberam significativamente mais comentários em suas avaliações anuais de desempenho sobre suas habilidades interpessoais e sociais do que seus colegas brancos.[40] Tudo indica que, quando damos feedback a uma pessoa que integra a maioria em nosso local de trabalho, elogiamos suas habilidades e competência, mas, quando damos feedback a alguém cujo rosto se destaca, fazemos declarações vagas sobre como é bom tê-lo na equipe.

Cientistas sociais também analisaram como nossas crenças culturais sobre grupos desprivilegiados afetam o que levamos em conta quando os avaliamos. Esses pesquisadores estavam interessados em estudar a impontualidade. Eles entrevistaram 2.789 funcionários e descobriram que os funcionários brancos chegavam atrasados ao trabalho com a mesma frequência que os funcionários negros e latinos. Todo mundo enfrenta as mesmas condições de trânsito no caminho até o trabalho pela manhã. Em média, os funcionários chegaram atrasados dois dias e meio no decorrer de um período de três meses.[41] Mas, apesar de a raça não ter afetado a pontualidade, esse fator mudou a reação dos chefes. Se você fosse um funcionário branco ou latino e chegasse atrasado, digamos, seis dias nos últimos três meses, mesmo assim teria uma boa chance de ser promovido. Mas, se fosse um funcionário negro com esse mesmo histórico de atrasos, suas perspectivas de promoção caíam. Os pesquisadores descobriram que os funcionários negros que se atrasavam com mais frequência tinham avaliações de desempenho menos favoráveis e menos chances de serem promovidos.

Por que chegar atrasado prejudicaria os funcionários negros, mas não seus colegas brancos ou latinos? Devido aos estereótipos. Não é raro negros serem retratados nos Estados Unidos como preguiçosos ou com pouca disciplina, e esse estereótipo pernicioso afeta a percepção dos líderes e o que fazem com ela. Outro estudo descobriu que, quando funcionários negros recebiam avaliações de desempenho menos favoráveis que seus colegas brancos ou asiático-americanos, os chefes citavam a falta de pontualidade como uma das principais razões, apesar de os colegas terem o mesmo histórico nesse quesito.[42] (Caso tenha ficado curioso, os pesquisadores esperavam que os funcionários latinos também fossem penalizados pelos atrasos, porque há um estereótipo nos Estados Unidos de que os membros desse grupo valorizam relacionamentos significativos em detrimento da pontualidade, mas, nesse estudo, isso não aconteceu. Uma possível explicação é que os funcionários de pele mais clara são tratados de maneira mais favorável e são mais bem remunerados do que seus colegas de pele mais escura.)

Há outra maneira de entender por que os chefes penalizam os trabalhadores negros por transgressões que ignoram quando cometidas por trabalhadores brancos. É a noção de grupo interno/grupo externo, que aprendemos no Capítulo 2. A maioria dos chefes do estudo era branca, como é o caso na maioria dos escritórios dos Estados Unidos. Se você for um gerente branco e um funcionário que se parece com você chega dez minutos atrasado, você culpa as circunstâncias, da mesma forma que culparia as circunstâncias se você mesmo se atrasasse. Estava impossível achar um lugar para estacionar hoje, não é mesmo? Mas, se alguém que não se parece com você também chega dez minutos atrasado, sem perceber você atribui isso a um problema de caráter. Onde está sua motivação e comprometimento?

Tudo isso significa que você precisa pensar muito bem sobre o feedback que dá a seus funcionários de outras raças ou grupos étnicos. Questione sua primeira reação a comportamentos que o incomodam, porque, se não tomar cuidado, os estereótipos preencherão as lacunas automaticamente. Reserve um tempo para comparar as últimas avaliações de desempenho que você fez para seus funcionários de pele mais clara com as avaliações para seus funcionários de pele mais escura. Seja corajoso e destaque os adjetivos. Tranque a porta da sua sala e passe esses documentos no triturador de papéis quando terminar, se achar necessário, mas seja sincero – você usou mais adjetivos para descrever qualidades pessoais e habilidades sociais quando estava avaliando minorias e mais adjetivos para descrever competência quando estava avaliando funcionários brancos? Você notou e mencionou mais os atrasos de funcionários negros, indígenas e de diferentes etnias? Você pode não gostar do que descobriu, mas agora tem a chance de melhorar. Faça um esforço para mencionar pelo menos três competências ou contribuições para cada funcionário, decida o quanto a pontualidade é importante e siga o mesmo padrão para avaliar a todos.

Acho importante fazer uma pausa neste ponto para reconhecer que não são só as mulheres e as minorias raciais que recebem um feedback tendencioso no trabalho. As pessoas acham mais fácil orientar aqueles que são parecidos com elas e, como a maioria dos chefes é composta de homens brancos, heterossexuais na casa dos 40, seria de se esperar que qualquer pessoa – incluindo funcionários LGBTQIA+ e outros na faixa dos 20 e dos 60 anos – receberia uma orientação inferior ou um feedback moldado pelos estereótipos traiçoeiros da sociedade a respeito desses grupos.[43] No momento em que escrevo estas palavras, contudo, há poucos dados sobre o tipo de feedback que esses grupos recebem no trabalho. Espero que, à medida que você se conscientiza das suas diferentes expectativas em relação a diferentes grupos, também consiga identificar e refrear o preconceito de outros membros da sua equipe.

Este pode ser um dos capítulos mais difíceis deste livro, mas você será um líder melhor e mais justo por tê-lo lido. Agora você está em condições de melhorar não apenas a vida das pessoas que trabalham diretamente para você, mas também o clima do seu ambiente de trabalho. Se estiver procurando uma maneira de melhorar o dia a dia de mulheres e grupos desprivilegiados, recomendo começar por aqui. Todos nós queremos ser notados e desejamos que isso aconteça devido ao bom trabalho que fazemos, não pelo corpo no qual nascemos. Sabendo disso, adote um padrão mais elevado para si mesmo. A discriminação inconsciente pode não ser sua culpa, mas é sua responsabilidade.

Resumo do Capítulo
Prática 4: Aceite que é tendencioso e fique atento

- Cerca de três quartos dos adultos possuem um viés inconsciente de gênero que favorece os homens no trabalho, de modo que a maioria de nós precisa tomar medidas adicionais para garantir que o preconceito não afete nossas avaliações. Faça um dos Testes de Associação Implícita, da Universidade Harvard, para saber se você é um deles.
- As pessoas costumam ficar horrorizadas ao saber que têm preconceitos inconscientes, porque isso contradiz suas crenças conscientes.
- A discriminação consciente é o que costumamos associar ao sexismo ou racismo, quando alguém faz comentários negativos sobre os membros de um grupo. Já a discriminação inconsciente reflete os estereótipos que aprendemos com as mensagens que recebemos do nosso ambiente e que influenciam nosso julgamento sem nos darmos conta.
- Os chefes tendem a dourar mais a pílula do feedback que dão às mulheres do que aos homens, o que significa que elas recebem mensagens confusas e muitas vezes pouco claras a respeito do que precisam melhorar.
- As mulheres têm mais chances do que os homens de receber um feedback negativo sobre seu estilo de comunicação, como: "Ela precisa falar mais nas reuniões" ou "Ela é agressiva demais".
- Se você acha que os homens estão dominando as reuniões, tente fazer perguntas às mulheres primeiro ou implemente a ideia das bandeiras vermelhas.
- As pessoas julgam as mulheres que interrompem os outros como sendo mais rudes, menos amigáveis e menos inteligentes do que os homens que fazem a mesma coisa.
- Se alguém lhe disser que uma mulher é muito agressiva, comece perguntando sobre comportamentos específicos ou tente mudar a narrativa sobre o comportamento dela.
- Os chefes brancos podem ter a tendência de evitar dar feedbacks críticos a mulheres e grupos desprivilegiados por medo de provocar mal-entendidos, um fenômeno conhecido como hesitação protetora.
- Adote um processo de duas etapas para evitar a percepção de que você é tendencioso contra um grupo: fale sobre a necessidade de ter um padrão mais elevado e diga que acredita que a pessoa é capaz de atingir esse padrão.
- Se acontecer de uma mulher chorar no trabalho, isso não quer dizer que ela perdeu o controle ou entrou em colapso.
- Se um funcionário chorar, pergunte o que o está incomodando, valide seus sentimentos e, se ele ficou chateado com a avaliação negativa, ofereça-se para trabalhar conjuntamente para identificar as medidas que ele pode tomar para melhorar.
- Os membros de grupos marginalizados têm mais chances de receber feedbacks sobre seus atributos pessoais e habilidades sociais, enquanto os funcionários brancos têm mais chances de receber feedback sobre sua competência.
- Funcionários negros e brancos tendem a chegar atrasados com a mesma frequência, mas os chefes são mais propensos a usar isso contra os funcionários negros nas avaliações.

Avaliação

Já vimos estratégias que você pode usar para mostrar que valoriza seus funcionários e para orientá-los. Agora você precisa ter uma conversa de avaliação, para que eles saibam em que pé estão e o que podem esperar no futuro. Em uma conversa de avaliação, você pode abordar várias questões: O funcionário está desempenhando o papel que você precisa que ele desempenhe na equipe? Ele está cumprindo as metas? Está no caminho certo para receber uma promoção este ano ou no ano que vem?

Pode ser que tenha boas notícias para dar. "Leah, você tem o maior rendimento de todas as pessoas da nossa equipe" ou "Michael, consegui a promoção que você queria", ou ainda "Tyler, houve uma reorganização e queremos que seja o novo diretor de projetos incrivelmente importantes para a empresa". Quando as notícias são boas, as conversas de avaliação são fáceis.

Mas às vezes as notícias podem não ser boas. Apesar de toda a orientação que você está dando, Leah pode não estar totalmente à altura das expectativas ou Michael deixou passar um prazo importante e perdeu a chance de ser promovido. Você pode se ver protelando, dizendo a si mesmo que está esperando o "momento certo" para dar a notícia. Você diz que vai fazer isso na sexta-feira, mas, quando a sexta-feira chega, você não quer estragar o fim de semana de ninguém. Mais importante do que o momento certo são as estratégias certas. Você aprenderá essas estratégias nos próximos dois capítulos, para que Leah e Michael possam ouvir o que tem a dizer e resolver os problemas com você. Sim, eles vão ficar desapontados, mas o relacionamento de vocês não precisa sair prejudicado.

PRÁTICA 5

Faça de tudo para evitar surpresas

O maior problema da comunicação é a ilusão de
que ela aconteceu.

GEORGE BERNARD SHAW[1]

Eileen entrou na reunião de avaliação anual de desempenho esperando uma promoção. Ela e sua equipe haviam tido uma ideia brilhante e conseguido manter aberta uma fábrica que estava prestes a
fechar. Eileen era engenheira química, tinha acabado de se formar e
fora designada para gerenciar o departamento de pesquisa e desenvolvimento da fábrica mais antiga da empresa. Líderes seniores estavam
falando em fechá-la. A tecnologia estava desatualizada; o maquinário,
em constante necessidade de reparos. Eileen era apaixonada por seu
trabalho e, depois de muitas horas quebrando a cabeça, encontrou
uma maneira inovadora de usar a antiga tecnologia da fábrica para
produzir uma nova mercadoria que ninguém tinha pensado em fazer antes. Um produto que, uma vez descoberto, preencheu uma necessidade crucial. Nenhuma das novas fábricas, apesar de toda sua

209

tecnologia moderna, era capaz de produzi-lo. Ela literalmente salvou centenas de empregos. Eileen se orgulhava de sua realização e estava animada com o que ouviria em sua avaliação.

Mas promover Eileen era a última coisa na mente de seu chefe. Depois de passar um tempo conversando sobre banalidades, ele começou a avaliação dizendo: "Eileen, estou ouvindo muitos comentários de que é difícil trabalhar com você. As pessoas gostariam que entrasse no esquema da empresa. Não sei mais como dizer isso, mas você precisa rever seu comportamento".

Eileen ficou perplexa. "Era um problema de personalidade?", ela quis saber. Não, não era isso. Estava exigindo demais de sua equipe? Não, essas reclamações tinham vindo de gerentes de outras fábricas e de superiores, não de seus subordinados diretos. Depois de fazer muitas perguntas, Eileen finalmente descobriu: ela estava fazendo seu chefe, para não mencionar toda a equipe de liderança, passar vergonha. Todos estavam apostando na nova tecnologia. Seu chefe defendia com unhas e dentes a ideia de investir nas novas fábricas e vivia dizendo que "Estamos todos entusiasmados com a tecnologia melhor e mais recente". Todos menos Eileen. Será que a empresa queria que a fábrica antiga fosse um fracasso? É claro que não, mas era necessário que todos concordassem que, de agora em diante, ela deveria abraçar a tecnologia de ponta. E, para isso, precisava que todos embarcassem nessa empreitada.

De quem era a culpa? Tenho certeza de que o chefe achou que era de Eileen. Mas como ele poderia ter lidado melhor com a situação? Para começar, ele poderia ter conversado com Eileen com mais frequência para garantir que suas prioridades estivessem alinhadas. Ele sem dúvida estava ocupadíssimo promovendo as novas fábricas, mas poderia ter pedido a ela que especificasse suas três principais metas para cada trimestre e para o ano todo. Como no caso de qualquer CEO de sucesso, exercer uma boa liderança não implica apenas levar as pessoas a ter objetivos mais ambiciosos, mas também fazer com que todos remem na mesma direção. Se você está pensando que o sucesso deveria ser a única coisa que não precisa ser explicada, pense melhor a respeito.

Se tiver alguém na sua equipe com um desempenho decepcionante – ou até exasperante –, esta seção é para você. Ninguém quer passar pelo que o chefe de Eileen passou, mas ninguém merece passar pelo que Eileen passou. Neste breve capítulo, veremos como evitar surpresas na hora da avaliação de desempenho. Consideraremos o que você, o chefe, precisa fazer para que suas expectativas sejam claras e para definir com que frequência você e seu funcionário devem ter conversas de avaliação. No último capítulo, veremos como estruturar esse tipo de conversa e analisaremos um dos erros mais comuns que os chefes cometem ao colocá-la em prática.

Com qual frequência devemos ter conversas de avaliação?

Como vimos na Prática 1, 74% dos funcionários que receberam um feedback negativo já sabiam que havia algum problema. Mas, quando peço às pessoas para descrever suas piores experiências de feedback no trabalho, aquelas que as deixaram mais desmotivadas e desanimadas, elas costumam descrever os outros 26%. Elas falam sobre uma surpresa. Dizem que estavam muito orgulhosas de um projeto, achando que estavam contribuindo muito para a equipe, até que um dia ouviram de seu chefe que haviam tomado uma decisão errada – não ontem, nem na semana passada, mas um bom tempo atrás. Um profissional de RH, Luís, me contou que em seu primeiro emprego, quando chegou a hora de sua avaliação de desempenho em janeiro, sua chefe tirou um fichário da prateleira. Ele nunca tinha visto aquele fichário antes. Ela abriu na primeira página e disse: "Então, em fevereiro do ano passado, você fez X. Isso foi um problema por causa de Y. Também disse tal coisa várias vezes em março". E ela prosseguiu, página por página, e descrevendo as transgressões que ele havia cometido no decorrer de um ano inteiro. Luís não ficou por tempo suficiente na empresa para ver quais surpresas o fichário do ano seguinte conteria.

Esse tipo de situação inesperada pode causar danos enormes. Sei que você está pensando: "Ah, eu jamais esperaria um ano inteiro para dar um feedback", mas entrevistei muitos líderes que levaram mais tempo do que gostariam de admitir para fazer isso. Eles têm algo a dizer, mas nunca encontram o momento certo. É importante saber que, se protelar uma avaliação negativa em vez de dá-la imediatamente, você estará dobrando ou triplicando os pensamentos prejudiciais que passarão pela cabeça de um funcionário. "Por que não me disse isso antes? Achei que a gente tinha um bom relacionamento, mas agora fico me perguntando o que mais você não me contou. Você achou que eu sou tão frágil que não aguentaria? Ou que não adiantaria dizer nada porque eu nunca vou melhorar? Será que eu sou tão incompetente que nem consigo perceber quando estou fazendo um trabalho tão ruim? E quem, além de você, percebeu isso?"

Muitos líderes me perguntam *quantas vezes* eles deveriam ter conversas de avaliação. Ajuda lembrar a diferença entre conversas de orientação e avaliação. A orientação, como vimos no Capítulo 1, deve ser feita imediatamente e com frequência. Ela aborda comportamentos, e comportamentos podem mudar rapidamente. Se Luís disse algo em uma reunião que incomodou sua chefe em março, ela deveria ter falado com ele em março. Quando o chefe de Eileen ficou sabendo que a equipe dela estava desenvolvendo um novo produto a ser fabricado com o maquinário antigo, ele deveria tê-la chamado imediatamente para discutir maneiras melhores de usar o tempo da equipe. As conversas de orientação devem ocorrer no mesmo dia ou na mesma semana que houver um comportamento problemático.

Já as conversas de avaliação devem ser menos frequentes. O status de uma pessoa na organização não muda (e não deveria mudar) toda semana. Mas isso não quer dizer que você deva esperar um ano inteiro para atualizar o funcionário sobre seu status. Você estará dificultando a vida de todos se esperar até a avaliação anual de desempenho para dizer, como fez o chefe de Eileen, que "você está jogando a minha reputação e a sua na lama". Uma conversa de avaliação não deve ter surpresas.

Dito isso, não existe uma regra fixa sobre a melhor frequência para informar um funcionário em que pé ele está, pois isso pode variar dependendo do funcionário e das políticas de sua organização. Veja algumas orientações gerais:

A cada três meses, tenha uma conversa de avaliação com:

- **funcionários que pediram promoção, aumento ou mais responsabilidades ou funcionários que acabaram de receber uma promoção ou mais responsabilidades**. São casos nos quais reputações estão em jogo. Essas pessoas estão ansiosas para saber se estão no caminho certo, e a maioria quer ter uma chance de mudar de rumo se souber que não está. Elas ficarão mais confiantes se puderem conversar com você a respeito disso uma vez a cada três meses, mais ou menos. Se um funcionário gostaria de receber uma nova função ou acabou de receber e está fazendo algo que está prejudicando muito sua própria posição ou reputação, não espere um ano. Informe-o imediatamente do problema.

Todo mês ou a cada dois meses (ou com mais frequência, se for um requisito do RH), tenha uma conversa de avaliação com:

- **funcionários com quem você acabou de começar a trabalhar**. Nos primeiros três a seis meses, é importante passar muito mais tempo tendo conversas de reconhecimento e orientação para desenvolver o relacionamento. Você ainda está aprendendo quais são os pontos fortes do novo funcionário, como ele reage a diferentes desafios e como se recupera dos erros. Depois do primeiro ou segundo mês, tenha uma conversa com ele para que saiba em que pé está em relação às expectativas. Informe a pessoa sobre quanto tempo você espera que ela fique no modo de aprendizagem e em que ponto precisa começar a produzir algo de valor para a organização. Essas conversas regulares não podem deixar de abordar a importante questão: como está seu desempenho em relação ao que eu espero de alguém do seu nível, com as suas habilidades?

- **funcionários advertidos ou que estão seguindo um plano de melhoria de desempenho**. Se uma pessoa recebeu uma advertência devido a um desempenho repetidamente insatisfatório, será interessante conversar com ela semanalmente para orientá-la e ajudá-la a voltar aos trilhos. Uma vez por mês ou a cada dois meses, informe se ela melhorou ou se precisa melhorar ainda mais. Lembrando que o maior motivador é o progresso – todos nós queremos saber quando estamos indo na direção certa.[2]

Para os outros funcionários, uma boa frequência é ter uma conversa de avaliação a cada seis meses. Imagino que isso seja mais do que você realiza atualmente. Aumentar a frequência não apenas ajudará os funcionários, como também será um exercício valioso para que essas conversas pareçam mais naturais no futuro.

Vai parecer redundante, mas confira se a pessoa entendeu

Um dos erros mais comuns que os líderes cometem nas conversas de avaliação é não confirmar se o que eles *disseram* foi o que a pessoa *ouviu*. Se uma pessoa estiver tendo um desempenho igual ou superior às expectativas, vocês dois já estão alinhados. Mas, se alguém estiver com um desempenho insatisfatório, há uma boa chance de vocês dois já terem tido alguns mal-entendidos no passado. Quando pesquisadores comparam a mensagem que um chefe pretendia transmitir com aquela que o funcionário efetivamente recebeu, é comum encontrar uma incompatibilidade e, quanto pior tiver sido o desempenho do funcionário, maior o mal-entendido.[3] As pessoas geralmente saem das conversas de avaliação achando que só vão precisar fazer pequenas mudanças. Um chefe pode estar tentando dizer: "Se você não pegar um remo e começar a remar, é garantido que vai afundar nesta organização", mas o que o funcionário ouviu foi "Você já pensou em começar a remar?".

Pode soar condescendente perguntar "Então, o que eu acabei de dizer?". Veja algumas maneiras mais positivas de verificar se a pessoa entendeu o que foi dito:

- "Quero garantir que estamos nos entendendo, então proponho sermos ridiculamente minuciosos. O que você me ouviu dizer?"
- "É muito importante para mim que você tenha sucesso na nossa empresa. Com base no que acabamos de conversar, quais são suas três principais prioridades para os próximos três meses?"
- "Acabamos de discutir muitas questões nesta conversa e sei que você tem muito o que processar. É fácil deixar passar alguma coisa, então o que acha de revisarmos o que foi dito? Quais são as suas três principais conclusões?"

Se a pessoa disser: "Acho que eu preciso aprender a remar", quando você disse: "Você precisa remar duas vezes mais rápido", essa é a sua chance de esclarecer as coisas. Deixe claro que sua mensagem é mais forte do que isso. Diga: "O que eu preciso de você é…" e forneça uma métrica mensurável. Vamos imaginar que os clientes estão dizendo que Vijay fala demais e não ouve. No caso, a métrica pode ser "Saberemos que você conseguiu melhorar quando dois clientes seus marcarem a opção 'Sabe ouvir' nos seus formulários de feedback". Agora Vijay tem uma meta concreta, você tem um critério concreto para monitorar e, se tudo der certo, vocês dois terão algo concreto para comemorar.

Não protele uma avaliação negativa

Outro erro comum que muitos líderes bem-intencionados cometem é deixar para dar um feedback negativo quase no fim de uma reunião. Eles podem até ter justificativas razoáveis para fazer isso: querem estabelecer um bom relacionamento primeiro, estão nervosos e precisam criar coragem, ou esperam que o funcionário diga algo tão incrível que eles não precisem mais dar as más notícias.

Mesmo que tenha as mais nobres das razões, não deixe uma avaliação negativa por último. Isso vai mais atrapalhar do que ajudar. Os funcionários ficarão ressentidos se, por exemplo, você começar com uma orientação e terminar a conversa com uma avaliação crítica. Imagine que tenha passado quarenta minutos tentando ajudar Maria a explicar suas dificuldades. Ela finalmente revela: "Eu só queria que alguém me ensinasse o que fazer quando um cliente fica com raiva. Parece que todo mundo já nasceu sabendo. Admitir isso não é fácil para mim, mas não faço ideia de como agir". Maria confia em você a ponto de admitir abertamente essa dificuldade. Você diz que também já teve o mesmo problema e juntos discutem várias estratégias possíveis. Ela faz muitas anotações. Excelente sessão de orientação. Mas, nos últimos cinco minutos da reunião, você diz: "Mais uma coisinha, Maria. Deve levar mais um ano para eu enviar seu nome para uma promoção". Mesmo que tenha tomado essa decisão na segunda-feira e passado a semana inteira planejando dizer isso a ela, o fato de você ter mencionado isso logo depois de ela ter admitido uma dificuldade vai parecer incrivelmente injusto, como se ela estivesse sendo punida por ter sido sincera. Em minha pesquisa, quando as pessoas se lembram de suas piores experiências de feedback, elas muitas vezes descrevem reuniões como essa, quando receberam uma avaliação negativa pouco antes do fim da conversa.

Qual é a melhor abordagem? Como disse um gerente: "Não dê as más notícias nos três primeiros minutos, mas definitivamente não deixe para os três últimos minutos". Uma ideia seria começar dando um feedback sincero de reconhecimento – você notou todo o empenho de Maria ou está grato pelo tempo a mais que ela investe em cada cliente. (Como vimos na tabela da Introdução, 53% dos funcionários disseram que teria sido mais fácil aceitar um feedback desencorajador se o seu trabalho árduo tivesse sido reconhecido, então é interessante começar por aí.) Em seguida, passe para a avaliação negativa. Você pode dizer: "Apesar de todo o seu empenho, acho que ainda vai levar mais um ano para eu enviar seu nome para uma promoção. Você ainda precisa dominar algumas habilidades que não dominou completamente". Por fim, se Maria estiver aberta a isso, passe para a orientação, para que vocês dois possam discutir estratégias que a ajudem a melhorar.

É verdade que dar as más notícias no início da conversa pode ser mais difícil para você, mas o foco aqui não é você. O foco é Maria e como ajudá-la a ter mais chances de ser promovida no futuro. Você quer que ela se concentre em melhorar, não no sentimento de que você foi injusto. Se der as más notícias no início da conversa, Maria pode ou não querer revelar suas dificuldades a você, mas pelo menos não sentirá que você construiu uma armadilha para ela.

Mas e se quem se surpreender na hora da avaliação for você?

Quando é justificável levantar em uma conversa de avaliação, digamos durante os feedbacks anuais de desempenho, um problema de desempenho que não foi levantado antes em uma conversa de orientação? Quase nunca, pelo menos não do ponto de vista do funcionário. Você deve levantar as questões à medida que elas surgirem, para que Maria não se surpreenda ao saber que ainda tem habilidades que precisa dominar.

Mas pode acontecer de os seus superiores esperarem até a avaliação de desempenho para repassar reclamações sobre alguma pessoa de sua equipe. Foi o que aconteceu com Cassidy, o engenheiro de software do Capítulo 2, que soube pelo chefe de seu chefe que poderia ser demitido por dar maus conselhos aos colegas. Só porque você está dando feedback com mais frequência não significa que todos os seus superiores também estão fazendo isso. Mas, mesmo se algo desse tipo acontecer, você ainda pode mostrar que está do lado do seu funcionário. Faça a sua lição de casa e descubra quando o problema aconteceu e, se possível, com quem. Defenda o funcionário, se puder. Se isso não der certo, repasse o feedback a ele, diga que você também foi pego de surpresa e deixe claro que tem todas as intenções de orientá-lo para ter sucesso.

Isso nos leva a um problema bastante comum: o que acontece se for *você* que for pego de surpresa na avaliação? Digamos que você pediu aos seus superiores um aumento para Kim. Você a apresentou como sua funcionária de melhor desempenho e deu sólidos argumentos para ela ganhar um aumento. Mas, quando recebe o retorno alguns meses depois, descobre que Kim não foi contemplada. Você foi sincero com ela, e Kim sabe que você enviou a solicitação dela para o aumento. Você não tem culpa da surpresa, mas ela vai ficar desapontada com a notícia.

Vejamos alguns conselhos de Alexandra, vice-presidente de uma empresa do setor de viagens e lazer. Ela supervisiona uma divisão de 450 pessoas e já aconteceu de não ter conseguido uma promoção ou um aumento que queria para seus funcionários.

O conselho que ela dá é: comece pelo resultado. Não protele nem fique dando voltas. E, faça o que fizer, não cometa o erro de passar meia hora na avaliação de desempenho antes de dar as más notícias. Se Kim sabe que o seu nome foi enviado para um pedido de aumento, você estará alimentando ainda mais suas esperanças, além de consumir um tempo que pode ser mais bem aproveitado discutindo como aumentar as chances dela no próximo ano. Você pode pular o reconhecimento ou resumi-lo, dizendo algo como: "Você sabe o quanto eu valorizo suas contribuições para a equipe. Pedi que lhe dessem um aumento e o resultado foi que a minha solicitação não foi aprovada" ou "O resultado foi que você vai ter um aumento de 2,4% para acompanhar a inflação, mas não o aumento de 10% que eu pedi".

Reconheça que o resultado foi decepcionante e que gostaria de ter notícias melhores para dar, mas não fale sobre suas frustrações com o sistema. Você pode ter vontade de contar todo o lobby que fez por ela, ou como o sistema de remuneração precisa de uma grande mudança, ou que ela é a terceira pessoa este ano que não recebeu o aumento que você achava que merecia. Sei que você quer provar que é o chefe disposto a lutar pelas pessoas. Cometi esse erro com dois funcionários espetaculares no passado e acabei passando a mensagem desanimadora de que nós dois éramos completamente impotentes para decidir nosso futuro na organização. Ambos pediram demissão menos de um ano depois.

Em vez de tirar o poder de seu funcionário, dê um jeito de empoderá-lo. Segundo Alexandra, uma abordagem muito melhor é focar no que precisa acontecer da próxima vez. Depois que dá as más notícias, dizendo algo como "Eu realmente queria e esperava um resultado diferente", ela passa para "mas aprendi algumas coisas com isso". Em seguida, ela diz: "Precisamos preencher algumas lacunas nas suas responsabilidades para aumentar as suas chances na próxima vez" ou "Precisamos ser capazes de responder às seguintes perguntas na próxima vez". Você pode ter que insistir com seu chefe ou com o RH para descobrir como garantir que Kim receba um aumento. Só deram aumentos para pessoas que trouxeram mais de cem mil dólares em novos negócios? Só deram aumentos para pessoas que expandiram a reputação internacional da organização? É claro que os critérios para os aumentos e as promoções do próximo ano podem mudar, mas é importante reunir todas as informações que puder. Dê a Kim um caminho para que ela possa decidir se deseja ou não segui-lo.

Neste ponto da conversa, você passou para o modo de orientação. Você está pensando em ideias de como reestruturar o trabalho de Kim para que ela tenha mais chances de receber um aumento na próxima vez. É bem provável que você tenha que voltar a conversar com Kim em uma ou duas semanas, depois que ela tiver a chance de processar a má notícia, para vocês pensarem juntos nas estratégias, mas comece essa conversa agora para mostrar que está do lado dela, já se colocando em busca de oportunidades.

E se o feedback que você receber de seu chefe for de que a empresa simplesmente não tem dinheiro para dar todos os aumentos salariais solicitados? Primeiro, certifique-se de que seu chefe concorda que Kim está apresentando um desempenho que normalmente justificaria um aumento de salário. Depois, descubra o que puder sobre como os poucos aumentos foram concedidos. Pode ser que ninguém da sua divisão tenha sido contemplado. Então pode dizer a Kim: "Os aumentos dependem de duas coisas: desempenho e verba. A boa notícia é que todos concordamos que seu desempenho mais do que justifica um aumento. Você está fazendo exatamente o que precisa ser feito, então vou enviar seu nome para solicitar um aumento de novo daqui a seis meses". Ou daqui a um ano, ou qualquer que seja o ciclo de aumentos da sua organização. "A má notícia é que a organização não tem a verba necessária. Ninguém da nossa divisão conseguiu mais do que um aumento para acompanhar a inflação. Mas acho bom pedirmos um aumento para você agora. Assim, teremos mais argumentos quando os recursos estiverem disponíveis." Não é a notícia que gostaria de dar, mas você pode atenuar essa surpresa desagradável.

Vamos imaginar que você tenha acabado de marcar para sexta-feira uma conversa de avaliação com um funcionário, alguém que está há semanas apresentando um desempenho visivelmente abaixo do esperado. No próximo capítulo, você aprenderá como estruturar essa conversa para que ela seja produtiva e eficaz.

RESUMO DO CAPÍTULO
Prática 5: Faça de tudo para evitar surpresas

- As piores experiências de avaliação são as que surpreendem, como aquelas em que um funcionário acha que está tendo um bom desempenho, mesmo que não seja nada espetacular, mas seu chefe informa que o desempenho está insatisfatório há algum tempo.

- A frequência das conversas de avaliação depende de cada funcionário, mas precisam ocorrer no mínimo a cada seis meses.

- Quando os funcionários estiverem com um desempenho insatisfatório, verifique se entenderam o que foi dito antes de concluir uma conversa de avaliação. Peça para eles repetirem os três pontos principais.

- Se você planeja dar uma avaliação que será decepcionante ou frustrante, não a deixe para o final da reunião. Seu relacionamento com o funcionário sairá desgastado se fizer isso. Dê as más notícias logo – como ao arrancar um curativo – e depois se ofereça para orientar o funcionário ou conversar sobre estratégias para que ele possa melhorar.

PRÁTICA 6

Separe as observações da narrativa que criou na sua cabeça

Quanto mais frustrados estivermos com uma pessoa, maiores serão as chances de contarmos uma história negativa sobre ela.

SHEILA HEEN[1]

Os chefes raramente se sentem preparados para dar avaliações negativas. Mas, se estiver colocando em prática as recomendações deste livro, você está mais preparado do que imagina. Vamos juntar todas essas recomendações e incluir mais uma ou duas para você poder ajudar um funcionário com baixo desempenho a realmente melhorar. E, se você conduzir bem essa conversa, não correrá o risco de perder um bom relacionamento no trabalho. Pelo contrário, você vai fortalecê-lo.

Um dos piores erros que você pode cometer em uma conversa de feedback é passar de suas observações (os fatos que observou) para a sua narrativa sem perceber. Digamos que um de seus funcionários, Michael, tenha perdido dois prazos consecutivos. Ele deveria fazer alguns cálculos, enviar os números e interpretá-los para você. Várias observações são claras: (a) você definiu os prazos com antecedência; (b) quando chegava a data da entrega, Michael mandava um e-mail explicando o que estava fazendo, em vez de mandar o produto final; e (c) na primeira vez que aconteceu, você não disse nada, imaginando que ele logo entregaria os números.

Quando Michael estoura o segundo prazo, você liga para ele para ver o que aconteceu e para dizer que isso não pode continuar assim. Você começa lembrando-o de suas expectativas – esperava os cálculos naquelas duas datas – e compartilha suas preocupações sobre os prazos. Você suspeita que Michael se atrasou por não ser bom com números, então diz: "Se precisar de ajuda com a análise, podemos chamar alguém da equipe para ensiná-lo a usar o Excel". Você acha que está sendo um líder benevolente. Mas, do nada, Michael fica na defensiva e você se pergunta o que aconteceu. Você só estava tentando ajudar.

O problema é que você passou de um fato que observou – ele perdeu dois prazos – para uma narrativa – por que ele não cumpriu os prazos. Você pode não pensar nisso em termos de uma história, mas, assim que presumiu as razões dele, uma narrativa começou a se formar na sua cabeça.

Todo mundo adora uma boa história

Essa ideia de que passamos rapidamente de observações para narrativas é explicada no excelente livro *Conversas cruciais*, de Kerry Patterson, Joseph Grenny, Ron McMillan e Al Switzler.[2] Patterson e seus colegas descrevem como a natureza humana tende a expandir o que vemos ou ouvimos – nossas observações – em uma história que nos ajuda a entender o ocorrido. A sua história é o porquê por trás do comportamento de alguém – por que a pessoa fez ou deixou de fazer algo. E, se a história na sua cabeça parecer plausível, você a abraça. Você a alimenta com exemplos. De repente, outros momentos que não conseguia explicar são claramente elucidados pela história que você criou na sua cabeça. Michael não levantou a mão na semana passada quando você pediu que alguém liderasse um projeto importante. Você ficou surpreso na ocasião – um mês atrás, ele queria liderar um projeto –, mas agora tudo faz sentido: ele tem dificuldades com números.

Se você se pegar criando narrativas ou inventando razões para o comportamento frustrante de alguém, isso não faz de você um líder ruim. É natural do ser humano. Os neurocientistas teorizaram que os seres humanos são programados para contar histórias, que esse é um dos papéis fundamentais do hemisfério esquerdo do cérebro.[3] Você mesmo deve ter criado a sua própria narrativa especulativa quando eu estava descrevendo o comportamento de Michael. Ele pode estar sobrecarregado em casa. Ou os prazos podem não ter sido realistas. Todos nós criamos motivações e razões para explicar o mundo. Você se lembra da ilustração do triângulo grande "perseguindo" o triângulo pequeno no Capítulo 2? A ilustração só mostrava algumas figuras geométricas se movendo no sentido horário, mas nós também enxergamos motivações. Se criamos motivações para formas inanimadas, imagine o que fazemos com pessoas de verdade. Nós vemos, nos perguntamos e, em um piscar de olhos, achamos que já sabemos.

As histórias que você cria podem semear o caos em suas conversas de avaliação

Por mais convincentes que as suas narrativas possam ser, você precisa combater esse impulso quando estiver informando a um funcionário que ele teve um desempenho insatisfatório. As pessoas sempre podem se opor à história que você criou. Sempre. Na verdade, é quase certo que elas insistirão que a sua narrativa, por mais detalhada e complexa, não é a história toda e, se a sua narrativa for injusta, sua avaliação provavelmente também será.

Agora o funcionário está achando que a sua avaliação é injusta, o que é um problema ainda maior. O senso de justiça é importantíssimo em conversas de avaliação negativa. Pesquisadores descobriram que as pessoas reagem mais favoravelmente a uma avaliação negativa e aceitam mais prontamente notícias decepcionantes quando acreditam que o feedback é justo.[4] Mas, infelizmente, acontece muito de os funcionários se sentirem profundamente injustiçados pelas avaliações que recebem. De acordo com uma pesquisa, 51% dos funcionários acharam que suas avaliações anuais de desempenho foram imprecisas ou injustas.[5]

Por mais fácil que seja para alguém se opor à história que você criou, é muito mais difícil se opor aos fatos. Diga que você está preocupado porque Michael perdeu dois prazos consecutivos e ele não tem como contestar esse fato. É mais provável que peça desculpas e dê uma explicação. Ele pode dizer que não achou que o prazo fosse tão rigoroso, mas pelo menos vocês identificaram o problema – uma falha de comunicação – e juntos podem evitar que se repita no futuro. Ou Michael pode ter achado que os números tinham que ser exatos na casa decimal de 0,01, enquanto você só precisava de estimativas aproximadas.

O ponto é o seguinte: se você se ativer às suas observações dos fatos, parecerá mais justo para o funcionário e será mais fácil para vocês dois se manterem focados em resolver os problemas. Vocês dois podem identificar o que deu errado e pensar em uma solução. Mas, se você entrar na história que inventou na sua cabeça, Michael ficará focado em convencê-lo de que ela está errada. Ele pode dizer que sempre tirou notas altas em álgebra linear na faculdade, e tudo o que você consegue pensar é: "Tudo bem, mas ainda preciso dos números".

Você pode estar pensando: "Mas, se faz parte da natureza humana contar histórias, como espera que eu faça de outro jeito?". É verdade que você não pode simplesmente se livrar do impulso. Mas pode se pegar fazendo isso e ser um pouco menos impulsivo e muito mais ponderado. Como mostra a figura a seguir, em vez de inventar impulsivamente uma história, opte por uma ressignificação ponderada.

Como a ressignificação ponderada funciona na vida real? Outro dia desses, eu estava na sala de descanso do nosso escritório e um colega abriu a geladeira com tanta força que uma garrafa de creme de leite se espatifou no chão. Eu tinha acabado de abrir a geladeira sem qualquer incidente e tinha certeza de que o problema não era o creme de leite. A primeira coisa que passou pela minha cabeça foi "Você é tão rude e descuidado", mas me contive e optei pela interpretação mais ponderada: "O que será que está acontecendo com ele?". Eu perguntei: "Tudo bem com você?", e meu colega teve a chance de me contar como estava frustrado com um e-mail que tinha acabado de receber.

A ressignificação ponderada requer esforço (especialmente devido ao enorme apelo da nossa narrativa interna impulsiva), então comece a praticá-la agora, quando não corre o risco de prejudicar ou magoar ninguém. Comece com situações de baixo risco. Pode ser com a família em casa, mas, se você tiver uma vida familiar estressante, pratique-a em interações de baixo risco no trabalho, como no refeitório ou na fotocopiadora. Não se culpe quando se pegar criando narrativas para explicar os fatos. É natural. Mas, antes de se envolver demais na sua história interna impulsiva "Isso só pode ter acontecido porque você é Y", pergunte: "O que está acontecendo com você?". Seja curioso, não presunçoso.

Gravatas roxas e a minha pior experiência de feedback

Para ilustrar como é fácil uma narrativa interna destruir uma experiência de feedback potencialmente proveitosa, considere um dos meus piores episódios de feedback. Como consultora de ensino universitário, é comum os professores me pedirem para assistir a suas aulas para ver como estão se saindo. Um professor de administração,

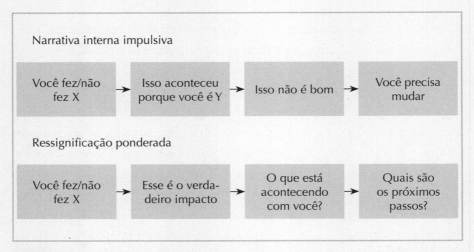

FIGURA 8

que chamarei de Ron, perguntou se eu poderia observar um de seus cursos de liderança executiva. Ele era um CEO aposentado ministrando um curso para aspirantes a CEO. Eu só tinha conversado com ele uma vez, no dia em que ele me pediu para assistir a sua aula, e na próxima vez que o vi, estava sentada no fundo da sala de aula. Era o primeiro dia de aula e ele acertou muitas coisas, mas cometeu um erro terrível: contou uma piada homofóbica. Não foi uma piada que poderia ser, com um pouco de imaginação, interpretada como homofóbica; foi uma piada absoluta e descaradamente homofóbica. Ron disse: na década de 1970, quando era um CEO, ele estava em um dos escritórios da empresa em Nova York e viu um funcionário usando uma gravata roxa. No fim do dia, ao entrar em uma limusine para ir ao aeroporto, Ron se virou para os dois vice-presidentes que o acompanhavam e disse: "Se eu vir outra bicha de gravata roxa, vou transferi-lo para uma filial no meio do nada". (Sei que a linguagem é extremamente ofensiva, mas foi o que ele disse. E lembrando que aquilo foi no primeiro dia de aula.) Ron fez um aceno presunçoso com a cabeça em direção à sala perplexa de alunos de pós-graduação e disse: "Quando voltei para o escritório três dias depois, não vi nenhuma gravata roxa. Nunca mais vi uma gravata roxa. Nunca. Esse é o poder que um CEO tem". Fiquei lá, horrorizada, olhando ao redor da sala, imaginando quanto dano ele tinha causado.

Ron havia contado uma história terrível para a sala, mas eu imediatamente inventei minha própria história terrível na minha cabeça. Minha narrativa interna impulsiva foi que Ron era um ser humano horrível. O que ele seria capaz de dizer quando eu não estivesse lá para avaliar sua aula? (Você pode estar se perguntando por que não o denunciei ao RH ou pelo menos mencionei o assunto ao chefe dele. Nossa instituição tinha uma rigorosa política de confidencialidade e só aceitava denúncias de assédio sexual.)

Quando Ron e eu nos encontramos alguns dias depois na minha sala, nossa conversa de feedback foi um desastre. Eu estava tão revoltada com os comentários dele que fiquei nervosa só de vê-lo – o que nunca é um bom lugar para começar. É assim que me lembro da conversa:

Ron: Sei o que vai dizer. Você não gostou da minha história sobre a gravata roxa.

Eu: Sim, que bom que mencionou isso. Eu gostaria de falar a respeito.

Ron: Bom, eu até podia ter contado a história de outro jeito, mas quero que eles saibam o poder que um CEO tem. Veja bem, eu só fiz um comentário casual para os dois vice-presidentes e a notícia se espalhou. Aquilo foi muito antes de o e-mail existir. Eu jamais diria algo parecido agora, mas era uma época diferente.

Eu, pensando "Se você nunca diria algo parecido agora, por que contou a história para os alunos?": Não sei quais são seus valores ou opiniões pessoais, mas você sabe que não pode falar esse tipo de coisa em sala de aula, não é?

Ron, movendo sua cadeira para trás: Eu disse aquilo para provar meu ponto. Eles precisam saber quanto poder um CEO tem.

Eu: Mas muitos alunos podem ter se ofendido com a história. Você precisa mostrar que tem a mente mais aberta. O que mais me preocupa é que aquele foi o primeiro dia de aula. Não sabemos quantos alunos podem ser gays ou estar pensando em se assumir.

Ron, recuando ainda mais e ficando com o rosto vermelho: Pode ser, mas você não pode mudar quem eu sou. Não vou fingir que sou uma pessoa diferente, e achei que era o meu papel ajudar os alunos a ver a realidade do local de trabalho, de como é ser um CEO.

Eu: Não estou tentando mudar você. (*Eu estava.*)

Ron: Está sim. Você não sabe o que eu passei. Nunca foi uma CEO. Você não viu o que eu vi na década de 1970. Acho que você nem tinha nascido ainda.

Eu, muito nervosa, decidindo usar meu trunfo: Você tem razão, não sei como é ser uma CEO. Mas, se um desses alunos reclamar ao reitor, você pode ser demitido. Sei que quer esse emprego. Preciso que me prometa que nunca mais vai contar essa história nas aulas.

Ron, com a cadeira literalmente encostada na parede: Tudo bem, se você quer que eu prometa, eu prometo. Mas não vou mudar quem sou. Tenho direito às minhas opiniões. Mais alguma coisa ou era só isso?

Ele saiu furioso da minha sala. À primeira vista, você pode achar que foi uma boa atitude da minha parte ter insistido para ele nunca mais contar a história. Mas foi uma vitória patética em comparação com o que poderia ter sido possível se eu tivesse escutado com mais atenção e demonstrado interesse em ouvir a história dele, sem ficar tão apegada à narrativa que havia criado na minha cabeça. O que foi que eu errei? Para começar, eu imediatamente presumi que ele contou a história da gravata roxa por ser homofóbico, como deixei claro quando disse que, quaisquer que fossem seus "valores ou opiniões pessoais", ele precisava ter "a mente mais aberta". Ele podia ter contado aquela história para ilustrar um ponto importante, como o de que os CEOs devem ficar atentos a cada palavra que dizem, mas ele não teve a chance de tocar no assunto e eu não o ajudei a chegar lá. Também não o ajudei a identificar os próximos passos, como o que poderia dizer para restaurar a segurança psicológica em sua sala de aula. Não demonstrei qualquer interesse em saber o ponto de vista dele e, em resposta, ele também não teve interesse em saber o meu. Se você estiver tentando ajudar uma pessoa a mudar, primeiro precisa se afastar da história que está contando a si mesmo sobre as motivações ou razões dela. Voltarei a Ron mais adiante e mostrarei o que eu gostaria de ter dito, mas é importante ver como a narrativa que você cria na sua cabeça muitas vezes dificulta, em vez de facilitar, uma conversa de feedback importante.

Uma conversa mais produtiva

Existe uma maneira melhor de informar a uma pessoa em que pé ela está em relação às expectativas. Como você tem más notícias para dar e ela não vai gostar de você por isso, não deixe de mostrar suas boas intenções. Em seguida, percorra as seis etapas seguintes. Não precisa segui-las na ordem, mas não deixe de abordar todas as seis.

1. Diga o que você observou.
2. Descreva o impacto ou resultado.
3. Aproveite a oportunidade para se informar.
4. Identifique os próximos passos.
5. Tranquilize a pessoa.
6. Agradeça.

1. Diga o que você observou

Você pode começar apresentando os fatos que observou. O que a pessoa fez ou deixou de fazer que você considerou um problema? É mais fácil descrever as suas observações quando elas são sobre o trabalho e não sobre a pessoa. Michael deixou de cumprir dois prazos. Tanya parece levar duas vezes mais tempo com cada paciente do que os outros enfermeiros. Ron contou a história da gravata roxa para seus alunos.

Tente descrever comportamentos específicos. Se você estiver pensando "Zoe se acha melhor do que o resto da equipe", em vez de dizer "Parece que você se acha melhor do que o resto da equipe", diga "Zoe, você já notou que costuma revirar os olhos quando alguém faz uma pergunta?" ou "Vi que você revirou os olhos hoje quando Derek começou a falar na reunião". (Se incivilidades como essas forem uma questão na sua equipe, recomendo o livro *Trust your canary*, de Sharone Bar-David. Ela ajuda a identificar o problema e oferece uma variedade de soluções, desde quando abordá-lo em público até como lidar com um colega cronicamente grosseiro.[6])

2. Descreva o impacto ou resultado

Há dois tipos de impacto que vale a pena abordar. Um deles é como o comportamento da pessoa afeta você ou a equipe e o outro é como o comportamento da pessoa afeta ela mesma. No caso de Michael, você pode explicar que, como ele não mandou os números a tempo, você não conseguiu terminar seus slides para a apresentação que precisa fazer para a equipe executiva na quarta-feira. Seu chefe pediu para ver os slides antes da apresentação e, como os números estão faltando, você parecerá despreparado e ele ficará nervoso. Michael podia não fazer ideia de que esses prazos eram tão importantes.

No caso de Zoe, seu comportamento pode afetar a equipe de várias maneiras. As pessoas evitam trabalhar com ela ou fazem corpo mole quando ela pede informações. Quando Zoe revira os olhos, além de Derek ficar frustrado, todas as pessoas da equipe perdem um pouco do respeito que têm por ela. Ela pode não perceber que está fazendo isso, mas os outros percebem.

Se for só uma conversa de orientação, basta mencionar o primeiro impacto, ou seja, o impacto que o comportamento da pessoa está tendo sobre você ou a equipe. Então, passe para a terceira etapa e tente se informar. Mas, se for uma conversa de avaliação, você precisa ir além e dizer como a pessoa está sendo prejudicada pelo próprio comportamento. Essa costuma ser a parte mais difícil da conversa. Seja sincero e claro. No caso de Michael, você pode estar desapontado e quer ter certeza de que o problema não vai voltar a acontecer. Você gostaria de poder contar com ele no futuro, mas pode estar se perguntando se não seria melhor começar a pedir os cálculos a alguma outra pessoa. Ou o problema pode ser mais grave do que isso. Ele pode ter pedido uma promoção e essa questão pode estar afetando as chances de isso acontecer este ano. Diga isso de forma simples e direta: "Vou ser sincero com você. Isso está prejudicando as suas chances de receber uma promoção. Sei que você quer um cargo de liderança, mas um bom líder deve ter excelentes habilidades de comunicação. Se você sabe que vai atrasar, precisa avisar com antecedência para dar às pessoas a chance de traçar um novo plano".

3. Aproveite a oportunidade para se informar

É interessante conhecer o ponto de vista da outra pessoa. Faça perguntas como: "Você pode me ajudar a entender o que aconteceu?" ou "O que causou o atraso?", ou ainda "O que está impedindo você de cumprir os prazos?". É como um profissional de RH que entrevistei disse: "Quando você está elogiando o desempenho de alguém, tudo bem se só você falar. Mas, quando está criticando o desempenho de alguém, a pessoa também precisa ter a chance de dizer algo". Enquanto não souber as causas do problema do ponto de vista do funcionário, são grandes as chances de propor um plano que não vai levar a nada. No caso de Michael, ele pode ser tão bom nos cálculos que achou que vários dados pareciam suspeitos e demorou para entregar os números porque levou um tempo a mais investigando. Ou o marido de Michael pode ter machucado a coluna e

Michael passou a semana passada falando ao telefone com tantos médicos que perdeu a noção dos prazos. Normalmente basta fazer a pergunta "Você pode me ajudar a entender o que aconteceu?" para esclarecer as dificuldades que a pessoa está enfrentando ou por que ela se comportou daquela maneira. Ou você também pode fazer as perguntas focadas na pessoa (na página 95) ou as de tomada de perspectiva (na página 141) se ainda não estiver conseguindo entender. Parafrasear também ajuda. "Certo, deixe-me ver se eu entendi bem. Você achou que os dados precisavam ser irrefutáveis e parecia que dois ou três números eram duvidosos, então mandou e-mails para várias pessoas para obter dados mais precisos e atualizados. Foi isso mesmo? Teve mais algum problema?"

4. Identifique os próximos passos

Depois de entender a perspectiva da outra pessoa, vocês podem criar um plano juntos para resolver o problema e impedir que ele se repita. Se fosse apenas uma conversa de orientação, você primeiro perguntaria à pessoa o que ela propõe. Mas, como essa é uma conversa de avaliação e você está dizendo que ela precisa melhorar, essa é a hora de dar uma ordem, não uma sugestão. Você pode dizer: "Vou precisar que, daqui em diante, você faça tal coisa" ou "O que eu preciso de você é..." No caso de Michael, você pode dizer que precisa dos números mais precisos que ele tiver até o meio-dia de hoje e que quer duas cópias, uma limpa e a outra com asteriscos ao lado dos dados questionáveis. Pergunte também se ele precisa da sua ajuda para remover quaisquer obstáculos.

Pode ser um pouco embaraçoso, mas não deixe de falar sobre como evitar esse problema no futuro. Pode ser tão simples quanto perguntar:

- "O que você sugere que façamos diferente da próxima vez?"
- "O que podemos fazer no futuro para evitar que isso volte a acontecer?"

- "No futuro, o que você gostaria de repetir e o que gostaria de mudar?"

As pessoas se tranquilizam ao ouvir que haverá uma próxima vez, que você lhes confiará essa responsabilidade novamente e, ao dizer "nós", você reconhece que também contribuiu para a existência do problema. Quanto mais você focar seu feedback no futuro, não no passado, mais a outra pessoa desejará se responsabilizar pela mudança.[7]

5. Tranquilize a pessoa

Como vimos ao longo deste livro, é sempre importante incentivar uma mentalidade de crescimento, mas isso é ainda mais importante quando um funcionário ouve que está tendo um desempenho considerado insatisfatório. Ele precisa ouvir que *você* acredita que ele é capaz de mudar. Caso contrário, por que ele se daria ao trabalho de tentar? A mensagem que você quer transmitir é "Eu sei que você é capaz de superar isso". Diga, nas suas palavras, algo como:

- "Confio na sua capacidade. Você ainda vai progredir muito."
- "Todos nós temos contratempos [ou semanas ruins, ou decisões erradas]. Sei que você vai superar isso e saiba que estou do seu lado."
- "Você não é o primeiro a ter esse problema. Já vi muitas pessoas que aprenderam com o erro e melhoraram o desempenho de um jeito espetacular. Não se deixe definir por isso. O que o define é o que você escolhe fazer diferente da próxima vez."

6. Agradeça

Não deixe de agradecer o funcionário. Ele acabou de ter uma conversa difícil com você, o que, convenhamos, ninguém deseja fazer com o chefe, então expresse gratidão por ele se dispor a isso. Não precisa se estender muito. Você pode dizer algo bem simples, como: "Sei que não foi fácil, mas obrigado por pensar comigo em um plano para que nós dois saibamos o que esperar no futuro".

Quando compartilhar sua narrativa

Não estou dizendo que você nunca pode revelar a história que criou na sua cabeça – pode ser esclarecedor ouvir "Acho que o seu comportamento causa tal impressão nas pessoas" –, mas você precisa deixar claro que essa narrativa é diferente das observações que você fez dos fatos. Uma maneira fácil de manter as duas coisas separadas é falar sobre elas em momentos diferentes da conversa. Pela minha experiência, costuma ser bom compartilhar minha interpretação do comportamento da pessoa após ela explicar seu ponto de vista (ou seja, depois da etapa três). Depois que Michael me contou o que aconteceu da perspectiva dele, eu posso dizer: "Que alívio. Eu estava começando a pensar exatamente o contrário. Cheguei a pensar: 'Será que ele não está me entregando os números porque tem dificuldade com matemática?'." Vocês dão risada da situação – e só podem fazer isso porque ele não precisa mais se defender dessa interpretação. Vocês não estariam rindo se você tivesse misturado sua narrativa com suas observações no início da conversa. E agora Michael fica ciente de outro impacto quando deixa de cumprir um prazo – as pessoas duvidam de sua capacidade.

A história que você criou sobre a pessoa não precisa ser longa. Pode ser uma única palavra. Helene Lollis, presidente e CEO da Pathbuilders, uma empresa especializada no desenvolvimento de líderes mulheres, afirma que considera muito útil identificar uma ou duas palavras que as pessoas usam quando descrevem alguém. Quando não está por perto, as pessoas utilizam uma palavra ou expressão para resumir quem você é. Qual você gostaria que fosse? Se a pessoa quer subir na organização, pode ser interessante perguntar: "Qual é a palavra ou expressão que você quer que as pessoas usem quando falarem sobre você?". Em seguida, explique: "No momento, estou preocupado que seja X. Vamos pensar em uma maneira de mudar essa percepção a seu respeito".

Diferenças de gênero: ressignificando a história

Quando uma funcionária mulher apresenta um desempenho insatisfatório, pode ser muito produtivo invalidar qualquer narrativa excessivamente crítica que ela possa estar contando a si mesma sobre "ser um fracasso" e criar conjuntamente uma nova história. Pesquisadores analisaram por que algumas mulheres se recuperam de grandes reveses no trabalho e outras não. Quando um projeto é um enorme fracasso, uma campanha de angariação de fundos não tem sucesso ou uma divisão inteira é fechada, por que algumas mulheres têm dificuldade de superar essa derrota, enquanto outras partem para desafios maiores e mais ousados? Pesquisadores descobriram que o feedback de um mentor ou supervisor diante desse fracasso fez toda a diferença. As mulheres que tiveram dificuldade em se recuperar, que fugiram de novos desafios, receberam um feedback indiferente.

Não que os chefes dessas mulheres lhes disseram algo como: "Foi tudo culpa sua e você deveria se envergonhar". Na maioria das vezes, elas não receberam qualquer feedback sobre o que deu errado. Seus supervisores e colegas evitaram o assunto ou se limitaram a dizer coisas como "Não dá para vencer todas as batalhas". Na ausência de uma nova interpretação sobre o ocorrido, essas mulheres tiveram a tendência de internalizar o fracasso e vê-lo como culpa delas. Até mulheres em altos cargos executivos, como a presidente de uma organização sem fins lucrativos, acabavam se culpando quando todos ao seu redor evitavam falar sobre um grande erro. Por outro lado, quando as líderes tiveram colegas, um mentor ou um superior que falaram sobre o fracasso e o contextualizaram, dizendo: "Em geral, o seu trabalho é excelente. Sugiro que interprete esse fracasso de tal maneira e mude isso e aquilo da próxima vez", essas mulheres tiveram uma trajetória muito diferente. Elas passaram pelas transições com mais rapidez e sucesso. Elas não se intimidaram diante de novos desafios e se sentiram confiantes de que poderiam ter sucesso.[8]

Será que esses tipos de conversas de feedback são igualmente cruciais para os homens que fracassam? Como os pesquisadores só entrevistaram mulheres, não temos como saber. Mas, com base em outros estudos empíricos, sabemos que os homens tendem a ser mais confiantes em uma variedade de tarefas e estágios da carreira. Um estudo com gerentes do Reino Unido, por exemplo, descobriu que 50% das gerentes mulheres admitiram duvidar de seu desempenho e de suas carreiras, em comparação com apenas 31% dos gerentes homens, de modo que eles podem não precisar, tanto quanto as mulheres, dessas conversas contextualizadas depois de um fracasso.[9]

Feedback para Ron: segunda tentativa

O que poderia ter acontecido com Ron se eu tivesse tentado me informar sobre a perspectiva dele em vez de me ater à narrativa que criei na minha cabeça? É difícil saber, mas a conversa poderia ter sido mais ou menos assim:

Ron: Sei o que você vai dizer. Você não gostou da minha história sobre a gravata roxa.

Eu: Sim, que bom que mencionou isso. Devo admitir que a história que você contou me pegou de surpresa. Fale um pouco sobre o impacto que você esperava ter ao contá-la para a classe.

Ron: É importante que eles saibam quanto poder um CEO tem. Eu só fiz um comentário casual para os dois vice-presidentes, e a notícia se espalhou. Aquilo foi muito antes de o e-mail existir. Pensando bem, acho que eu poderia ter contado a história de um jeito um pouco diferente...

Eu: Quer dizer que você não tem certeza se contou a história da gravata da melhor maneira possível para a turma e não sabe se escolheu as palavras certas, mas queria que eles soubessem que o que sai da boca de um CEO pode ter grandes consequências e que é importante prestar atenção a cada palavra.

Ron: Isso mesmo.

Eu: Faria sentido dizer que a única coisa que você queria que os alunos aprendessem com aquela história era: "Com grandes poderes vêm grandes responsabilidades"?

Ron: Quem foi que disse isso mesmo? Foi o Winston Churchill? Ou o Homem-Aranha? Enfim, é basicamente isso.

Eu: Estou pensando se teria algum outro jeito de transmitir essa mensagem. Porque, assim como tinha uma grande responsabilidade quando era o CEO, você também tem uma grande responsabilidade com esses alunos. Pelo que posso ver, você é um homem muito observador. Qual efeito acha que suas palavras tiveram sobre eles? Quais impactos você viu até agora?

Ron: Não sei direito... Ninguém disse nada na hora.

Eu: Você gostaria de saber o que eu observei?

Ron: Com certeza. Foi por isso que pedi para você assistir a uma aula minha.

Eu: Que bom. Quero ajudá-lo a usar suas experiências como CEO e criar a experiência de aprendizado mais valiosa e interessante possível para seus alunos. O que eu observei foi o seguinte: até aquele momento na aula, a cada cinco minutos, pelo menos três alunos levantavam a mão para fazer ou responder a uma pergunta. Eles pareciam ansiosos para impressioná-lo. Depois que você contou aquela história, todos ficaram em silêncio. Ninguém levantou a mão por pelo menos quatro minutos. Quando os alunos voltaram a participar da aula, foram só os homens brancos da turma. As mulheres e os

239

asiático-americanos da classe passaram quase dez minutos sem dizer nada, e só dois deles falaram alguma coisa até o fim da aula.

Ron: Que interessante, não tinha notado isso. Mas a turma tem mais homens brancos.

Eu: É verdade, mas as mulheres e os estudantes asiático-americanos tinham participado bastante antes da história da gravata roxa. Antes de contá-la, quatro ou cinco mulheres tinham levantado a mão. Depois, só duas participaram da aula.

Ron: Quer dizer que você acha que a história deixou as alunas relutantes em levantar a mão?

Eu: Acho bem provável. Um dos impactos não intencionais da sua história é que as mulheres, bem como outros alunos da turma, podem ter se sentido menos seguros.

Ron: Menos seguros? Nada a ver. Por que eles se sentiriam menos seguros? Não foi a minha intenção. De jeito nenhum. Além disso, eles precisam ser mais casca-grossa se quiserem ser líderes.

Eu: Tudo bem, vamos voltar à questão de ser ou não casca-grossa mais tarde. Isso parece importante para você. Mas primeiro vamos falar sobre por que eles podem ter se sentido menos seguros. Tenho certeza de que não foi sua intenção. Mas, como um CEO, sei que entende que o impacto de uma pessoa pode ser bem diferente das suas intenções.

Ainda seria uma conversa difícil, mas, se tivesse me limitado às minhas observações e as apresentado de uma maneira detalhada e concreta, Ron teria tido mais interesse no que eu observei. Ele teria se envolvido na conversa em vez de ficar na defensiva. Uma lição muito importante, que me tornou muito melhor em avaliar as pessoas, é a seguinte: assim que vir alguém fazendo algo problemático, comece imediatamente a procurar o impacto negativo. O que acontece depois do erro ou mau comportamento? Quanto mais quantificável for esse impacto, menos na defensiva e mais interessada a pessoa ficará. No caso de Ron, foi o número de alunos que participaram da aula em determinado intervalo de tempo. No caso de Zoe, quando ela revira os olhos, quantas pessoas cruzam os braços? O problema passa a ser extrínseco, em vez de estar focado no tipo de pessoa que Ron ou Zoe são.

Você também deve ter notado que entrei direto na parte de me informar (etapa três), perguntando sobre o impacto que ele havia observado, e evitei falar sobre o que eu tinha observado. Quando a outra pessoa tem um ego gigante ou você não quer que ela fique tão na defensiva, é interessante começar tentando se informar sobre a perspectiva dela. No caso de Ron, ele se deu conta de que não tinha percebido nada, mas que eu tinha. Um pouco mais adiante na conversa, depois de falarmos sobre por que alguns alunos podem não se sentir seguros em sala de aula, eu apontaria o maior impacto possível: a possibilidade de os alunos irem reclamar na reitoria. Ele precisa saber que isso pode lhe custar o emprego, mas quero que me veja como alguém que pode ajudá-lo a resolver seus problemas, não apenas como a portadora de más notícias.

Mas como a pessoa vai reagir?

Uma avaliação negativa pode causar emoções fortes: raiva, ansiedade, medo, atitude defensiva, constrangimento, vergonha, mágoa, tristeza, frustração e até confusão ("Devo continuar tentando ou jogar a toalha?").[10] E não estou falando apenas da pessoa que recebe a avaliação negativa. Você também pode sentir algumas dessas coisas.

Uma avaliação negativa tem muito menos chances de chatear um funcionário quando vocês dois têm um bom relacionamento.[11] E isso não significa que precisam fazer um happy hour toda sexta-feira ou ter aulas de cerâmica juntos. O que importa é a solidez do relacionamento entre vocês no trabalho. Nos últimos vinte anos, cientistas sociais criaram métodos melhores para medir a qualidade do relacionamento entre funcionários e seus chefes, usando perguntas como "Em que extensão seu chefe entende seus problemas e necessidades no trabalho?" e "Em que extensão seu chefe reconhece seu potencial?".[12] Se você der notas altas para essas duas perguntas, é provável que tenha uma forte relação de trabalho com seu chefe e considere justo e respeitoso o feedback que receber dele, mesmo se não gostar do que ouvir. (Para ideias sobre como reconhecer o potencial de um funcionário, confira a Prática 1.)

Prepare-se emocionalmente

Também é interessante controlar suas próprias emoções antes de entrar em uma conversa de feedback como essa. Se precisar, tire um tempo. Se você se deixar levar pelas emoções, sua narrativa negativa vai falar mais alto. Uma lição que aprendi desde aquela minha primeira conversa com Ron, anos atrás, é que escrever me ajuda a ficar do lado da pessoa, não do problema, e me ajuda a passar de fortes emoções ao interesse pela perspectiva da pessoa e à solução de problemas. O que não estou entendendo sobre a situação dele? Eu anoto a história negativa que criei na minha cabeça em um lado da folha (isso ajuda a tirar a narrativa da minha cabeça), depois traço uma linha e anoto no outro lado da folha pelo menos quatro ou cinco perguntas para as quais eu não sei as respostas. A ideia é procurar as perguntas abertas e francas que discutimos anteriormente. Veja na tabela a seguir algumas indagações que eu poderia ter feito no caso de Ron.

Narrativa na minha cabeça	Perguntas francas e abertas para Ron
Ele é um ser humano horrível.	Como você se sentiu depois de contar essa história para a turma?
Ele quer mostrar quanto poder ele já teve.	Você se arrependeu quando fez esse comentário na década de 1970?
	Como CEO, o que você aprendeu sobre retirar algo que disse?
	Se você pudesse dizer uma única coisa aos alunos agora, o que seria?
	Qual comentário um CEO poderia fazer hoje que poderia se espalhar pela empresa toda?

Como lidar com reações fortes

O que você deve fazer se o funcionário tiver uma explosão emocional? Às vezes as pessoas choram ou se enfurecem durante essas conversas. Vimos como lidar com o choro na Prática 4. Mas, se alguém se enfurecer, comece validando seus sentimentos. Como Liz Fosslien e Mollie West Duffy apontam em seu excelente livro, *Sem neura: o segredo para lidar com as emoções no trabalho*, faça o possível para *não* dizer coisas como: "Não fique com raiva", "Não é nada pessoal" ou "Você vai ficar bem".[13] Você pode achar que está acalmando a pessoa, mas na verdade está invalidando os sentimentos dela e, como vimos, isso a coloca na defensiva. O melhor é tentar dizer algo como "Sei que é frustrante" ou "Imagino que essa seja a última coisa que você gostaria de ouvir". Dê à pessoa um momento para se recompor e, em seguida, reitere suas boas intenções. Pode ser algo como "Quero que tenha condições de ter mais sucesso daqui em diante. E tenho certeza de que você também quer isso".

Se a pessoa tiver uma reação forte, não fale sobre você. Não diga coisas como: "Dói mais em mim do que em você" ou "Também não é fácil para mim". É melhor perguntar se é possível ter uma conversa produtiva: "Você acha que podemos conversar mais sobre isso agora ou prefere marcar para outro dia?".

Se a pessoa começar a gritar, o primeiro passo é ajudá-la a se acalmar. Uma conversa produtiva só será possível se vocês dois estiverem calmos. Mark Goulston, um ex-instrutor de negociação de reféns do FBI e autor de *Talking to "crazy"*, explica que duas perguntas cuidadosamente formuladas costumam ajudar a pessoa a desabafar de forma produtiva.[14] Primeiro pergunte: "Com o que você está mais frustrado?". Essa pergunta soa menos crítica do que dizer: "Por que você está com raiva?". (Pela minha experiência, esta última pergunta normalmente leva as pessoas a protestar, com o rosto vermelho como uma beterraba: "Não estou com raiva!".) Em seguida, ouça com atenção.

Depois de a pessoa desabafar sua frustração e gastar um pouco de energia, ela pode ter se acalmado um pouco, então a próxima pergunta a ser feita é "Com o que você está mais preocupado?". É comum as pessoas precisarem de um estímulo para expressar suas maiores ansiedades. Um funcionário pode estar achando que você está exigindo mais dele do que do resto da equipe ou que ele nunca vai conseguir se dedicar tanto quanto o trabalho exige, ou qualquer outra possibilidade além dessas. Volte a ouvir com atenção. Você pode encorajar a pessoa dizendo algo como: "Pode elaborar um pouco mais?" para que ela explique um comentário emocionalmente carregado.

Nesse ponto, Goulston recomenda dizer: "Agora entendi por que você está frustrado e preocupado. Como não temos como voltar no tempo, vamos pensar juntos em soluções que poderão funcionar para nós dois daqui em diante. O que você acha?". Então, volte ao problema. Se Michael, que conhecemos no início deste capítulo, ficou com raiva, você pode dizer "De qualquer maneira, eu ainda vou precisar desses números o mais rápido possível". Em seguida, siga para a etapa quatro (identificar os próximos passos) e para a etapa seis (agradecer). Não estou dizendo para agradecer à pessoa por ela ter gritado com você. Mas agradeça por ela ter se acalmado e recuperado a compostura – o que nunca é fácil – e por ter chegado a uma solução produtiva com você.

Quando alguém grita, você pode ter vontade de levantar a voz também, mas isso raramente ajuda. Como William Ury observa em seu livro sobre negociação intitulado *Supere o não*, se você reagir à raiva na mesma medida, a pessoa pode simplesmente concluir que você queria puni-la desde o começo.

Depois de ouvir um feedback negativo, algumas pessoas não vão querer falar a respeito imediatamente. E está tudo bem. Entrevistei um gerente que tinha uma funcionária nova que se calava sempre que ele mencionava problemas com seu desempenho. Ele lhe fazia uma pergunta e segundos de silêncio constrangedor se passavam antes de ele ser forçado a quebrá-lo. Uma pessoa que acabou de receber más notícias pode estar fazendo de tudo para manter a compostura. Diga que gostaria de ouvir sua opinião quando ela estiver pronta, expresse que quer ajudá-la a superar o problema e peça para marcar uma conversa no futuro. Se ela não retornar em alguns dias, pare na mesa dela e diga: "Quando você tiver uns vinte minutinhos, ainda precisamos conversar. Que dia fica bom para você?" e marque na sua agenda. Perguntar pessoalmente parecerá menos ameaçador do que por e-mail.

Seja qual for a reação da pessoa, você pode se orgulhar de ter se limitado a compartilhar suas observações, não a sua narrativa. Por mais difícil que tenha sido, poderia ter tido um desfecho muito pior. Vocês teriam se desviado do assunto e as emoções poderiam ter ficado acaloradas se tivesse começado com sua interpretação dos fatos. Sei que pode não parecer grande coisa. Mas, se você esclareceu as expectativas, expôs as consequências e criou um plano de ação com o funcionário, está dando a ele uma segunda chance de provar seu valor. Você está sendo o tipo de chefe que gostaria de ser.

Resumo do Capítulo
Prática 6: Separe as observações da narrativa que criou na sua cabeça

- Um dos momentos mais danosos em uma conversa de avaliação negativa ocorre quando, em vez de falar sobre os fatos que observamos, compartilhamos a história que criamos na nossa cabeça para explicá-los.

- As observações são o que você vê ou ouve. A narrativa é uma razão ou um conjunto de razões que você criou para explicar por que alguém pode estar se comportando de determinada maneira.

- Sua narrativa, por mais detalhada que seja, nunca representa a história toda e sempre parecerá injusta.

- Limite-se a compartilhar suas observações, para que vocês dois possam manter o foco produtivo nos problemas, em vez de entrar em uma batalha de narrativas.

- Uma conversa produtiva de avaliação negativa consiste em seis etapas: apresente suas observações, descreva o impacto ou resultado, faça perguntas para saber mais, identifique os próximos passos, tranquilize a pessoa e termine agradecendo.

- "Você pode me ajudar a entender o que aconteceu?" ou "O que está impedindo você de cumprir os prazos?" são boas perguntas que podem ser feitas para diagnosticar o problema e identificar as dificuldades ou preocupações da outra pessoa.

- Pode ser interessante compartilhar a narrativa que você criou depois de descobrir o ponto de vista da outra pessoa.

- Após um fracasso, as mulheres, em especial, se beneficiam de uma história de ressignificação para ajudá-las a interpretar seu erro e traçar um plano para lidar com o problema no futuro.

- Se a pessoa ficar com raiva, em vez de dizer: "Não fique bravo", valide os sentimentos dela e diga: "Entendo por que você está frustrado".

Você está pronto, vamos lá!

Agora você já tem as ferramentas e o conhecimento. Chegou a hora de colocar tudo isso em prática.

Este é o momento de deixar este livro de lado, ligar para um de seus subordinados diretos e ter uma conversa de feedback. Se for uma conversa que você vem adiando, comece com a parte fácil. Tente mostrar que está do lado da pessoa ou expressar suas boas intenções. Qual é o ponto forte do grupo que você notou nela, uma importante contribuição que ela realiza para a equipe, mas que faz um tempo que você não menciona? Aproveite a oportunidade para agradecê-la por isso. Pegue uma ideia deste livro, uma página que você grifou ou marcou, e coloque-a em prática. Eu gostaria de poder estalar meus dedos e transformá-lo, em um passe de mágica, no líder que dá o melhor feedback de toda a organização, mas não tem outro jeito: a única maneira de se aprimorar é com a prática.

A maioria dos líderes daria mais feedbacks se soubesse que faz isso bem. Vou lhe contar dois segredos. Segredo número 1: quase ninguém acha que é bom em dar feedback. Até os líderes que são conhecidos entre seus funcionários por serem excelentes nisso tendem a dar de ombros e dizer: "Não sei se sou bom em dar feedback". Eu não acho que eles estão sendo modestos. É difícil saber se você faz isso bem porque é raro ver alguém dando feedback. Não é como realizar uma apresentação, quando você pode comparar suas habilidades nesse ponto com as de outros líderes do seu nível. É provável que só veja as pessoas dando feedback quando está recebendo um e, nesse momento, você não é exatamente um observador objetivo. Então tente aceitar que, quase por definição, você não achará que dá feedback tão bem quanto qualquer atividade feita em público.

O fato de que poucas pessoas gostam de dar feedback tem outra importante implicação. Se você está postergando algum feedback até achar que faz isso bem, sejamos sinceros: essa conversa nunca vai acontecer. E, se não tiver essa conversa, não poderá melhorar nem vai dar a chance para seu subordinado fazer o mesmo. Não fique esperando até achar que é bom em dar feedback. Use os princípios e as práticas deste livro e você terá os melhores pesquisadores e gurus do feedback ao seu lado.

Isso nos leva ao segredo número 2: quando você aprender a dar feedback, as pessoas dirão que você é o melhor chefe que elas já tiveram. Eu garanto que vai ser incrível. Seus melhores funcionários vão querer acompanhá-lo em novas oportunidades, e você será um ímã de talentos em sua organização. Não que esteja fazendo isso pelo troféu, mas qual é o problema de ser reconhecido e valorizado? Além disso, trazer à tona o melhor das pessoas é simplesmente viciante.

Certa vez, uma líder que eu respeitava muito veio me perguntar se ela poderia fazer um estágio não remunerado comigo. Quando disse: "Mas sou eu quem deveria aprender com você", ela explicou: "O que você faz aqui é muito especial. Você traz à tona o que as pessoas têm de melhor. Quero aprender com você e espalhar essa mensagem".

Todo mundo quer conviver com alguém que cria um espaço seguro para podermos falar sobre nossos pontos fracos e dificuldades – e que nos faz acreditar na nossa capacidade de atingir o sucesso. Todos nós queremos alguém que diga: "Você está progredindo e eu quero ajudá-lo a progredir ainda mais". Agora você está pronto para ser esse tipo de líder.

Gosto de monitorar o progresso da minha jornada de feedback respondendo a três perguntas. Depois da sua próxima conversa de feedback, tente dar a si mesmo uma nota de 1 a 10 para as perguntas a seguir, em que 10 é "arrasei" e 1 é "fui péssimo":

1. Eu ouvi?

2. Eu aprendi algo que não sabia?

3. Eu comuniquei o que pretendia dizer?

Seja sincero. Ninguém precisa ficar sabendo. Você vai ter muitas chances de praticar, então, se tirou a nota mínima desta vez ao comunicar o que quis dizer, vai ter a chance de melhorar da próxima vez.

É importante dar notas para os três itens, sem pular nenhum deles. Algumas pessoas têm mais dificuldade de ouvir ou aprender – nossa mente pode ficar tão ocupada pensando no que está nos incomodando que passamos o feedback todo ensaiando mentalmente o que vamos dizer. Quinze minutos depois de a conversa ter acabado, não conseguimos nos lembrar de nada do que a pessoa disse. Já para outros líderes, especialmente para os 21% que evitam totalmente as conversas de feedback negativo, a terceira pergunta é a mais difícil. É verdade que é importantíssimo ouvir, mas você pode acabar usando isso para se esconder e nunca chegar às partes mais difíceis da conversa.

Agora que você deu a si mesmo três notas sinceras, vamos fazer algo que gosto de chamar de "aumentar um ponto". Pegue a sua nota mais baixa. O que você poderia fazer da próxima vez para aumentá-la em um ponto? Só um ponto. Anote uma sugestão deste livro e comprometa-se a tentar colocá-la em prática da próxima vez. Faça isso a cada conversa de feedback e, antes do fim do ano, suas notas serão de 9 a 10 pontos em todos os três itens.

Você pode querer ainda mais sugestões e conselhos para detalhar o que deseja dizer e mostrar que está ouvindo. Ou pode querer mais dicas para ter em uma conversa de feedback especialmente difícil. Se você estiver em um dilema ao dar feedback ou gostaria que mais pessoas da sua organização aplicassem essas práticas, visite o site theresehuston.com. Eu adoraria continuar esta conversa com você.

Só não se esqueça de que dar feedbacks é uma habilidade. Se eu consegui aprender a fazer isso, você também consegue. Se eu fui capaz de aprender a ouvir e parar de dar sugestões inoportunas às pessoas, você também é.

Pense assim: se você pudesse desenvolver a capacidade de ajudar as pessoas a adorar seu trabalho e atingir todo seu potencial, não gostaria de fazer isso? Bom, você acabou de aprender. Agora é só colocar em prática.

Agradecimentos

"Existe uma enorme diferença entre conhecer o caminho e percorrer o caminho." Eu gostaria de estar citando o Dalai Lama, bell hooks ou alguém que me fizesse parecer sábia e culta, mas quem disse isso foi o Morpheus, do filme *Matrix*. Essa frase me faz sorrir, porque mostra que eu não sou tudo que penso ser. Levei mais de uma década só para perguntar: "Ei, será que existe um caminho melhor para mim?", depois mais uma década para encontrar outro caminho e quase outra década para percorrê-lo. Como você pode ver, eu levo um tempo para mudar. Mas me sinto incrivelmente privilegiada por ter encontrado o caminho, ter tido a coragem de reconhecê-lo como meu e, na maioria dos dias, segui-lo por onde ele me levar.

Por sorte, não preciso trilhá-lo sozinha.

Tenho uma agente literária incrível, Lindsay Edgecombe, que me orienta pacientemente sempre que tenho uma decisão difícil a tomar. Ela é a primeira agente com quem já trabalhei e não consigo me imaginar fazendo isso com mais ninguém. Tive muitas dificuldades nos estágios iniciais deste livro em particular, mas Lindsay identificou todas elas e me deu os empurrãozinhos dos quais precisava para continuar tentando. Obrigada, Lindsay, adoro todas as coisas boas que criamos juntas.

Lindsay me apresentou à minha editora, Leah Trouwborst, dizendo que ela era uma de suas favoritas, e posso entender por quê. Leah poderia escrever seu próprio livro sobre como dar feedbacks. Não entendo como ela sabe o que preciso ouvir, mas ela sabe, e consegue manter aquele equilíbrio perfeito entre elogios e empurrões, me fazendo reescrever uma frase cinco vezes até acertar.

Lindsay e Leah são o time dos sonhos de qualquer autor e, ainda por cima, tenho uma equipe de apoio espetacular. Chase Karpus é o assistente editorial que me ajudou a cumprir os prazos e me orientou sobre os detalhes. Kathleen Cook é a editora de texto e Randee Marullo é o editor de produção que refinaram minhas frases nada brilhantes e checaram as referências. Marisol Salaman é a publicitária que provavelmente foi a responsável por você ficar sabendo deste livro e Liz Fithian é a agente de palestras que me ajuda a me conectar com o público ao redor do mundo. E Adrian Zackheim é o editor que não apenas acreditou neste livro a ponto de aceitar publicá-lo como também fala sobre ele com uma enorme paixão.

Quando o livro ainda não passava de um rascunho, tive a sorte de contar com pessoas que toparam fazer uma leitura crítica do texto. Não é fácil dar feedback sobre um livro cujo tema é feedback, mas esses leitores se mostraram mais do que à altura do desafio. Michael Ebstyne, Jonathan Foster, David Green, Helene Lollis e Dave Stachowiak leram os primeiros capítulos e comentaram cada linha. Integrantes do Seattle Salon também fizeram a gentileza de me dar seus feedbacks, incluindo Petra Franklin, Sandy Anuras, Lesley Hazelton, Carole Horwitz, Johan Michalove e Warren Swiney. Sou especialmente grata a Petra pela generosidade de incluir o manuscrito para discussão no clube do livro antes mesmo de ele ser um livro. Valerie Black não apenas deu seu feedback como também atuou como minha coach executiva até o final do processo de escrita, dando-me coragem, clareza e opiniões afiadíssimas.

Se você gostou das histórias e dos exemplos de conversas deste livro, agradeça aos meus entrevistados. As histórias deles são de um valor inestimável para mim. Sessenta pessoas, de estagiários a gerentes de nível médio e CEOs, reviveram seus momentos favoritos de feedback comigo. Também reviveram seus piores momentos, conversas desastrosas que gostariam de esquecer, mas não têm como. Compartilhei as histórias deles na esperança de que você se torne o chefe que as pessoas adoram recordar e que gostariam de voltar a ter. Prometi aos meus entrevistados que manteria a confidencialidade para que eles pudessem ser sinceros, mas saiba que todas as histórias deste livro têm um nome e um rosto de verdade por trás delas.

Várias outras pessoas tiveram papéis importantes nos bastidores. Kira Theine transcreveu minhas entrevistas. Sei que algumas pessoas usam programas de computador para fazer isso, mas, dada a natureza sensível de alguns relatos, tive muita sorte de poder contar com Kira. Brie Blake me ajudou a sorrir e tirou fotos fabulosas para o livro. Também sou grata aos muitos profissionais que me orientaram e me mantiveram com saúde enquanto eu escrevia este livro, incluindo Carla Bradshaw, Frank Marinkovitch, Jessie Marrs, Robert Martinez, Andrei Mousasticoshvily e Randip Singh.

E não posso deixar de agradecer à minha incrível família e aos meus amigos. Mamãe, Jamie, Dave, David, Giannina, Jacquelyn, Juan, Meghan, Chad, Maria e Mark, obrigada por me animar e por ficar do meu lado pelos altos e baixos enquanto eu passava do meu último livro para este. Alguns de vocês sabem muito bem das dúvidas que tive quando comecei a escrever este livro. Mas vocês me apoiaram, sorrindo, confiando que eu tinha mais a oferecer. Obrigada por acreditar quando nem eu mesma acreditei.

O melhor de tudo é que tenho Jonathan. Se eu tivesse um gênio que me concedesse um desejo, pediria que todos tivessem um Jonathan para chamar de seu. Ele orienta, ouve e depois ouve com mais atenção quando eu peço. Apesar do que você pode pensar vendo as listas de best-sellers, escrever não rende exatamente um bom dinheiro, mas ele nunca reclamou. Meu marido me ensinou mais sobre dar feedbacks do que qualquer pesquisa jamais poderia fazer. Obrigado, Jonathan, por trilhar este caminho glorioso comigo.

Recomendações adicionais de leitura

Quer saber mais? Veja algumas das minhas referências favoritas, organizadas por tema e extensão. Muitos dos artigos são do site da *Harvard Business Review*,* uma excelente fonte de informações para qualquer chefe. Mesmo se a sua organização não tiver uma assinatura paga, você pode acessar três artigos de graça por mês.

Como receber feedbacks

Livro

HEEN, S.; STONE, D. *Obrigado pelo feedback*: a ciência e a arte de receber bem o retorno de chefes, colegas, familiares e amigos. São Paulo: Portfolio-Penguin, 2016. Se você ficou frustrado com os resultados da sua revisão 360 graus, Stone e Heen mostram como não ficar obcecado com o que há de errado com o feedback e se concentrar em descobrir o que está certo.

Artigo

HEEN, S.; STONE, D. *Find the coaching in criticism*. 2014. Disponível em: https://hbr.org/2014/01/find-the-coaching-in-criticism. Acesso em: 10 jun. 2023. Este artigo cobre os principais pontos do livro deles.

---

* Nota da Editora: veja mais em: www.hbr.org.

Como orientar melhor seus funcionários

Livros

GRANT, A. *Dar e receber*: uma abordagem revolucionária sobre sucesso, generosidade e influência. Rio de Janeiro: Sextante, 2014. O livro de Grant o motivará a dar mais créditos e reconhecer mais o potencial de sua equipe.

STANIER, M. *Faça do coaching um hábito*: fale menos, pergunte mais e mude seu estilo de liderança. Rio de Janeiro: Sextante, 2019. Este livrinho esclarecedor é uma preciosidade para qualquer líder que queira trazer à tona o melhor das pessoas.

Artigos

BOYATZIS, R.; OOSTEN, L.; SMITH, M. *Coaching for change*. 2019. Disponível em: https://hbr.org/2019/09/coaching-for-change. Acesso em: 10 jun. 2023. Os autores analisam maneiras de ajudar as pessoas a atingir seu potencial.

GROTE, D. *Every manager needs to practice two types of coaching*. 2016. Disponível em: https://hbr.org/2016/09/every-manager-needs-to--practice-two-types-of-coaching. Acesso em: 10 jun. 2023. Grote descreve dois tipos de feedback de orientação e as melhores perguntas para cada um deles.

HIRSCH, J. *Good feedback is a two-way conversation*. 2020. Disponível em: https://hbr.org/2020/06/good-feedback-is-a-two-way-conversation. Acesso em: 10 jun. 2023. Hirsch apresenta uma variedade de perguntas que você pode fazer para garantir que seu feedback de orientação se baseie naquilo que a pessoa precisa.

Como dizer coisas difíceis

Livros

GRENNY, J.; MCMILLAN, R.; PATTERSON, K.; SWITZLER, A. *Conversas cruciais*: habilidades para conversas de altos interesses. São Paulo: VS Brasil, 2017. Outro guia excelente para conversas emocionalmente carregadas, neste caso voltado ao trabalho.

HARLEY, S. *How to say anything to anyone*. Austin: Greenleaf Book Group Press, 2013. Um guia prático para ter tanto conversas cotidianas quanto conversas difíceis com seu chefe, seus colegas e funcionários. Você também pode encontrar seus vídeos divertidos, mas muito instrutivos, no YouTube.

HEEN, S.; PATTON, B.; STONE, D. *Conversas difíceis*: como discutir o que é mais importante. Rio de Janeiro: Sextante, 2021. Um clássico para aprender a ter conversas difíceis em casa e no trabalho.

Artigos

CARUCCI, R. *Giving feedback to someone who hasn't had it in years*. 2020. Disponível em: https://hbr.org/2020/01/giving-feedback-to-someone-who-hasnt-had-it-in-years. Acesso em: 10 jun. 2023. Artigo sobre como ajudar alguém que vive frustrando as outras pessoas, mas se surpreende ao ouvir isso.

GARFINKLE, J. *How to have difficult conversations when you don't like conflict*. 2017. Disponível em: https://hbr.org/2017/05/how-to-have-difficult-conversations-when-you-dont-like-conflict. Acesso em: 10 jun. 2023. Dicas de foco para quem, assim como eu, evita conflitos.

KNIGHT, R. *How to handle difficult conversations at work.* 2015. Disponível em: https://hbr.org/2015/01/how-to-handle-difficult-conversations--at-work. Acesso em: 10 jun. 2023. Uma excelente lista do que fazer e do que não fazer antes e durante a conversa.

Como evitar ou lidar com a discriminação no feedback

Artigos

BIERNAT, M.; LEE, R.; WILLIAMS, J. *Tools for managers and HR*: how to interrupt bias in performance evaluations. Women's Leadership Edge, s.d. Procure na internet essa lista de sinais para identificar os diferentes tipos de discriminação mais comuns contra mulheres e pessoas de diferentes etnias.

CAPRINO, K. *Gender bias is real*: women's perceived competency drops significantly when judged as being forceful. 2015. Disponível em: https://forbes.com/sites/kathycaprino/2015/08/25/gender-bias-is-real-womens-perceived-competency-drops-significantly-when-judged-as-being--forceful. Acesso em: 10 jun. 2023. Um artigo esclarecedor para ler com as mulheres de sua equipe que são rotuladas como "agressivas" e identificar os desafios que podem estar enfrentando, bem como as soluções viáveis.

CORRELL, S.; MACKENZIE, L.; WEHNER, J. *Why most performance evaluations are biased, and how to fix them.* 2019. Disponível em: https://hbr.org/2019/01/why-most-performance-evaluations-are-biased--and-how-to-fix-them. Acesso em: 10 jun. 2023. Contém estratégias para reduzir a discriminação nas avaliações de desempenho.

SNYDER, K. *The abrasiveness trap: high-achieving men and women are described differently in reviews.* 2014. Disponível em: http://fortune.

com/2014/08/26/performance-review-gender-bias. Acesso em: 10 jun. 2023. Um dos primeiros artigos a expor a discriminação de gênero nas avaliações de desempenho, com foco na personalidade e no estilo de comunicação.

Notas

Introdução

1. Kim Scott disse isso em uma entrevista a Kevin Kruse para a *Forbes* em que eles falaram sobre o livro dela, *Empatia assertiva*. KRUSE, K. *Silicon Valley executive coach Kim Scott gives managers a 90-day plan for getting good at feedback.* 2018. Disponível em: https://forbes.com/sites/kevinkruse/2018/04/03/kim-scott-gives-managers-a-90-day-plan-for-getting-good-at-feedback. Acesso em: 10 jun. 2023.

2. SOLOMAN, L. *Two-thirds of managers are uncomfortable communicating with employees.* 2016. Disponível em: https://hbr.org/2016/03/two-thirds-of-managers-are-uncomfortable-communicating-with-employees. Acesso em: 10 jun. 2023.

3. BURNAP, C.; KOHUT, G.; YON, M. Peer observation of teaching: perceptions of the observer and the observed. *College Teaching*, v. 55, n. 1, 2007.

4. FOLKMAN, J.; ZENGER, J. *Why do so many managers avoid giving praise?* 2017. Disponível em: https://hbr.org/2017/05/why-do-so-many-managers-avoid-giving-praise. Acesso em: 10 jun. 2023.

5. Vários sites especializados, incluindo o healthgrades.com e o ratemds.com, permitem que os pacientes avaliem a equipe, os procedimentos e o tempo de espera em consultórios médicos e hospitais. E, acredite ou não, você pode até avaliar alguns presídios no Yelp. Tanto o Complexo Prisional de Rikers Island, em Nova York, quanto o Presídio Estadual de San Quentin, na Califórnia, têm páginas no site: https://yelp.com/biz/rikers-island-correctional-facility-east-elmhurst e https://yelp.com/biz/san-quentin-state-prison-san-quentin, respectivamente. A maioria das resenhas de presídios no Yelp é postada por visitantes, mas algumas avaliações provocativas parecem ser dos próprios detentos.

6. CAPPELLI, P.; TAVIS, A. *The performance management revolution.* 2016. Disponível em: https://hbr.org/2016/10/the-performance-management-revolution. Acesso em: 10 jun. 2023.

7. CREELMAN, D.; STANIER, M.; TAVIS, A. *The truth and lies of performance management.* Toronto: Box of Crayons, 2018.

8. WILLYERD, K. *Millennials want to be coached at work.* 2015. Disponível em: https://hbr.org/2015/02/millennials-want-to-be-coached-at-work. Acesso em: 10 jun. 2023.

9. Para saber o número atual de millennials trabalhando nos Estados Unidos, veja: FRY, R. *Millennials are the largest generation in the U.S. labor force*. 2018. Disponível em: https://pewresearch.org/fact-tank/2018/04/11/millennials-largest-generation-us-labor-force. Acesso em: 10 jun. 2023. Para ter projeções do número de millennials que farão parte dos ambientes de trabalho em 2021, veja: EMMONS, M. *Key statistics about millennials in the workplace*. 2018. Disponível em: https://dynamicsignal.com/2018/10/09/key-statistics-millennials-in-the-workplace. Acesso em: 10 jun. 2023.

10. BECKMAN, K. *A running list of studies and reports on the generation Z workforce*. 2020. Disponível em: https://ripplematch.com/journal/article/a-list-of-studies-and-reports-on-the-generation-z-workforce. Acesso em: 10 jun. 2023.

11. Para conhecer pesquisas sobre a importância de reconhecer o progresso no trabalho das pessoas, veja: AMABILE, T.; KRAMER, S. *O princípio do progresso*: como usar pequenas vitórias para estimular satisfação, empenho e criatividade no trabalho. Rio de Janeiro: Rocco, 2013. Para conferir um artigo resumindo o trabalho dos autores sobre pequenas vitórias e a importância do feedback para identificar o progresso, veja AMABILE, T.; KRAMER, S. *The power of small wins in times of panic*. 2011. Disponível em: https://hbr.org/2011/08/the-power-of-small-wins-in-tim. Acesso em: 10 jun. 2023.

12. Para conhecer uma pesquisa sobre como os funcionários de alto desempenho precisam conversar com seus chefes e receber feedback com mais frequência do que recebem, veja: WILLYERD, K. *What high performers want at work*. 2014. Disponível em: https://hbr.org/2014/11/what-high-performers-want-at-work. Acesso em: 10 jun. 2023. Para conferir uma pesquisa sobre como as pessoas se ressentem dos colegas de alto desempenho, veja: CAMPBELL, E.; CHUANG, A.; DONG, Y.; LIAO, H.; ZHOU, J. Hot shots and cool reception? An expanded view of social consequences for high performers. *Journal of Applied Psychology*, v. 102, n. 5, 2017.

13. Essa observação sobre o papel do RH em orientar os gerentes foi feita por Simon Pineau, diretor de talentos e liderança da Heineken na Itália. *Personal communication*, 4 abr. 2020.

14. DENISI, A.; KLUGER, A. The effects of feedback interventions on performance: a historical review, a meta-analysis, and a preliminary feedback intervention theory. *Psychological Bulletin*, v. 119, n. 2, 1996.

15. Para saber mais sobre a perspectiva de Dalio a respeito da transparência radical, confira seu livro: DALIO, R. *Princípios*. Rio de Janeiro: Intrínseca, 2018. Para saber mais sobre o trabalho de Kim Scott a respeito da franqueza radical, veja

seu livro: SCOTT, K. *Empatia assertiva*: como ser um líder incisivo sem perder a humanidade. Rio de Janeiro: Alta Books, 2018. E, se estiver procurando uma rápida visão geral do livro de Scott, ela deu uma excelente entrevista para a *Forbes* sobre ele: SCHAWBEL, D. *Kim Scott*: effective leaders should say what they think and don't hold back. 2017. Disponível em: https://forbes.com/sites/danschawbel/2017/08/19/kim-scott-effective-leaders-should-say-what-they-think-and-dont-hold-back. Acesso em: 10 jun. 2023.

16. BUCKINGHAM, M.; GOODALL, A. *Nove mitos sobre o trabalho*: uma nova maneira de pensar cultura empresarial e liderança para promover o potencial criativo e a realização profissional das equipes. Rio de Janeiro: Sextante, 2020. Para uma leitura rápida resumindo a perspectiva deles sobre feedback, veja: BUCKINGHAM, M.; GOODALL, A. The feedback fallacy. *Harvard Business Review*, 2019. Eles observam que os gerentes usam ferramentas para corrigir erros como se fossem para atingir a excelência, e ninguém deveria se surpreender quando isso não dá certo.

17. Dependendo da data da entrevista, Ray Dalio cita diferentes taxas de desligamento na Bridgewater. Em 2016, ele disse que 25% dos funcionários saem da empresa nos 18 primeiros meses. Veja em: FELONI, R. *Ray Dalio explains why 25% of Bridgewater employees don't last more than 18 months at the hedge fund giant*. 2016. Disponível em: https://businessinsider.com/biggest-challenges-new-bridgewater-employees-face-2016-3. Acesso em: 10 jun. 2023. Mas, em uma entrevista mais recente, Dalio disse que 30% dos funcionários saem nos 18 primeiros meses. Veja em: AKHTAR, A. *What It's like to work at the most successful hedge fund in the world, where 30% of new employees don't make it and those who do are considered "intellectual Navy SEALs"*. 2019. Disponível em: https://businessinsider.com/what-its-like-to-work-at-ray-dalio-bridgewater-associates-2019-4. Acesso em: 10 jun. 2023. Para ver estatísticas sobre as taxas médias de desligamento no setor financeiro, consulte: PETRONE, P. *See the industries with the highest turnover (and why it's so high)*. 2018. Disponível em: https://linkedin.com/business/learning/blog/learner-engagement/see-the-industries-with-the-highest-turnover-and-why-it-s-so-hi. Acesso em: 10 jun. 2023.

18. BRADBERRY, T. *Why your boss lacks emotional intelligence*. 2018. Disponível em: https://theladders.com/career-advice/why-boss-lacks-emotional-intelligence. Acesso em: 10 jun. 2023.

19. EURICH, T. *Insight*: why we're not as self-aware as we think, and how seeing ourselves clearly helps us succeed at work and in life. New York: Crown Business, 2017.

20. BROWER, C.; DVORAK, N. *Why employees are fed up with feedback*. 2019. Disponível em: https://gallup.com/workplace/267251/why-employees-fed-feedback. aspx. Acesso em: 10 jun. 2023.

21. BUSINESS DICTIONARY. *Verbete "feedback"*. Disponível em: https://businessdictionary.com/definition/feedback.html.

22. Os resultados são resumidos: as estatísticas refletem uma amostra de 417 pessoas, com idades entre 18 e 70 anos (69% dos entrevistados tinham entre 25 e 44 anos), empregadas em período parcial ou integral. Os dados foram coletados em dois períodos, em março de 2019 e abril de 2020, usando o mesmo questionário.

23. FOLKMAN, J.; ZENGER, J. *The assumptions that make giving tough feedback even tougher*. 2015. Disponível em: https://hbr.org/2015/04/the-assumptions-that-make--giving-tough-feedback-even-tougher. Acesso em: 10 jun. 2023. Sabemos que pesquisas são apenas uma das ferramentas para descobrir o que as pessoas querem e o que não querem e, como seres humanos, nem sempre estamos cientes do que nos ajudaria. Se há uma coisa que os psicólogos sabem é que somos incomodados e acalmados por fatores que fogem da nossa percepção. Sabendo disso, fornecerei outros dados de experimentos e testes de campo ao longo deste livro que sustentam a ideia de que conversas de feedback bidirecionais são muito mais eficazes do que um feedback unidirecional.

24. ZHOU, J. When the presence of creative coworkers is related to creativity: role of supervisor close monitoring, developmental feedback, and creative personality. *Journal of Applied Psychology*, v. 88, n. 3, 2003.

25. Veja: JOO, B.; PARK, S. Career satisfaction, organizational commitment, and turnover intention: the effects of goal orientation, organizational learning culture and developmental feedback. *Leadership & Organization Development Journal*, v. 31, n. 6, 2010. Para conhecer pesquisas sobre como eles veem seu trabalho como algo mais complexo e se envolvem mais no trabalho, veja: JOO, B.; HAHN, H.; PETERSON, S. Turnover intention: the effects of core self-evaluations, proactive personality, perceived organizational support, developmental feedback, and job complexity. *Human Resource Development International*, v. 18, n. 2, 2015. Para conferir pesquisas sobre como os funcionários sentem-se mais leais a seus chefes e organizações quando recebem uma boa orientação, veja: DENG, C.; GUO, Y.; TAO, J.; XIONG, G.; ZHANG, Z. Effects of supervisor's developmental feedback on employee loyalty: a moderated mediation model. *Social Behavior and Personality*, v. 48, n. 1, 2020.

26. CORRELL, S.; SIMARD, C. *Research*: vague feedback is holding women back. 2016. Disponível em: https://hbr.org/2016/04/research-vague-feedback-is--holding-women-back. Acesso em: 10 jun. 2023.

Parte I: Saindo de um roteiro fechado para uma conversa de verdade

Capítulo 1: Os três tipos de feedback: reconhecimento, orientação e avaliação

1. LINDBERGH, A. *Gifts from the sea*. New York: Pantheon, 2011.

2. Se você for comprar só mais um livro sobre feedback este ano, sugiro HEEN, S.; STONE, D. *Obrigado pelo feedback*: a ciência e a arte de receber bem o retorno de chefes, colegas, familiares e amigos. São Paulo: Portfolio-Penguin, 2016. Ele foi escrito para quem recebe o feedback, e não para quem o dá, e oferece orientações inteligentes e detalhadas sobre como receber feedbacks com a mente aberta e elegância, mesmo quando a pessoa não estiver fazendo isso com muita habilidade. Eles atribuem a noção de "reconhecimento, avaliação e orientação" a John Richardson, que escreveu a respeito em seu livro com Roger Fisher e Alan Sharp chamado *Getting it done*: how to lead when you're not in charge (New York: HarperBusiness, 1999).

3. HEEN, S.; STONE, D., 2016, p. 31.

4. KRUSE, K. *Silicon Valley executive coach Kim Scott gives managers a 90-day plan for getting good at feedback*. 2018. Disponível em: https://forbes.com/sites/kevinkruse/2018/04/03/kim-scott-gives-managers-a-90-day-plan-for-getting-good-at-feedback. Acesso em: 10 jun. 2023.

5. FINKELSTEIN, S.; FISHBACH, A. Tell me what I did wrong: experts seek and respond to negative feedback. *Journal of Consumer Research*, v. 39, n. 1, 2012.

6. Para saber mais sobre os novatos em uma tarefa e suas necessidades únicas, veja meu primeiro livro: HUSTON, T. *Teaching what you don't know*. Cambridge: Harvard University Press, 2009. Na edição em brochura, a explicação do conceito pode ser encontrada nas páginas 29 e 30.

7. Brené Brown menciona "Eu não sei" e "Eu errei" como duas das coisas que as pessoas podem dizer abertamente em locais de trabalho onde sentem que podem ser vulneráveis sem repercussões negativas. Veja em: BROWN, B. *A coragem de ser im-*

perfeito: como aceitar a própria vulnerabilidade, vencer a vergonha e ousar ser quem você é. Rio de Janeiro: Sextante, 2016. Ela fala sobre a "liderança blindada" em seu livro *A coragem para liderar*: trabalho duro, conversas difíceis, corações plenos. Rio de Janeiro: BestSeller, 2019.

8. A maior parte deste texto foi retirada diretamente da página 3 do relatório de pesquisa *The truth and lies of performance management* (já mencionado), mas americanizei o texto mudando o nome do lenhador de Gabrielle para Gabe e retirando o *bonjour* que dá início ao diálogo. CREELMAN, D.; STANIER, M.; TAVIS, A. *The truth and lies of performance management*. Toronto: Box of Crayons, 2018, p. 3.

9. Para uma visão geral dos benefícios de ter vários mentores no trabalho, veja: HIGGINS, M. C. The More, the Merrier? Multiple Developmental Relationships and Work Satisfaction. *Journal of Management Development*, v. 19, n. 4 (2000), p. 277-96. Para dados sobre como ter mais de um mentor leva a maiores ganhos, um avanço profissional acelerado e mais satisfação no trabalho, veja: KAY, F. M.; WALLACE, J. E. Is More Truly Merrier? Mentoring and the Practice of Law. *Canadian Review of Sociology [Revue Canadienne de Sociologie]*, v. 47, n. 1 (2010), p. 1-26.

Capítulo 2: Fique do lado da pessoa, não do problema

1. A crença popular costuma atribuir essa citação a Theodore Roosevelt. De acordo com o Theodore Roosevelt Center da Universidade Dickinson, ninguém conseguiu descobrir quando ou onde ele poderia ter dito isso. Os especialistas não dizem: "Roosevelt *jamais* teria dito isso"; eles só esclarecem que não há nenhum registro que comprove sua veracidade. De qualquer maneira, é uma boa observação, mesmo que não tenha sido proferida pelo vigésimo sexto presidente dos Estados Unidos.

2. Para conferir pesquisas sobre como o estresse prejudica a memória de trabalho, veja: SCHOOFS, D.; PREUSS, D.; WOLF, O. Psychosocial stress induces working memory impairments in an n-back paradigm. *Psychoneuroendocrinology*, v. 33, n. 5, 2008.

3. O erro fundamental de atribuição foi observado pela primeira vez há mais de 50 anos em um experimento conduzido por JONES, N.; HARRIS, V. The attribution of attitudes. *Journal of Experimental Social Psychology*, v. 3, n. 1, 1967. Desde então, o fenômeno tem sido estudado, dissecado e interpretado por psicólogos sociais em todo o mundo. Mas nem todos os pesquisadores conseguiram replicá-lo. Em uma metanálise, Bertram Malle examinou 173 estudos e descobriu que o erro nem sempre ocorria. Por exemplo, os participantes foram mais propensos a cometer o erro fundamental de atribuição quando o comportamento de uma pessoa parecia incomum. Talvez o

mais notável aqui seja que cometemos esse equívoco apenas quando interpretamos um evento negativo, como por que razão alguém foi grosseiro em uma reunião. Quando analisamos um evento positivo, fazemos o oposto: quando ele ocorre com alguma outra pessoa, temos a tendência de explicá-lo em termos de circunstâncias, mas, quando acontece conosco, passamos a fazer isso em termos de alguma qualidade positiva que trouxemos para a situação. MALLE, B. The actor-observer asymmetry in attribution: a (surprising) meta-analysis. *Psychological Bulletin*, v. 132, n. 6, 2006.

4. Recomendo vivamente incluir o livro clássico de Carol Dweck sobre mentalidades à sua biblioteca. É uma leitura rápida que o ajudará a avaliar se você tem uma mentalidade de crescimento ou uma mentalidade fixa ao pensar sobre suas habilidades e talentos. Se você deseja que as pessoas ao seu redor tentem coisas novas, mesmo se não forem perfeitas da primeira vez, não deixe de ler esse livro. DWECK, C. *Mindset*: a nova psicologia do sucesso. Rio de Janeiro: Objetiva, 2017.

5. GREEN, P.; GINO, F. The social facilitation of effective feedback: feedback giver mindset influences feedback delivery. *Academy of Management Annual Meeting*, Chicago, 2018.

6. A diferença nas percepções entre os dois grupos de participantes que receberam feedback neste estudo não foi estatisticamente significativa, mas Green e Gino encontraram uma tendência nessa direção e estão coletando mais dados para ver se ela se mantém.

7. Essa ideia de abordar tanto o comportamento quanto as circunstâncias baseia-se em um modelo popular para dar feedbacks desenvolvido pelo Center for Creative Leadership, chamado de situação-comportamento-impacto, geralmente abreviado como modelo SBI (sigla em inglês para *situation-behavior-impact*). Para saber mais sobre o modelo SBI, veja o artigo no site do CCL: *Improve talent development with our SBI feedback model*. Disponível em: www.ccl.org/articles/leading-effectively-articles/closing-the-gap-between-intent-and-impact.

8. HEWSTONE, M. The "ultimate attribution error"? A review of the literature on intergroup causal attribution. *European Journal of Social Psychology*, v. 20, n. 4, 1990.

Capítulo 3: Comunique abertamente suas boas intenções

1. Essa frase costuma ser atribuída a Maya Angelou, mas ela provavelmente não foi a primeira a dizê-la. Maya disse que essa foi uma das coisas que aprendeu na vida

em seu septuagésimo aniversário, de acordo com: BREMER, C. Beautiful Bluffton by the sea, spring has sprung around town. *Bluffton Bulletin*, 2003. Mas, segundo o Quote Investigator, a primeira pessoa a publicar essa citação foi Carl W. Buehner, em uma coletânea de 1972 intitulada *Richard Evans' Quote Book* (Salt Lake City: Publishers Press).

2. Caso esteja se perguntando, sim, Marlene e eu falamos sobre essa conversa depois. Como você pode ter imaginado, também não foi fácil para ela. Ela disse que não sabia se teria coragem de me dizer essas coisas e, depois da conversa, não tinha certeza se havia tomado a decisão certa ao fazer isso. Mas sou profundamente grata pela conversa. Se você está em dúvida se deve ou não abordar um tema difícil com um funcionário, lembre-se da história de Marlene. Não deixe de expressar suas boas intenções e as coisas positivas que deseja para alguém com compaixão e empatia.

3. BUCKLEY, M.; EDER, R.; FEDOR, D. The contributory effects of supervisor intentions on subordinate feedback responses. *Organizational Behavior and Human Decision Processes*, v. 44, n. 3, 1989.

4. BLUNDEN, H.; JOHN, L.; LIU, H. Shooting the messenger. *Journal of Experimental Psychology: General*, v. 148, n. 4, 2019. Para uma visão geral do trabalho de John, veja: BLUNDEN, H.; JOHN, L.; LIU, H. *Research confirms*: when receiving bad news, we shoot the messenger. 2019. Disponível em: https://hbr.org/2019/04/research-confirms-when-receiving-bad-news-we-shoot-the-messenger. Acesso em: 10 jun. 2023.

5. Esse fenômeno é conhecido como ilusão de Heider-Simmel, em homenagem aos pesquisadores que o descobriram na década de 1940. Para ver um vídeo da animação e experimentar você mesmo a ilusão, confira: *Heider and Simmel (1944) animation*. Disponível em: https://youtu.be/VTNmLt7QX8E. Acesso em: 10 jun. 2023. Vale a pena dar uma olhada. Mesmo sabendo o que está prestes a acontecer, sua primeira reação provavelmente será criar uma história na qual o triângulo grande tem um objetivo e o triângulo pequeno e o círculo têm outro. Para ler o estudo clássico original demonstrando que as pessoas interpretam isso como um triângulo grande perseguindo duas figuras geométricas menores, veja: HEIDER, F.; SIMMEL, M. An experimental study of apparent behavior. *American Journal of Psychology*, v. 57, n. 2, 1944. Para uma revisão da pesquisa sobre quando e como as pessoas tendem a ver uma relação de causalidade em objetos animados, veja: SCHOLL, B.; TREMOULET, P. Perceptual causality and animacy. *Trends in Cognitive Sciences*, v. 4, n. 8, 2000.

6. Trata-se do experimento 6A da série de 11 estudos de John em: BLUNDEN, H.; JOHN, L.; LIU, H., 2019.

Capítulo 4: Ouça como se o seu emprego dependesse disso

1. MERCHANT, N. To change someone's mind, stop talking and listen. In: HARVARD BUSINESS REVIEW PRESS. *Mindful listening*. Boston: Harvard Business Review Press, 2019.

2. Para conferir uma revisão incrivelmente completa dos muitos benefícios da escuta no trabalho, veja: DOYTCH, G.; KLUGER, A.; PERY, S. Listening in work organizations. In: BODIEE, G.; WORTHINGTON, D. *Handbook of listening*. Hoboken: Wiley, 2020. Para ler um estudo sobre como a escuta melhora as vendas, veja: GOAD, E.; ITANI, O.; JARAMILLO, F. Building customer relationships while achieving sales performance results: is listening the holy grail of sales? *Journal of Business Research*, v. 102, 2019. Para conhecer pesquisas sobre como os médicos que são melhores ouvintes são processados judicialmente com menos frequência, veja: LEVINSON, W.; ROTER, D.; MULLOOLY, J.; DULL, V.; FRANKEL, R. Physician-patient communication: the relationship with malpractice claims among primary care physicians and surgeons. *JAMA*, v. 277, n. 7, 1997. Para ter acesso a uma pesquisa sobre como a escuta reduz acidentes de trabalho em restaurantes de *fast-food*, veja: TUCKER, S.; TURNER, N. Sometimes it hurts when supervisors don't listen: the antecedents and consequences of safety voice among young workers. *Journal of Occupational Health Psychology*, v. 20, n. 1, 2015. Para obter pesquisas sobre como diretores de instituições de ensino que ouvem os professores resultam em alunos com notas mais altas, veja: EKINCI, A.; KARAKUŞ, M.; TÖREMEN, F. Influence of managers' empathic skills on school success. *International Journal of Educational Management*, v. 20, n. 6, 2006.

3. Para conhecer um estudo sobre a velocidade da fala, veja: CIERI, C.; LIBERMAN, M.; YUAN, J. Towards an integrated understanding of speaking rate in conversation. *INTERSPEECH*, Pennsylvania, set. 2006. Quanto à velocidade do pensamento, é difícil localizar um artigo científico que a aponte, mas os pesquisadores geralmente estimam que sejam 700 palavras por minuto. Essa estimativa foi retirada de uma entrevista de Helen Meldrum à BBC em: MELDRUM, H. *Listening*. 2017. Disponível em: https://bbc.co.uk/sounds/play/p04tv665. Acesso em: 10 jun. 2023. Para ter acesso a estudos de como pessoas mais inteligentes pensam mais rápido, confira este artigo de fácil leitura no site do NPR: HAMILTON, J. *Smart people really do think faster*. 2009. Disponível em: https://www.npr.org/2009/03/20/102169531/smart-people-really-do-think-faster.

Acesso em: 10 jun. 2023. Ou, se quiser se aprofundar no tema, pode consultar a pesquisa original em: BARYSHEVA, M.; CHIANG, M.; SHATTUCK, D. et. al. Genetics of brain fiber architecture and intellectual performance. *Journal of Neuroscience*, v. 29, n. 7, 2009.

4. MELDRUM, H., 2017.

5. A definição de "escuta crítica" está na página 26 de SHERBLOM, J.; UMPHREY, L. The constitutive relationship of listening to hope, emotional intelligence, stress, and life satisfaction. *International Journal of Listening*, v. 32, n. 1, 2018. A classificação original dos diferentes tipos de escuta foi delineada por BODIE, G.; GEARHART, C.; WORTHINGTON, D. The listening styles profile-revised (LSP-R): a scale revision and evidence for validity. *Communication Quarterly*, v. 61, n. 1, 2013.

6. DRINI, M.; FERRARI-BRIDGERS, F.; LYNCH, B.; STROUMBAKIS, K.; VOGEL, R. Assessing critical-analytical listening skills in math and engineering students: an exploratory inquiry of how analytical listening skills can positively impact learning. *International Journal of Listening*, v. 31, n. 3, 2017.

7. RAZ, G. *How can listening transform an entire community*? 2015. Disponível em: https://npr.org/templates/transcript/transcript.php?storyId=411731987. Acesso em: 10 jun. 2023.

8. SHERBLOOM, J.; UMPHREY, L. *The constitutive relationship of listening to hope, emotional intelligence, stress, and life satisfaction.* 2017. Disponível em: https://doi.org/10.1080/10904018.2017.1297237. Acesso em: 10 jun. 2023.

9. FOLKMAN, J.; ZENGER, J. *The assumptions that make giving tough feedback even tougher.* 2015. Disponível em: https://hbr.org/2015/04/the-assumptions-that-make-giving-tough-feedback-even-tougher. Acesso em: 10 jun. 2023. Para outros estudos sobre como saber ouvir encoraja os funcionários a buscar mais feedback, veja: FANG, Y.; LI, X.; QIAN, J.; SONG, B.; WANG, B.; WU, L. It takes two to tango: the impact of leaders' listening behavior on employees' feedback seeking. *Current Psychology*, v. 38, n. 3, 2019.

10. Para conferir estudos que demonstram que as pessoas adotam abordagens mais equilibradas sobre si mesmas e sobre os problemas quando estão diante de um bom ouvinte, veja: CASTRO, D.; ITZCHAKOV, G.; KLUGER, A. I am aware of my inconsistencies but can tolerate them: the effect of high quality listening on speakers' attitude ambivalence. *Personality and Social Psychology Bulletin*, v. 43, n. 1, 2017.

11. DEMARREE, K.; ITZCHAKOV, G.; KLUGER, A.; TURJEMAN-LEVI, Y. The listener sets the tone: high-quality listening increases attitude clarity and behavior-intention consequences. *Personality and Social Psychology Bulletin*, v. 44, n. 5, 2018.

12. Deepak Malhotra em uma entrevista: MALHOTRA, D. *Listening*. 2017. Disponível em: https://bbc.co.uk/sounds/play/p04tv665. Acesso em: 10 jun. 2023.

13. Para consultar uma definição de liderança focada na tarefa e na pessoa e uma metanálise que mostra que líderes focados na pessoa têm equipes que aprendem mais, veja: BURKE, S.; GOODWIN, G.; HALPIN, S.; KLEIN, C.; SALAS, E.; STAGL, K. What type of leadership behaviors are functional in teams? A meta-analysis. *Leadership Quarterly*, v. 17, n. 3, 2006.

14. FRUZZETTI, A.; SHENK, C. The impact of validating and invalidating responses on emotional reactivity. *Journal of Social and Clinical Psychology*, v. 30, n. 2, 2011.

Parte II: Práticas

Reconhecimento

1. Para calcular a primeira estatística, Jack Zenger e Joseph Folkman entrevistaram 7.808 gerentes e descobriram que 37% evitavam o reforço positivo. Para o artigo completo, veja: FOLKMAN, J.; ZENGER, J. *Why do so many managers avoid giving praise?* 2017. Disponível em: https://hbr.org/2017/05/why-do-so-many-managers-avoid-giving-praise. Acesso em: 10 jun. 2023. Para calcular a segunda estatística, que mostra que 16% dos gerentes têm dificuldade de dar crédito às pessoas por boas ideias, uma equipe da Interact entrevistou 616 gerentes dos Estados Unidos (a pesquisa foi conduzida pela Harris Poll). *Many leaders shrink from straight talk with employees.* 2016. Para conferir dados do relatório da Interact, visite: https://www.rallyware. com/blog/leadership_communication. Acesso em: 10 jun. 2023.

Prática 1: Reconheça os pontos fortes de cada pessoa

1. Mark Goulston, em uma entrevista a Sarah Green Carmichael: CARMICHAEL, S. Become a better listener. In: HARVARD BUSINESS REVIEW PRESS. *Mindful Listening*. Harvard Business Review, 2019.

2. Essas razões para evitar elogios e reconhecimento são apresentadas em um livro sobre o engajamento de funcionários, baseado em pesquisas conduzidas por

Edward Mone e Manuel London, cientistas sociais da SUNY Stony Brook. Veja: LONDON, M.; MONE, E. *Employee engagement through effective performance management*: a practical guide for managers. New York: Routledge, 2018.

3. Novas pesquisas são publicadas regularmente sobre como os funcionários subestimados se sentem, e você poderá encontrar a estatística mais recente na internet buscando algo como "funcionários querem mais elogios". O estudo com trabalhadores americanos que constatou que apenas 24% deles estavam satisfeitos com o reconhecimento recebido foi feito pela Globoforce em 2011 e contou com a participação de 630 entrevistados: GLOBOFORCE. *Globoforce reveals 2011 Workforce Mood Tracker Survey results*. 2011. Disponível em: https://workhuman.com/uncategorized/globoforce-reveals-2011-workforce-mood-tracker-survey-results. Acesso em: 10 jun. 2023. Já a pesquisa de Carolyn Wiley é: WILEY, C. What motivates employees according to over 40 years of motivation surveys. *International Journal of Manpower*, v. 18, n. 3, 1997.

4. Essa definição foi apresentada por Kevin Kruse, autor de um best-seller do *New York Times* sobre liderança, em seu artigo: KRUSE, K. *What is employee engagement*. 2012. Disponível em: https://forbes.com/sites/kevinkruse/2012/06/22/employee-engagement-what-and-why. Acesso em: 10 jun. 2023.

5. Um número significativo de entrevistados disse que sua experiência de feedback mais valiosa apresentou um equilíbrio entre o feedback positivo e o negativo (11%).

6. BUCKINGHAM, M.; GOODALL, A. *Nove mitos sobre o trabalho*: uma nova maneira de pensar cultura empresarial e liderança para promover o potencial criativo e a realização profissional das equipes. Rio de Janeiro: Sextante, 2020. A metodologia de pesquisa dos autores e as perguntas da pesquisa que preveem equipes de alto desempenho são apresentadas nas páginas 16 a 21. A observação de que a correlação é muito mais forte quando o elogio no Tempo 1 é correlacionado com o desempenho da equipe no Tempo 2 do que quando o desempenho da equipe no Tempo 1 é correlacionado com o elogio no Tempo 2 é discutida no final da página 124. Outros pesquisadores descobriram que há uma relação direta entre os lucros e o sentimento dos funcionários de serem adequadamente reconhecidos. Quando os funcionários concordam fortemente que sua empresa reconhece a excelência, essas empresas têm um retorno sobre o patrimônio (ROE) três vezes maior do que empresas cujos funcionários dizem que não são reconhecidos pela excelência. Da mesma forma, a margem operacional das empresas com alto reconhecimento é seis vezes maior do que naquelas com baixo reconhecimento: ELTON, C.; GOSTICK, A. *The carrot principle*: how the best managers

use recognition to engage their people, retain talent, and accelerate performance. New York: Free Press, 2009.

7. Veja o estudo original: HEAPHY, E.; LOSADA, M. The role of positivity and connectivity in the performance of business teams: a nonlinear dynamics model. *American Behavioral Scientist*, v. 47, n. 6, 2004. Para obter uma visão geral de suas descobertas, veja: FOLKMAN, J.; ZENGER, J. *The ideal praise-to-criticism ratio*. 2013. Disponível em: https://hbr.org/2013/03/the-ideal-praise-to-criticism. Acesso em: 10 jun. 2023. Embora possa parecer um exagero, Losada e Heaphy apontam paralelos com relacionamentos românticos na pesquisa. John Gottman e sua equipe descobriram que, quando casais têm uma alta proporção de comunicações positivas em relação às negativas (tanto verbais quanto não verbais), seu casamento dura mais do que aqueles com baixa proporção de comunicações positivas e negativas. Veja: GOTTMAN, J. *What predicts divorce?* The relationship between marital processes and marital outcomes. New York: Psychology Press, 2014.

8. Para conferir um exemplo de artigo argumentando como os funcionários querem receber duas vezes mais feedback crítico do que feedback positivo, veja: FOLKMAN, J.; ZENGER, J. *Your Employees want the negative feedback you hate to give.* 2014. Disponível em: https://hbr.org/2014/01/your-employees-want-the-negative-feedback-you-hate-to-give. Acesso em: 10 jun. 2023. Para ver um exemplo da *Forbes* sobre como os funcionários querem apenas mais feedback, independentemente de ser positivo ou negativo: NORDSTROM, T.; STURT, D. *How employees really feel about performance reviews*: the answer is ironic. 2019. Disponível em: https://forbes.com/sites/davidsturt/2019/03/20/how-employees-really-feel-about-performance-reviews-the-answer-is-ironic. Acesso em: 10 jun. 2023.

9. AMABILE, T.; KRAMER, S. *O princípio do progresso*: como usar pequenas vitórias para estimular satisfação, empenho e criatividade no trabalho. Rio de Janeiro: Rocco, 2013.

10. CHUGH, D. *The person you mean to be*: how good people fight bias. New York: Harper Business, 2018. O estudo de pesquisa que originalmente descobriu que as pessoas preferiam aumentar sua autoestima a fazer sexo ou comer suas comidas favoritas foi relatado no seguinte artigo: BUSHMAN, B.; CROCKER, J.; MOELLER, S. Sweets, sex, or self-esteem? Comparing the value of self-esteem boosts with other pleasant rewards. *Journal of Personality*, v. 79, n. 5, 2011.

11. Uma equipe de pesquisa diferente, liderada por Eunju Choi, da Universidade do Oeste de Michigan, estudou como a sequência de feedbacks positivos e

negativos afeta o desempenho na tarefa. Ela e seus colegas descobriram que um feedback consistente, positivo-positivo ou negativo-negativo, leva a maiores melhorias no desempenho, mais do que um feedback positivo-negativo ou negativo-positivo. A interpretação dos autores é que, quando parte do feedback é positivo e parte é negativa, as pessoas se sentem à vontade para ignorar a parte negativa. No entanto, a condição de feedback negativo-negativo fez com que os participantes não gostassem do experimentador, apesar do aumento de desempenho, de modo que os autores não recomendam essa abordagem se você estiver em um relacionamento de trabalho contínuo com a pessoa em questão. Como vimos em estudos do mundo real, quando você só recebe um feedback negativo, sua equipe acaba tendo um desempenho inferior. CHOI, E.; JOHNSON, D.; MOON, K.; OAH, S. Effects of positive and negative feedback sequence on work performance and emotional responses. *Journal of Organizational Behavior Management*, v. 38, n. 2-3, 2018.

12. CSIKSZENTMIHALYI, M. *Flow*: a psicologia do alto desempenho e da felicidade. Rio de Janeiro: Objetiva, 2020.

13. Essas perguntas foram adaptadas de fontes diferentes. Algumas são variações das excelentes questões levantadas por Kristi Hedges em: *5 questions to help your employees find their inner purpose*. 2017. Disponível em: https://hbr.org/2017/08/5-questions-to-help-your-employees-find-their-inner-purpose. Acesso em: 10 jun. 2023. Outras foram adaptadas daquelas feitas pela Gallup: DAVENPORT, A.; OTT, B. *Why managers must ask 5 questions to empower employees*. 2018. Disponível em: https://gallup.com/workplace/235952/why-managers-ask-questions-empower-employees. aspx. Acesso em: 10 jun. 2023. A pergunta "Pense no seu melhor dia no trabalho..." vem do Facebook e é descrita com mais detalhes no artigo de Richard Feloni: *Facebook's most asked interview question is tough to answer but a brilliant way to find the perfect fit*. 2016. Disponível em: https://businessinsider.com/facebooks-favorite-job-interview-question-2016-2. Acesso em: 10 jun. 2023.

14. Você pode encontrar a avaliação CliftonStrengths no site da Gallup. Ela é paga, mas achei um bom custo-beneficio para obter uma visão esclarecedora do que faço melhor e os tipos de oportunidades que devo buscar. No momento em que escrevo estas palavras, a Gallup oferece uma avaliação mais curta e mais barata dos 5 principais CliftonStrengths e uma avaliação mais extensa (e mais cara) de 34 CliftonStrengths: Disponível em: https://gallup.com/cliftonstrengths/en/252137/home.aspx. Acesso em: 10 jun. 2023.

15. FOLKMAN, J.; ZENGER, J. *The assumptions that make giving tough feedback even tougher.* 2015. Disponível em: https://hbr.org/2015/04/the-assumptions-that-make-giving-tough-feedback-even-tougher. Acesso em: 10 jun. 2023.

16. Essa lista foi extraída da pesquisa descrita em: LONDON, M.; MONE, E. *Employee engagement through effective performance management*: a practical guide for managers. New York: Routledge, 2018.

17. As pesquisadoras Caroline Simard e Shelley Correll analisaram uma amostra aleatória de 200 avaliações de desempenho em três grandes empresas de tecnologia e uma empresa de serviços profissionais. CORRELL, S.; SIMARD, C. *Research*: vague feedback is holding women back. 2016. Disponível em: https://hbr.org/2016/04/research-vague-feedback-is-holding-women-back. Acesso em: 10 jun. 2023.

18. O artigo clássico sobre os papéis sociais de homens e mulheres é: EAGLY, A.; KARAU, S. Role congruity theory of prejudice toward female leaders. *Psychological Review*, v. 109, n. 3, 2002. Espera-se que as mulheres sejam comunais ou preocupadas com o bem-estar dos outros, enquanto é esperado que os homens sejam agentes, autodirigidos e voltados para a ação.

19. CARRANZA, E.; PRENTICE, D. What women and men should be, shouldn't be, are allowed to be, and don't have to be: the contents of prescriptive gender stereotypes. *Psychology of Women Quarterly*, v. 26, n. 4, 2002.

20. CARTER, N.; PRIME, J.; WELBOURNE, T. Women "take care", men "take charge": managers' stereotypic perceptions of women and men leaders. *Psychologist-Manager Journal*, v. 12, n. 1, 2009.

21. Comunicação pessoal com Caroline Simard, em abr. 2018. Os adjetivos usados para descrever homens e mulheres também foram extraídos de um estudo em larga escala de mais de 81 mil avaliações de desempenho das forças armadas: CHANEY, D.; NIKOLOV, M.; ROSENSTEIN, J.; SMITH, D. The power of language: gender, status, and agency in performance evaluations. *Sex Roles*, v. 80, 2019. Veja também: SNYDER, K. *The abrasiveness trap: high-achieving men and women are described differently in reviews.* 2014. Disponível em: http://fortune.com/2014/08/26/performance-review-gender-bias. Acesso em: 10 jun. 2023. NIKOLOV, M.; ROSENSTEIN, J.; SMITH, D. *The different words we use to describe male and female leaders.* 2018. Disponível em: https://hbr.org/2018/05/the-different-words-we-use-to-describe-male-and-female-leaders. Acesso em: 10 jun. 2023.

22. Para conferir a pesquisa original, veja: BABCOCK, L.; RECALDE, M.; VESTERLUND, L.; WEINGART, L. Gender differences in accepting and receiving requests for tasks with low promotability. *American Economic Review*, v. 107, n. 3, 2017. Para conhecer uma excelente versão abreviada de sua pesquisa, veja: BABCOCK, L., RECALDE, M.; VESTERLUND, L. *Why women volunteer for tasks that don't lead to promotions*. 2018. Disponível em: https://hbr.org/2018/07/why-women-volunteer--for-tasks-that-dont-lead-to-promotions. Acesso em: 10 jun. 2023. Veja também: BERGERON, D.; THOMPSON, P. The norm of reciprocity – men need it, women don't: gender differences in citizenship behavior. *Academy of Management Annual Meeting Proceedings*, v. 2017, n. 1, 2017.

23. *Globoforce reveals 2011 Workforce Mood Tracker Survey results*, 28 set. 2011.

Orientação

1. Daniel Ilgen e seus colegas descobriram que os funcionários aceitam melhor o feedback negativo quando ele é combinado com sugestões de como lidar com a situação de maneira diferente no futuro: FISHER, C.; ILGEN, D.; TAYLOR, M. Consequences of individual feedback on behavior in organizations. *Journal of Applied Psychology*, v. 64, n. 4, 1979.

Prática 2: Pergunte mais, fale menos

1. STANIER, M. *Faça do coaching um hábito*: fale menos, pergunte mais e mude seu estilo de liderança. Rio de Janeiro: Sextante, 2019.

2. Essa abordagem de dar feedbacks por meio de perguntas é descrita com maestria por Joe Hirsch em seu artigo: *Good feedback is a two-way conversation*. 2020. Disponível em: https://hbr.org/2020/06/good-feedback-is-a-two-way-conversation. Acesso em: 10 jun. 2023.

3. BROOKS, A.; GINO, F.; HUANG, K.; MINSON, J.; YEOMANS, M. It doesn't hurt to ask: question-asking increases liking. *Journal of Personality and Social Psychology*, v. 113, n. 3, 2017.

4. BROOKS, A.; JOHN, L. The surprising power of questions. *Harvard Business Review*, v. 96, n. 3, 2018.

5. HEATH, C.; HEATH, D. *O poder dos momentos*: o porquê do impacto extraordinário de certas experiências. Rio de Janeiro: Alta Books, 2019.

6. STANIER, M., 2019.

7. Os experimentos descritos aqui, incluindo o da letra *E*, da dificuldade de ler expressões faciais e da dificuldade de saber se as pessoas entenderão seu sarcasmo, foram todos conduzidos por Adam Galinsky e seus colegas e descritos no seguinte artigo científico: INESI, M.; GALINSKY, A.; GRUENFELD, D.; MAGEE, J. Power and perspectives not taken. *Psychological Science*, v. 17, n. 12, 2006. Para ter uma visão geral de suas pesquisas e suas implicações, veja: USEEM, J. *Power causes brain damage*. 2017. Disponível em: https://theatlantic.com/magazine/archive/2017/07/power--causes-brain-damage/528711. Acesso em: 10 jun. 2023.

8. HOGEVEEN, J.; INZLICHT, M.; OBHI, S. Power changes how the brain responds to others. *Journal of Experimental Psychology: General*, v. 143, n. 2, 2014.

9. Algumas dessas perguntas foram adaptadas das sugestões descritas em: DU-FRESNE, R.; RAEMER, D.; RIVARD, P.; RUDOLPH, J.; SIMON, R. Debriefing with good judgment: combining rigorous feedback with genuine inquiry. *Anesthesiology Clinics*, v. 25, n. 2, 2007.

10. PORATH, C. *Half of employees don't feel respected by their bosses*. 2014. Disponível em: https://hbr.org/2014/11/half-of-employees-dont-feel-respected-by-their--bosses. Acesso em: 10 jun. 2023.

11. CLARK, T. *The 4 stages of psychological safety*. 2019. Disponível em: http://adigaskell.org/2019/11/17/the-4-stages-of-psychological-safety. Acesso em: 10 jun. 2023.

12. JOHNSON, C.; KEATING, J.; MOLLOY, E. Psychological safety in feedback: what does it look like and how can educators work with learners to foster it? *Medical Education*, v. 54, n. 6, 2020.

13. Amy Edmondson é uma das mais proeminentes pesquisadoras no campo da segurança psicológica e escreveu um excelente livro para líderes sobre o tema intitulado *A organização sem medo*: criando segurança psicológica no local de trabalho para aprendizado, inovação e crescimento (Rio de Janeiro: Alta Books, 2020). Para conferir uma discussão abreviada sobre a segurança psicológica, você pode ler ou ouvir esta entrevista de Amy Edmondson em: HARVARD BUSINESS REVIEW. *Creating psychological safety in the workplace*. 2019. Disponível em: https://hbr.org/ideacast/2019/01/creating-psychological-safety-in-the-workplace. Acesso em: 10 jun. 2023.

14. STANIER, M., 2019.

15. Para fins de clareza, simplifiquei consideravelmente esse circuito. Na verdade, há muitas regiões cerebrais ao longo dele além das duas que mencionei no texto.

Esse circuito de recompensa envolve outras partes do sistema límbico que motivam o comportamento, como o caudado ventral e o putâmen, e abrange partes mais anteriores do cérebro envolvidas em funções executivas, incluindo o corpo estriado dorsal e o córtex pré-frontal dorsolateral. Para ter uma visão detalhada das regiões cerebrais envolvidas nesse circuito, veja: DEPASQUE, S.; TRICOMI, E. The role of feedback in learning and motivation. In: KARABENICK, S.; URDAN, T. *Advances in Motivation and Achievement*, v. 19. Melbourne: Emerald Group Publishing Limited, 2016.

16. Algumas dessas perguntas foram retiradas do excelente livro de Andrew Sobel e Jerold Panas: *Power questions*: build relationships, win new business, and influence others. Hoboken: John Wiley & Sons, 2013.

17. Essa questão foi proposta por Guy Itzchakov e Avi Kluger no espetacular artigo: The power of listening in helping people change. In: HARVARD BUSINESS REVIEW PRESS. *Mindful Listening*. Harvard Business Review, 2019.

18. MERCHANT, N. To change someone's mind, stop talking and listen. In: HARVARD BUSINESS REVIEW PRESS, 2019.

19. Palmer descreve sua noção de perguntas sinceras e abertas em seu livro *A hidden wholeness*: the journey toward an undivided life. San Francisco: Jossey-Bass, 2009.

20. A pergunta "O que é mais importante agora?" foi retirada de uma fala de Charlie Gilkey, da Productive Flourishing, em: GILKEY, C.; KAYE, B.; KOUZES, J. *My one best question, Ep. 2*. 2014. Disponível em: https://youtu.be/Vdi_e0PRpzs. Acesso em: 10 jun. 2023.

21. Atribuído a Malcolm Forbes no site da *Forbes*: https://forbes.com/quotes/6377.

Prática 3: Minimize a ameaça

1. Entrevista de Amy Edmondson para Curt Nickisch: HARVARD BUSINESS REVIEW. *Creating psychological safety in the workplace*. 2019. Disponível em: https://hbr.org/ideacast/2019/01/creating-psychological-safety-in-the-workplace. Acesso em: 10 jun. 2023.

2. Para conferir pesquisas sobre como o estresse intensifica as memórias de detalhes visuais, veja: FERNÁNDEZ, G.; JOËLS, M.; HENCKENS, M.; HERMANS, E.; PU, Z. Stressed memories: how acute stress affects memory formation in humans. *Journal of Neuroscience*, v. 29, n. 32, 2009.

3. Mais de uma década de pesquisas corrobora uma conclusão clara: o estresse prejudica a recuperação da memória. Para obter exemplos, veja: KUHLMANN, S.; PIEL, M.; WOLF, O. Impaired memory retrieval after psychosocial stress in healthy young men. *Journal of Neuroscience*, v. 25, n. 11, 2005. Para ler uma explicação do papel do cortisol na inibição da recuperação da memória, veja: GAGNON, S.; WAGNER, A. Acute stress and episodic memory retrieval: neurobiological mechanisms and behavioral consequences. *Annals of the New York Academy of Sciences*, v. 1369, n. 1, 2016.

4. HENNIG, J.; MERZ, C.; WOLF, O. Stress impairs retrieval of socially relevant information. *Behavioral Neuroscience*, v. 124, n. 2, 2010. Merz e seus colegas descobriram que o estresse era mais prejudicial para o que eles chamaram de "condição de reprodução", na qual os participantes tinham que relembrar e reconstruir o máximo que podiam, do início ao fim, sem ajuda. Na condição de reprodução, as pessoas que estavam estressadas esqueceram cerca de 13% a mais do que aquelas que não estavam. A condição de reprodução é comparável a situações da vida real nas quais pedimos: "Conte-me o que aconteceu".

5. O termo "flexibilidade cognitiva" foi cunhado por William A. Scott em seu artigo: Cognitive complexity and cognitive flexibility. *Sociometry*, v. 25, n. 4, 1962.

6. Para conhecer pesquisas que mostram que o cortisol afeta a flexibilidade cognitiva em homens, veja: LAM, J.; SHIELDS, G.; TRAINOR, B.; YONELINAS, A. Acute stress impairs cognitive flexibility in men, not women. *Stress*, v. 19, n. 5, 2016. Essa diferença entre os gêneros na flexibilidade cognitiva sob estresse foi replicada em outros laboratórios. Veja: KALIA, V.; KNAUFT, K.; LUEBBE, A.; VISHWANATH, K.; VON DER VELLEN, B.; WILLIAMS, A. Acute stress attenuates cognitive flexibility in males only: an fNIRS examination. *Frontiers in Psychology*, v. 9, 2018.

7. ROCK, D. SCARF: a brain-based model for collaborating with and influencing others. *NeuroLeadership Journal*, v. 1, n. 1, 2008. Para conhecer uma atualização do modelo SCARF com descobertas neurocientíficas mais recentes, veja: COX, C.; ROCK, D. SCARF in 2012: updating the social neuroscience of collaborating with others. *NeuroLeadership Journal*, v. 4, n. 4, 2012.

8. CANNON, M.; WITHERSPOON, R. Actionable feedback: unlocking the power of learning and performance improvement. *Academy of Management Perspectives*, v. 19, n. 2, 2005. A citação foi retirada da página 123, assim como os exemplos de críticas dos chefes de Leon e Cory.

9. Para obter exemplos de estudos nos quais as pessoas foram induzidas a adotar uma mentalidade de crescimento, veja: BLACKWELL, L.; TRZES-NIEWSKI, C.; DWECK, C. Implicit theories of intelligence predict intelligence across an adolescent transition: a longitudinal study and an intervention. *Child Development*, v. 78, n. 1, 2007. Para conhecer estudos com adultos nos quais os pesquisadores mudaram a mentalidade dos participantes sobre habilidades de cálculo, veja: CUTTS, E.; CUTTS, Q.; DRAPER, S.; O'DONNELL, P.; SAFFREY, S. Manipulating mindset to positively influence introductory programming performance. *Proceedings of the 41st ACM Technical Symposium on Computer Science Education*, New York, mar. 2010.

10. O complicador aqui é que a maior parte das pesquisas sobre a indução da mentalidade de crescimento foi feita com crianças e adolescentes. Os pesquisadores estão empenhados em buscar maneiras de ajudar crianças e adolescentes com baixo desempenho a alcançar os colegas. Alguns estudos mostram que mentalidades de crescimento podem ser induzidas em adultos e, até onde sei, não há materiais publicados demonstrando a dificuldade de induzir mentalidades de crescimento em adultos, mas sabemos que é mais difícil publicar resultados nulos. Para conhecer uma metanálise sobre os benefícios de induzir uma mentalidade de crescimento, veja: ALLAIRE-DUQUETTE, G.; FOISY, L.; MASSON, S.; NENCIOVICI, L.; RIOPEL, M.; SARRASIN, J. Effects of teaching the concept of neuroplasticity to induce a growth mindset on motivation, achievement, and brain activity: a meta--analysis. *Trends in Neuroscience and Education*, v. 12, 2018. Para conferir um artigo mais geral demonstrando que é possível induzir uma mentalidade de crescimento e observar os efeitos durarem vários meses, veja: WALTON, G.; YEAGER, D. Social--psychological interventions in education: they're not magic. *Review of Educational Research*, v. 81, n. 2, 2011.

11. BYRON, K.; ZINGONI, M. How beliefs about the self-influence perceptions of negative feedback and subsequent effort and learning. *Organizational Behavior and Human Decision Processes*, v. 139, 2017.

12. Citado em: TRACY, B. *How the best leaders lead*: proven secrets to getting the most out of yourself and others. New York: AMACOM, 2010.

13. LEARY, M.; MCCOLSKEY, W. Differential effects of norm-referenced and self-referenced feedback on performance expectancies, attributions, and motivation. *Contemporary Educational Psychology*, v. 10, n. 3, 1985.

14. Adaptei a linguagem de vários materiais maravilhosos disponibilizados por Shari Harley, especialista em comunicação e ex-instrutora de Dale Carnegie. Ela

aborda esse difícil tópico do mau odor de um funcionário em seu livro: *How to say anything to anyone*. Austin: Greenleaf Book Group Press, 2013. Ela também tem um vídeo esclarecedor no qual apresenta uma versão dessa conversa de feedback: *How to tell someone they smell – give the feedback in less than two minutes*. 2014. Disponível em: https://youtu.be/tGs4WOMuP_Q. Acesso em: 10 jun. 2023.

15. ROGERS, F. *You are special*: neighborly words for wisdom from Mr. Rogers. New York: Penguin Books, 1995.

Prática 4: Aceite que é tendencioso e fique atento

1. TEMIN, D. *What they're saying about you when you're not in the room – and what you can do to influence it*. 2016. Disponível em: https://forbes.com/sites/daviatemin/2016/04/04/what-theyre-saying-about-you-when-youre-not-in-the-room--and-what-you-can-do-to-influence-it. Acesso em: 10 jun. 2023.

2. Na verdade, George Leyer não foi o nome usado por Catherine, mas, para evitar constranger algum agente literário, ela pediu para usarmos um pseudônimo para o pseudônimo dela.

3. A pesquisa mais citada, sobre uma situação do mundo real na qual um empregador achou que os materiais de inscrição associados ao nome de um homem eram mais impressionantes do que aqueles associados ao nome de uma mulher, foi conduzida por Corinne Moss-Racusin e seus colegas. Veja: BRESCOLL, V.; DOVIDIO, J.; GRAHAM, M.; HANDELSMAN, J.; MOSS-RACUSIN, C. Science faculty's subtle gender biases favor male students. *Proceedings of the National Academy of Sciences*, v. 109, n. 41, 2012. Em contrapartida, para conferir um estudo que demonstra que os empregadores *não* preferem currículos com o nome de um homem, veja: COLE, M.; FEILD, H.; GILES, W. Interaction of recruiter and applicant gender in resume evaluation: a field study. *Sex Roles*, v. 51, 2004.

4. Essa citação foi retirada do relato de Catherine sobre sua experiência. Veja: NICHOLS, C. *Homme de plume*: what I learned sending out my novel under a male name. 2015. Disponível em: https://jezebel.com/homme-de-plume-what-i-learned--sending-my-novel-out-und-1720637627. Acesso em: 10 jun. 2023.

5. Para conferir diferenças de gênero nas avaliações de desempenho de médicos, veja: MUELLER, A. et al. Gender differences in attending physicians' feedback to residents: a qualitative analysis. *Journal of Graduate Medical Education*, v. 9, n. 5, 2017. Para entender diferenças de gênero nas avaliações de desempenho de advogados,

veja: BIERNAT, M.; TOCCI, M.; WILLIAMS, J. The language of performance evaluations: gender-based shifts in content and consistency of judgment. *Social Psychological and Personality Science*, v. 3, n. 2, 2012. Para ler sobre diferenças de gênero nas avaliações de desempenho nas forças armadas, veja: CHANEY, D.; NIKOLOV, M.; ROSENSTEIN, J.; SMITH, D. The power of language: gender, status, and agency in performance evaluations. *Sex Roles*, v. 80, 2019. E, para conhecer pesquisas sobre as diferenças de gênero nas avaliações de desempenho na indústria da tecnologia, veja: CORRELL, S.; SIMARD, C. *Research*: vague feedback is holding women back. 2016. Disponível em: https://hbr.org/2016/04/research-vague-feedback-is--holding-women-back. Acesso em: 10 jun. 2023.

6. HANSEN, J.; NOSEK, B.; SMYTH, F. et al. Pervasiveness and correlates of implicit attitudes and stereotypes. *European Review of Social Psychology*, v. 18, n. 1, 2007.

7. GEORGETOWN UNIVERSITY NATIONAL CENTER FOR CULTURAL COMPETENCE. *Two types of bias*. Disponível em: https://nccc.georgetown.edu/bias/module-3/1.php. Acesso em: 10 jun. 2023.

8. Não sou de citar conteúdos da Wikipedia, mas essa definição de discriminação inconsciente é uma das minhas favoritas, porque enfatiza a natureza aprendida e não intencional dessas discriminações e evita parte do linguajar tortuoso usado em textos acadêmicos. *Implicit bias training*. 2023. Disponível em: https://en.wikipedia.org/wiki/Unconscious_bias_training. Acesso em: 10 jun. 2023.

9. Para conferir uma pesquisa quantitativa sobre como gostamos de líderes homens falantes e os recompensamos, mas não gostamos de líderes mulheres com o mesmo perfil e as penalizamos, veja: BRESCOLL, V. Who takes the floor and why: gender, power, and volubility in organizations. *Administrative Science Quarterly*, v. 56, n. 4, 2011.

10. GEENA DAVIS INSTITUTE ON GENDER IN MEDIA. *Gender bias in advertising*: research, trends and new visual language. 2017. Disponível em: https://seejane.org/research-informs-empowers/gender-bias-advertising. Acesso em: 10 jun. 2023.

11. TATUM, B. *Why are all the black kids sitting together in the cafeteria?* And other conversations about race. New York: Basic Books, 2017.

12. Dolly Chugh observa como os seres humanos são maleáveis quando se trata de crenças sobre os outros em seu maravilhoso livro: *The person you mean to be*: how good people fight bias (New York: HarperCollins, 2018). Para obter uma pesquisa mais detalhada sobre como somos maleáveis quando se trata de estereótipos e crenças a respeito

de quem é capaz e quem não é, veja: BLAIR, I. V. The malleability of automatic stereotypes and prejudice. *Personality and Social Psychology Review*, v. 6, n. 3, 2002.

13. A expressão *office housework* (traduzida neste livro como "tarefas de organização e manutenção do escritório") é usada com mais frequência na imprensa popular do que pelos acadêmicos. Para conhecer pesquisas acadêmicas sobre as diferenças de gênero na definição de quem faz esse trabalho no escritório, veja: ADAMS, E. *Operationalizing office housework*: definition, examples, and antecedents. 2018. Dissertação (Mestrado em Psicologia Organizacional-Industrial) – Middle Tennessee State University, 2018. Para ler um estudo muito citado sobre diferenças de gênero na definição de quem faz tarefas que não levam a promoções no trabalho, como escrever um relatório ou participar de um comitê, veja: BABCOCK, L.; RECALDE, M.; VESTERLUND, L.; WEINGART, L. Gender differences in accepting and receiving requests for tasks with low promotability. *American Economic Review*, v. 107, n. 3, 2017.

14. Os acadêmicos referem-se às tarefas de organização e manutenção do escritório como "comportamento de cidadania". Para entender as diferenças de gênero na maneira como as pessoas reagem e recompensam o comportamento de cidadania de homens e mulheres, veja: ALLEN, T. Rewarding good citizens: the relationship between citizenship behavior, gender, and organizational rewards. *Journal of Applied Social Psychology*, v. 36, n. 1, 2006. Veja também: CHEN, J.; HEILMAN, M. Same behavior, different consequences: reactions to men's and women's altruistic citizenship behavior. *Journal of Applied Psychology*, v. 90, n. 3, 2005.

15. Essa tabela resume descobertas de vários estudos: CORRELL, S.; SIMARD, C., 2016; CECCHI-DIMEGLIO, P. *How gender bias corrupts performance reviews, and what to do about it*. 2017. Disponível em: https://hbr.org/2017/04/how-gender--bias-corrupts-performance-reviews-and-what-to-do-about-it. Acesso em: 10 jun. 2023; SNYDER, K., 2014. NIKOLOV, M., ROSENSTEIN, J.; SMITH, D., 2018. MUELLER, A. et al. Gender differences in attending physicians' feedback to residents: a qualitative analysis. *Journal of Graduate Medical Education*, v. 9.5, 2017. Veja também: BIERNAT, M.; TOCCI, M.; WILLIAMS, J., 2012.

16. O estudo descrito aqui foi conduzido em um escritório de advocacia e envolveu uma análise de avaliações reais de desempenho. Os associados do escritório deram a seus colegas juniores do sexo masculino pontuações numéricas que se alinharam com seus comentários, mas pontuações numéricas que não se alinharam com seus comentários a suas colegas juniores do sexo feminino: BIERNAT, M.; TOCCI, M.; WILLIAMS, J., 2012.

17. SCHAERER, M.; SWAAB, R. *Are you sugarcoating your feedback without realizing it?* 2019. Disponível em: https://hbr.org/2019/10/are-you-sugarcoating-your-feedback-without-realizing-it. Acesso em: 10 jun. 2023.

18. BIERNAT, M.; TOCCI, M.; WILLIAMS, J., 2012.

19. JAMPOL, L.; LUPOLI, M.; OVEIS, C. Lying because we care: compassion increases prosocial lying. *Journal of Experimental Psychology: General*, v. 146, n. 7, 2017.

20. JAMPOL, L.; ZAYAS, V. *Gendered white lies*: women are given inflated performance feedback compared to men. 2021. Disponível em: https://journals.sagepub.com/doi/pdf/10.1177/0146167220916622. Acesso em: 10 jun. 2023.

21. Joan C. Williams e Rachel Dempsey mergulham profundamente nesse tema de como as mulheres precisam se provar de maneiras que os homens não precisam. Elas apelidaram essa discriminação de "Preciso de mais provas!" e dedicaram dois capítulos ao tema em seu livro altamente prático: *What works for women at work*: four patterns working women need to know. New York: New York University Press, 2018.

22. CORRELL, S.; SIMARD, C., 2016. Kieran Snyder também descobriu que as mulheres recebem muito mais feedbacks sobre o seu estilo de comunicação (embora ela chame isso de "personalidade" em seu artigo). Veja: SNYDER, K., 2014.

23. CARTER, A.; CROFT, A.; LUKAS, D.; SANDSTROM, G. *Women's visibility in academic seminars*: women ask fewer questions than men. 2018. Disponível em: https://doi.org/10.1371/journal.pone.0202743. Acesso em: 10 jun. 2023.

24. Ouvi Iris Bohnet descrever essa estratégia na conferência *New Rules Summit*, em 2018. Ela também foi descrita em: BUCKLEY, K. *What works*: gender equality by design. 2018. Disponível em: https://library.harvard.edu/about/news/2018-06-08/what-works-gender-equality-design. Acesso em: 10 jun. 2023.

25. CORRELL, S.; SIMARD, C., 2016.

26. SNYDER, K., 2014.

27. BONO, J.; BRADDY, P.; CENTER, B.; FLEENOR, J.; GILBERT, E.; LIU, Y.; QUAST, L. Dropped on the way to the top: gender and managerial derailment. *Personnel Psychology*, v. 70, n. 4, 2017.

28. SHASHKEVICH, A. *Stanford researcher examines how people perceive interruptions in conversation*. 2018. Disponível em: https://news.stanford.edu/2018/05/02/exploring-interruption-conversation. Acesso em: 10 jun. 2023.

29. Essas descobertas e as principais expressões foram compartilhadas por Joseph Grenny e David Maxfield, em entrevista a Kathy Caprino: CAPRINO, K. *Gender bias is real*: women's perceived competency drops significantly when judged as being forceful. 2015. Disponível em: https://forbes.com/sites/kathycaprino/2015/08/25/gender-bias-is-real-womens-perceived-competency-drops-significantly-when-judged-as-being-forceful. Acesso em: 10 jun. 2023.

30. BRESCOLL, V.; UHLMANN, E. Can an angry woman get ahead? Status conferral, gender, and expression of emotion in the workplace. *Psychological Science*, v. 19, n. 3, 2008.

31. APFEL, N.; BRZUSTOSKI, P.; COHEN, G.; GARCIA, J.; HESSERT, W.; MASTER, A.; PURDIE-VAUGHNS, V.; WILLIAMS, M.; YEAGER, D. Breaking the cycle of mistrust: wise interventions to provide critical feedback across the racial divide. *Journal of Experimental Psychology: General*, v. 143, n. 2, 2014.

32. A expressão "hesitação protetora" foi introduzida por David A. Thomas em seu artigo: THOMAS, D. A. The truth about mentoring minorities: race matters. *Harvard Business Review*, v. 79, n. 4, 2001. Embora David tenha introduzido o termo para representar uma dinâmica comum entre mentores brancos e seus protegidos negros, ele também se aplica a gerentes do sexo masculino e suas funcionárias.

33. Para consultar evidências de que mulheres e outros membros de grupos estigmatizados rejeitarão as avaliações negativas vindas de alguém que consideram tendencioso, veja: CROCKER, J.; MAJOR, B.; TESTA, M.; VOELKL, K. Social stigma: the affective consequences of attributional ambiguity. *Journal of Personality and Social Psychology*, v. 60, n. 2, 1991.

34. Esse feedback é uma versão parafraseada daquele contido na página 1307 do seguinte estudo: COHEN, G.; ROSS, L.; STEELE, C. The mentor's dilemma: providing critical feedback across the racial divide. *Personality and Social Psychology Bulletin*, v. 25, 1999.

35. Pesquisa descrita em: KREAMER, A. *It's always personal*: navigating emotion in the new workplace. New York: Random House, 2012.

36. Você pode encontrar o podcast *Coaching for Leaders*, de Dave Stachowiak, no site coachingforleaders.com ou no seu agregador de podcasts favorito, incluindo Apple Podcasts, Spotify e Google Podcasts. Você não vai se arrepender.

37. A sigla LGBTQIA+ é cada vez mais usada para descrever indivíduos dentro da comunidade *queer*. O símbolo "+" inclui aliados e uma variedade de outros

grupos. Para obter mais informações, veja o artigo no site da OK2BME: *What does 2SLGBTQIA+ mean?* Disponível em: https://ok2bme.ca/resources/kids-teens/what--does-lgbtq-mean. Acesso em: 10 jun. 2023.

38. Essas duas experiências são reais e aconteceram com pessoas reais. A história do empresário negro é de Ramon Ray, e Christine Hauser relata sua experiência em seu artigo: *How professionals of color say they counter bias at work.* 2018. Disponível em: http://nytimes.com/2018/12/12/us/racial-bias-work.html. Acesso em: 10 jun. 2023. A história da advogada latina é de Christy Haubegger e foi contada no podcast *The Makers: Making your own way.* 2017. Disponível em: https://soundcloud.com/makers-podcast/making-your-own-way-ava-duvernay-alfre-woodard-christy--haubegger. Acesso em: 10 jun. 2023.

39. GARDNER, R.; HAUER, K.; KHANNA, R.; LISKER, S.; LUCEY, C.; ROJEK, A.; SARKAR, U.; YIM, J. Differences in narrative language in evaluations of medical students by gender and under-represented minority status. *Journal of General Internal Medicine*, v. 34, n. 5, 2019.

40. WILSON, K. An analysis of bias in supervisor narrative comments in performance appraisal. *Human Relations*, v. 63, n. 12, 2010.

41. AVERY, D.; LUKSYTE, A.; ROY, E.; WAITE, E. Held to a different standard: racial differences in the impact of lateness on advancement opportunity. *Journal of Occupational and Organizational Psychology*, v. 86, n. 2, 2013.

42. Para pesquisas sobre estereótipos generalizados em relação a negros e latinos, veja: DIXON, J.; ROSENBAUM, M. Nice to know you? Testing contact, cultural, and group threat theories of anti-black and anti-hispanic stereotypes. *Social Science Quarterly*, v. 85, n. 2, 2004. Para conhecer uma pesquisa sobre como os supervisores citam o atraso como uma razão para não conceder promoções e aumentos a funcionários negros, mas não fazem o mesmo com funcionários brancos, veja o estudo de Kathryn Wilson citado anteriormente (2010), bem como: MOSS, P.; TILLY, C. *Stories employers tell*: race, skill, and hiring in America. New York: Russell Sage Foundation, 2001. Para ler pesquisas sobre como as minorias de pele mais clara são mais bem remuneradas e mais bem tratadas no trabalho do que seus colegas de pele mais escura, veja: HUNTER, M. The persistent problem of colorism: skin tone, status, and inequality. *Sociology Compass*, v. 1, n. 1, 2007.

43. De acordo com o Bureau of Labor Statistics, em 2018 apenas 44% dos gerentes dos Estados Unidos eram mulheres e 82,4% eram brancos. Esses números foram extraídos do site do Departamento de Trabalho dos Estados Unidos: U.S. DEPART-

MENT OF LABOR. *Labor Force Statistics from the Current Population Survey (Table 11)*. 2019. Disponível em: http://bls.gov/cps/cpsaat11.htm. Acesso em: 10 jun. 2023. Em 2018, a idade média dos gerentes era de 46,6 anos: U.S. DEPARTMENT OF LABOR. *Labor Force Statistics from the Current Population Survey (Table 11b)*. 2019. Disponível em: http://bls.gov/cps/cpsaat11b.htm. Acesso em: 10 jun. 2023. É difícil fornecer uma estimativa precisa sobre o número de indivíduos LGBTQIA+ no local de trabalho, mas uma estimativa de 2019 é de que 4,5% da população adulta dos Estados Unidos faça parte desse grupo. Veja o informativo no site do Williams Institute: UCLA SCHOOL OF LAW. *Adult LGBT population in the United States*. 2020. Disponível em: https://williamsinstitute.law.ucla.edu/publications/adult-lgbt-pop--us. Acesso em: 10 jun. 2023.

Prática 5: Faça de tudo para evitar surpresas

1. Embora essa citação seja amplamente atribuída a George Bernard Shaw, ela nunca foi encontrada em nenhuma de suas obras ou correspondências.

2. AMABILE, T.; KRAMER, S. *O princípio do progresso*: como usar pequenas vitórias para estimular satisfação, empenho e criatividade no trabalho. Rio de Janeiro: Rocco, 2013.

3. SCHAERER, M.; SWAAB, R. *Are you sugarcoating your feedback without realizing it?* 2019. Disponível em: https://hbr.org/2019/10/are-you-sugarcoating-your-feedback-without-realizing-it. Acesso em: 10 jun. 2023.

Prática 6: Separe as observações da narrativa que criou na sua cabeça

1. REICH, J. *2018 Leadership Summit – 16 leadership quotes from Sheila Heen*. 2018. Disponível em: https://joshuareich.org/2018/08/10/2018-leadership-summit-16--leadership-quotes-from-sheila-heen. Acesso em: 10 jun. 2023.

2. GRENNY, J.; MCMILLAN, R.; PATTERSON, K.; SWITZLER, A. *Conversas cruciais*: habilidades para conversas de altos interesses. São Paulo: VS Brasil, 2017.

3. Para conferir a teoria de Michael Gazzaniga sobre como o hemisfério esquerdo rapidamente cria histórias para dar sentido ao mundo, veja: GAZZANIGA, M.; IVRY, R.; MANGUN, G. *Cognitive neuroscience*: the biology of the mind. New York: W. W. Norton & Company, 2019.

4. LEUNG, K.; MORRIS, M.; SU, S. When is criticism not constructive? The roles of fairness perceptions and dispositional attributions in employee acceptance of critical supervisory feedback. *Human Relations*, v. 54, n. 9, 2001.

5. Essa informação foi retirada de uma pesquisa com 708 funcionários em tempo integral descrita neste relatório: Globoforce. *Empowering Employees to Improve Performance: Summer 2013 Workforce Mood Tracker Report*. Disponível em: https://slideshare.net/globoforce/empowering-employees-to-improve-performance-moodtracker--final-28610278. Acesso em: 10 jun. 2023.

6. BAR-DAVID, S. *Trust your canary*: every leader's guide to taming workplace incivility. Toronto: Fairleigh Press, 2015.

7. GNEPP, J.; KLAYMAN, J. The future of feedback: motivating performance improvement. In: BARLAS, S.; GNEPP, J.; KLAYMAN, J.; WILLIAMSON, I. The *future of feedback*: motivating performance improvement through future-focused feedback. 2020. Disponível em: https://doi.org/10.1371/journal.pone.0234444. Acesso em: 10 jun. 2023.

8. SUZANNE, P.; VIDAL, V. *Feeling capable or not?* Changing self-efficacy beliefs along women's career transitions. 2018. Trabalho apresentado na Academy of Management, New York, 2018.

9. Para obter o estudo de gerentes do sexo masculino e feminino no Reino Unido, veja: FLYNN, J.; HEATH, K.; HOLT, M. *Four ways women stunt their careers unintentionally*. 2011. Disponível em: https://hbr.org/2011/10/four-ways-women-stunt-their--careers. Acesso em: 10 jun. 2023. Para ter acesso a descobertas mais gerais sobre diferenças na confiança entre homens e mulheres, veja: FOX, P.; LUNDEBERG, M.; PUNĆCOHAŔ, J. Highly confident but wrong: gender differences and similarities in confidence judgments. *Journal of Educational Psychology*, v. 86, n. 1, 1994; ou KAY, K.; SHIPMAN, C. *A arte de autoconfiança*: os segredos que toda mulher precisa conhecer para agir com convicção. São Paulo: Benvirá, 2015.

10. JACKMAN, J.; STROBER, M. Fear of feedback. *Harvard Business Review*, v. 81, n. 4, 2003.

11. SONNENTAG, S.; SPARR, J. Fairness perceptions of supervisor feedback, LMX, and employee well-being at work. *European Journal of Work and Organizational Psychology*, v. 17, n. 2, 2008.

12. A escala original usada para medir a qualidade do relacionamento de um líder com seus funcionários foi publicada pela primeira vez em: GRAEN, G.; UHL--BIEN, M. Relationship-based approach to leadership: development of leader--member exchange (LMX) theory of leadership over 25 years: applying a multi-level multi-domain perspective. *Leadership Quarterly*, v. 6, n. 2, 1995. As duas questões foram retiradas dessa escala.

13. DUFFY, M.; FOSSLIEN, L. *Sem neura*: o segredo para lidar com as emoções no trabalho. Rio de Janeiro: Alta Life, 2020.

14. GOULSTON, M. *How to listen when someone is venting*. 2013. Disponível em: https://hbr.org/2013/05/how-to-listen-when-someone-is. Acesso em: 10 jun. 2023.